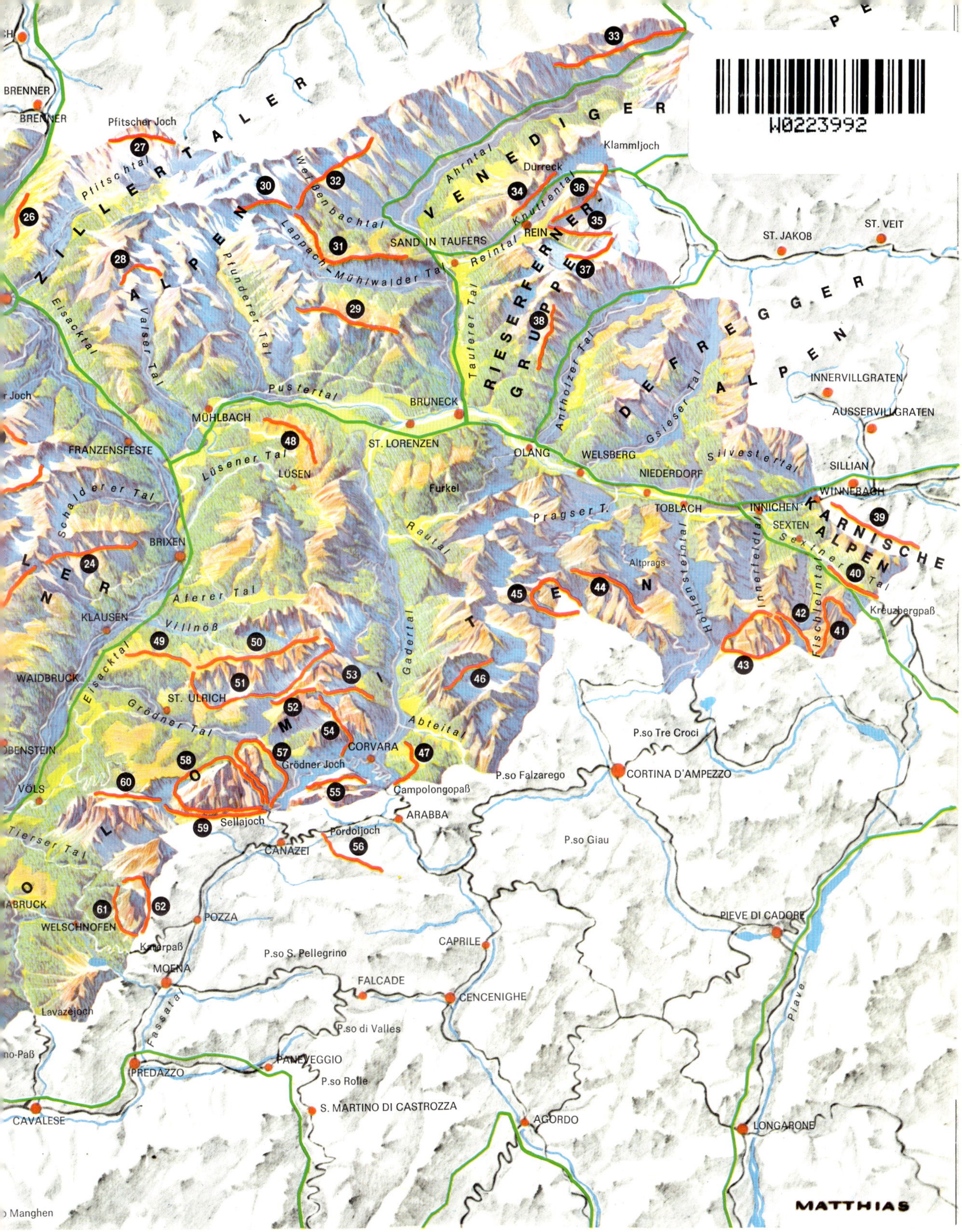

35. Kofleralm—Ursprungalm
36. Kofleralm—Klammlsee
37. Arthur-Hartdegen-Weg
38. Über den Rammelsteinkamm
39. Kreuzbergpaß—Helm
40. Rotwandwiesen—Kreuzbergpaß
41. Alpinisteig
42. Zsigmondyhütte—Dreizinnenhütte
43. Dreizinnenrunde
44. Roßalm—Plätzwiese
45. Fosses-Sennes-Runde
46. Fanes-Höhenweg
47. Campolongopaß—Collalt
48. Über die Lüsner Alm
49. Über die Raschötz
50. Adolf-Munkel-Weg
51. Schlüterhütte—Roascharte—Regensburger Hütte
52. Regensburger Hütte—Puezhütte
53. Puezhütte—Gardenazzahütte
54. Grödner Joch—Puezhütte
55. Sellastock-Überschreitung
56. Bindelweg
57. Langkofel-Runde
58. Plattkofel-Runde
59. Friedrich-August-Weg
60. Tierser Alpl—Schlernhaus
61. Hirzel-Weg
62. Ostertaghütte—Cigoladepaß—Kölner Hütte
63. Leiferer Höhenweg
64. Bocchette-Weg
65. Osvaldo-Orsi-Weg

SÜDTIROLER HÖHENWEGE

Umschlagbild: Langtauferer Höhenweg mit Blick zur Weißkugel

Alle Aufnahmen dieses Buches (1976/77 aufgenommen): HANSPAUL MENARA

1 9 7 8

Umschlaggestaltung: R. Prünster, Bozen
Übersichtskarten: Heinz Matthias, Neumarkt
Fotolithos: O. Longo, Frangart
Gesamtherstellung: ATHESIADRUCK, Bozen
ISBN 88-7014-062-8

HANSPAUL MENARA

SÜDTIROLER HÖHENWEGE

Ein Bildwanderbuch

Zweite, überarbeitete Auflage

VERLAGSANSTALT ATHESIA · BOZEN

Eng ist der Tag des Menschen
und eng der Städte Hast.
Ein heilig Ungenügen
ruft mich zur Wanderschaft.

Mein hungrig Herz will flüchten
den weißen Wäldern zu
und eine Heimat suchen
in der Gebirge Ruh.

Wo nicht der Tag der Menschen
der Seele Flügel bricht,
wo noch die Macht der Wildnis
aus Wind und Wetter spricht.

Wo an das Unermeß'ne
der Sinn der Dinge reicht
und tief des eignen Lebens
Wunder das Herz beschleicht.

Hubert Mumelter

← Der Padonkamm zwischen Sellastock und Marmolata. Über ihn verläuft der Bindelweg (Lexikon S. 155)

ZUM GELEIT

Tagelang auf den Höhen der Berge zu wandern, losgelöst von der Last der Täler und Tiefen, wer wollte es nicht. Die Höhenwanderung hat eigene, ganz andere Gesetze als die Bergfahrt selbst, so nahe die beiden auch verwandt sein mögen.

Höhenwandern hat nicht so sehr die Prinzipien des Kämpfens und der Leistung in sich — es ist nicht die steile Linie nach oben, sondern es ist die Linie der Weite, des Ausgreifens über Raum und Zeit, es ist der Weg der Besinnung und das Hineingehn mitten in den Himmel und in die Wolken.

Es war ein guter Einfall meines Freundes Hanspaul Menara, diese ganz bestimmte Form bergsteigerischer Tätigkeit einmal in Wort und Bild gesondert zu gestalten. Gewiß fordert auch die Höhenwanderung von uns zunächst die Kraft und die Überwindung — aber dann beginnt sie etwas Spielerisches zu bekommen, sie ist etwas für Menschen, die gern ein Stück gehen, dann verweilen, viel schauen und noch mehr nachdenken.

Dieses Überschreiten der Höhen ist deswegen doch ganz echter Alpinismus, und man sollte nicht meinen, daß auf diesen Wegen die alpinen Grundgesetze nicht gelten würden; diese Gesetze gelten in den Bergen immer.

Ich habe mit Hanspaul Menara zusammen einige Bücher gestaltet, zu denen er die Bilder schuf. Nachdem er jedoch in letzter Zeit wiederholt Proben lebhafter und anschaulicher alpiner Schilderung gegeben hat, war ich es selbst, der zum „ganzen Buch" riet, in Bild und Wort. So sind diese „Südtiroler Höhenwege" ein schönes Buch geworden, meisterhaft in der alpinen Landschaftsfotografie, lebendig-anschaulich in der Beschreibung und verläßlich-sachlich in den alpin-fachlichen Angaben.

Hanspaul Menara ist von Kindertagen an den Bergen verfallen gewesen, den Bergen und der Kunst des Licht-Bildens. Zu diesen beiden Dingen kommt noch als wesentlicher Bestandteil die Idee, der Einfall, die alpinen Themen aus neuer, eigenständiger Sicht zu gestalten. Dafür ist das vorliegende Buch über die Höhenwege ein sprechender Beweis; ich brauche es nicht zu loben und zu preisen — es wird seinen Weg von selbst machen und viele gute Freunde finden.

Völs am Schlern, im Sommer 1978 Josef Rampold

ZU DIESEM BUCH

Viele Jahre ist es her. Die alte Zwickauer Hütte hoch über dem kleinen Pfelders stand noch. Einige Leute waren da und fragten uns, wie es oben gewesen sei. Wir, zwei noch sehr junge Gipfelstürmer, waren gerade vom Seelenkogel zurückgekommen. Und wir erzählten den Leuten, die sicherlich vom berauschenden Glück eines Gipfelsieges nichts wußten, die „nur" auf einem Höhenweg vom Seewertal übers Rauhe Joch gekommen waren, wie es oben gewesen war. Und auch die Wanderer berichteten, aber wo die abgebrannte Essener Hütte lag, von der sie erzählten, und wie das Seewertal und das Rauhe Joch aussehen mochten, wußten wir nicht. Wir wußten nur, daß es keine Gipfel waren, und das genügte. Was wir vom Gipfel aus alles gesehen hatten, wußten wir auch nicht, aber daß wir oben gewesen waren, das wußten wir. Und das genügte auch.

Das ist also das eine. Von daheim losziehen als Entdecker, außer einem Gipfel nichts vor Augen, emporstürmen, ungeachtet des Weges, ungeachtet der Schwierigkeiten. Und dann oben sein, nichts weiter, nur oben sein. Und heimkehren als siegreicher Eroberer, mit der unbändigen Freude im Herzen, oben gewesen zu sein.

Noch viele solche Gipfelsiege habe ich erlebt, und immer waren es herrliche Augenblicke, die ich oben verbringen durfte. Niemals möchte ich sie missen.

Aber genauso unvergeßlich ist mir heute das andere — sind mir die ungezählten stillen Stunden geblieben, in denen ich zwischen Blumen und Felsen, über Bäche und durch Schluchten, vorbei an Seen und Gletschern, über prächtige Wiesen und öde Steinwüsten auf Höhenwegen ganze Gebirge durchwanderte. Da gab es keine großen Schwierigkeiten zu bewältigen, kaum Gefahren auszuweichen, keine Schwächen zu überwinden, keine Abenteuer zu bestehen, kein überschäumendes Glücksgefühl eines Gipfelsieges. Dafür aber gab es tausend kleine, feine Erlebnisse, immer neue Blicke in neue Welten, zauberhafte Einblicke in die Geheimnisse der Natur, jeder Schritt brachte ein erneutes Überwältigtsein von der Schönheit und Vielfalt der Berge. Und wenn ich heute so manche Blume, so manches Gestein, so manches Tal und Gebirge, so manchen See, Gletscher und Gebirgsbach kenne, dann habe ich all das vor allem auf den Höhenwegen kennengelernt, nicht auf den Gipfeln. Und erst bei meinen Höhenwanderungen lernte ich das wirkliche Leben der Hirten auf den einsamen Almen kennen, und ich erfuhr erst dort, wie schwer es die Betreuer der vielen Schutzhütten haben, die da auf hoher, sturmumbrauster Warte dem Bergsteiger Obdach, Lager, Speise und Trank bieten.

So wurde mir im Laufe der Jahre bewußt, daß die Begehung von Höhenwegen eine der allerschönsten Möglichkeiten ist, die vielfältigen Wunder der Bergwelt zu erleben. Aus dieser Erkenntnis heraus und aus dem Wunsch, das Gesehene und Erlebte weiterzugeben, entstand dieses Buch. Möge es Anregung sein und Wegweiser zu den tausend kleinen, aber deshalb nicht minder schönen Erlebnissen am Berg.

Auer, im Sommer 1978 — *Hanspaul Menara*

SÜDTIROLER HÖHENWEGE – EIN ÜBERBLICK

In dem Maße, wie die Landbevölkerung in die Städte zieht, um scheinbar bessere Lebensbedingungen zu suchen und sich damit immer mehr der Natur entfremdet, im selben Maß versucht umgekehrt der Stadtbewohner, der Enge, dem Lärm, der Hetze und einem bis in die letzte Einzelheit vorprogrammierten Leben zu entfliehen, um zumindest in seiner Freizeit den verlorenen Kontakt mit der Natur wiederzufinden.

Was nun für den einen ein Spaziergang durch den Stadtpark, ist für den anderen eine extreme Klettertour, ein Urlaub in einem fernen Land, das Drachenfliegen oder das Höhlenforschen. Es gibt hundert Möglichkeiten, lohnendere und weniger lohnende, gefährliche, billige und teure. Eine davon ist das Wandern, und hier wiederum das Wandern im Gebirge.

Dieses Buch soll nun ein Versuch sein, erstmals Wandermöglichkeiten dieser Art in den Bergen Südtirols in Wort und Bild vorzustellen. Es ist klar, daß dabei ein großer Teil der beschriebenen Höhenwege außerhalb des Dolomitenraumes liegt, und es entspricht dem Bestreben des Verfassers, damit ein verstärktes Interesse auch für die übrigen, in ihrer Art nicht weniger schönen, zwar nicht so berühmten, dafür aber auch weniger überlaufenen Berggebiete Südtirols zu wecken.

Da Höhenwege ganz anders geartet sind als beispielsweise Klettersteige oder gebahnte Gipfelwege, und da insbesondere die Südtiroler Höhenwege ihr ganz eigenes Wesen, ihr eigenes Schicksal und in vielen Fällen auch ihre ganz eigene Entstehungsgeschichte haben, soll auf all diese Aspekte in diesem Überblick eingegangen werden.

Zunächst ist zu klären, was unter dem Begriff *Höhenweg*, so wie er in diesem Buch gebraucht wird, zu verstehen ist. Im ursprünglichen und eigentlichen Sinne des Wortes ist jeder Weg, der sich nicht in der Ebene oder im Talgrund befindet, also in mehr oder weniger gebirgigem Gelände, ein *Höhen*-Weg, gleichgültig ob er steil ist oder nicht, ob er zu einem Berghof, zu einer Schutzhütte oder zu einem Berggipfel führt oder ein Joch überschreitet.

Seit jedoch um die Mitte des vorigen Jahrhunderts mit der allgemeinen Erschließung der Alpen durch zahlreiche Schutzhütten die Anlage von Wegen begann, die die alpinen Stützpunkte untereinander verband, entstand allmählich der Begriff Höhenweg, der dann immer mehr in der alpinen Literatur Aufnahme fand und fortan fast ausschließlich nur noch für solche Verbindungswege gebraucht wurde. Demnach hat der Höhenweg einen Verlauf, der immer von einem hoch gelegenen Ausgangspunkt — meist ist dies eine Schutzhütte, kann aber auch nur eine Alm, ein Jochübergang, der Beginn eines Kammes oder der Rand einer Hochfläche sein — in mehr oder weniger ebener, also waagrechter Wanderung zu einem ebenfalls hoch gelegenen Endpunkt führt. Diese horizontale Wegführung unterscheidet somit den Höhenweg eindeutig von den vielen Auf- oder Abstiegswegen, die ja immer einen tiefer mit einem höher gelegenen Punkt verbinden.

Wenn somit nun auch alle Verbindungswege zwischen den an Berglehnen befindlichen Dörfern, Weilern und Gehöften als Höhenwege bezeichnet werden können, wird für sie dieser Ausdruck seltener gebraucht, und sie wurden auch nicht in dieses Buch aufgenommen, das seinem Zweck entsprechend nur die alpine Region, also den Bereich oberhalb der Waldgrenze behandelt. Überdies sind die Verbindungswege in den ständig bewohnten Gebieten heute vielfach schon zu Autostraßen ausgebaut und stellen folglich auch keine lohnenden Wandermöglichkeiten mehr dar.
Es ist einleuchtend, daß hinsichtlich des Erlebniswertes der Zweck eines alpinen Höhenweges ein völlig anderer ist als der eines Gipfelanstieges. Während dieser in erster Linie nur zum Erreichen eines Endzieles dient, und damit der Weg nur Mittel zum Zweck ist, kann der Höhenweg selbst schon als eigenständiges Ziel bezeichnet werden. Die Bedeutung des Endpunktes tritt stark zurück, im Vordergrund steht das Erlebnis während der Wanderung.
Diese Tatsache läßt sogar eine gewisse Parallele zu einer schönen Kletterführe erkennen; auch hier steht der Weg im Vordergrund, und der Gipfel ist eben nur sein Endpunkt. Darüber hinaus besteht eine Parallele auch insofern, als beides — die Begehung eines Höhenweges wie auch eine Klettertour — die Grenzbereiche des Alpinismus berühren. Beide Formen entsprechen nicht ganz dem, was man allgemein unter dem normalen Bergsteigen versteht, sondern sind gewissermaßen Extreme. Das eine führt auf dem leichtesten Weg zum Bergerlebnis, das andere auf dem schwierigsten. Andererseits sind aber wieder beide Formen echter Alpinismus, und der Wanderer auf einem Höhenweg ist genauso ein echter Bergsteiger wie der Gipfelsammler und der Kletterer.
Nach diesem Versuch, Begriff und Wesen der Höhenwege zu umreißen, soll kurz auf das Entstehen dieser Weganlagen eingegangen werden, für das im gesamtalpinen Raum zwei Faktoren maßgebend waren, und zwar einmal die Almwirtschaft und zum anderen die alpine Erschließung. Im südlichen Südtirol, und besonders im Gebiet von Sexten, kommt ein dritter Faktor hinzu: der Erste Weltkrieg.
Die ältesten Höhenwege finden wir im Bereich der Hochalmen. Es sind dies meist keine breiten, richtiggehend erbauten Weganlagen, sondern in den allermeisten Fällen nur schmale, aber gut gangbare und recht ausgeprägte Steige. Solche Höhenwege finden wir dort, wo sich zwei oder mehrere Almen entlang eines Talhanges befinden. Diese Steige wurden im Laufe der Zeit von den Hirten ausgetreten und dienten ursprünglich nur der Verbindung zwischen den Almhütten; erst in neuerer Zeit wurden sie dann markiert und als Touristenwege auch in den Wanderkarten verzeichnet. Höhenmäßig gesehen liegen diese Wege relativ am tiefsten, meist nur wenig oberhalb der Waldgrenze. In ihrem Verlauf durch prächtige Bergwiesen zeichnen sie sich oft durch besonderen Blumenreichtum aus.
Wesentlich jüngeren Datums sind jene Höhenwege, die im Zuge der alpinen Erschließung von den Bergsteigervereinigungen, oft mit maßgeblicher finanzieller Unterstützung von seiten zahlungskräftiger Privatpersonen, als Verbindungswege zwischen den Schutzhütten angelegt wurden. Entsprechend der Erbauungszeit der Hütten fällt auch die Anlage dieser oft in mehreren

Teilstrecken ganze Berggruppen durchziehenden und fast immer sehr breit gebauten Wege in Südtirol hauptsächlich in die letzten Jahrzehnte des vorigen Jahrhunderts und in die Zeit bis zum Ausbruch des Ersten Weltkrieges. Da die meisten alpinen Stützpunkte oberhalb der eigentlichen Vegetationsgrenze liegen, sind diese Wege auch wesentlich alpiner als die noch im Almbereich liegenden Hirtensteige. Die streckenweise nicht selten mit großen Steinplatten regelrecht gepflasterten Weganlagen erhielten manchmal den Namen der erbauenden Sektionen oder derer Vorstände, eines großen Gönners oder irgend einer anderen prominenten Persönlichkeit. So haben wir einen Landshuter Weg, einen Kellerbauer-Weg, einen Franz-Huber-Weg oder einen Friedrich-August-Weg.

Als dritten Faktor für das Entstehen von Höhenwegen in Südtirol nannten wir den Ersten Weltkrieg. Dies trifft allerdings nur auf beschränkte Gebiete zu, und zwar vor allem auf den zentralen Teil der Sextener Dolomiten und den Helmzug. Die Hochgebirgsfront erforderte hier die Anlage zahlreicher Nachschub- und Frontwege. Es ist klar, daß diese Pfade, die oft überaus kühn durch äußerst schwieriges Felsgelände führten, nicht als touristische Wandermöglichkeiten gedacht waren. Der Ausbau zu solchen erfolgte erst später durch alpine Vereinigungen, in den Sextener Dolomiten hauptsächlich durch den italienischen Alpenklub und am Helm durch den Österreichischen Alpenverein. Das großartigste Beispiel eines Höhenweges, der seine Existenz dem Kriegsgeschehen zu verdanken hat, ist der berühmte Alpinisteig.

Wenn man den Südtiroler Raum betrachtet, fällt auf, daß hinsichtlich der *Verteilung* der Höhenwege auf die verschiedenen Berggebiete große Unterschiede herrschen. So gibt es Zonen, in denen es fast oder gar keine solcher Weganlagen gibt, während sie in anderen Teilen wieder sehr zahlreich sind. Die Planeiler und Schlandrauner Berge beispielsweise besitzen keinen einzigen Höhenweg, in der Ortlergruppe, im westlichen Sarntaler Kamm oder in den Gsieser Bergen ist es nur wenig besser. Demgegenüber kann man den gesamten Sarntaler Ostkamm von Sterzing bis Bozen auf zusammenhängenden Höhenwegen überschreiten; auch besitzt fast jedes Tal im Bereich der Stubaier und Zillertaler Alpen seinen Höhenweg, und dasselbe kann man auch von den Dolomiten sagen.

Das Fehlen solcher Weganlagen ist auf wenig geeignetes Gelände, auf den Mangel an günstig gelegenen Almen, vor allem aber auf die mangelnde Erschließungstätigkeit in bestimmten Gebieten zurückzuführen, was wiederum daran liegt, daß die betreffenden Berggruppen landschaftlich und folglich auch touristisch nicht interessant genug für den Bau von Schutzhütten und damit auch von Höhenwegen waren. Wer das riesige Gebiet der Planeiler und Schlandrauner Berge an der Nordseite des Vinschgaues zwischen Schnals und Langtaufers kennt, der versteht, daß diese schuttbedeckten, an landschaftlichen Reizen und alpintouristischen Anziehungspunkten recht armen Bergkämme bis heute das unerschlossenste Berggebiet Südtirols geblieben sind. Allerdings kommt noch hinzu, daß diese Gruppen für die großen Alpenvereinssektionen aus Deutschland, die ja maßgeblich an der Erschließung beteiligt waren, verkehrstechnisch weit ungünstiger lagen als die Berge der Dolomiten, des nördlichen Pustertales und jene entlang des Eisacktales, wo zudem immer schon mehr große einheimische Alpenvereinssektionen zur Verfügung standen als im Bereich des Vinschgaus. So können wir abschließend feststellen, daß der Großteil aller Höhenwege in Südtirol in dessen östlicher Landeshälfte liegt.

Wenn nun die Frage nach dem heutigen Zustand der Höhenwege erörtert werden soll, so wollen wir zunächst einen Blick auf das Schicksal und die erschließerische Tätigkeit der deutschsprachigen Alpenvereine werfen. Denn der heutige gute Zustand der Bergwege im allgemeinen und der Höhenwege im besonderen, der uns oft so selbstverständlich erscheint, ist das Ergebnis dieser nimmermüden, trotz gewaltiger Rückschläge immer wieder weitergeführten Vereinstätigkeit.

Es ist hier nicht notwendig, auf das Vereinsgeschehen der ersten Zeit näher einzugehen. Vielleicht zu sehr auf wissenschaftliche Aufgaben ausgerichtete Zielsetzungen hemmten zunächst den Aufschwung des 1862 gegründeten ÖAV. Erst der Zusammenschluß mit dem sieben Jahre später gegründeten DAV in den Deutschen und Österreichischen Alpenverein (DuÖAV) brachte den Beginn der ruhmreichen Ostalpen-Erschließung, der wir heute in den Bergen auf Schritt und Tritt begegnen. Dazu trug nicht nur die Erbauung zahlreicher Schutzhütten und Wege bei, sondern in nicht geringerem Maße auch die Herausgabe einer unübersehbaren Fülle an alpiner Literatur und vor allem die Schaffung erstklassiger Kartenwerke. Wie schnell durch diese weitgespannten Leistungen die alpine Idee Verbreitung fand, läßt sich daraus ersehen, daß der DuÖAV zur Jahrhundertwende bereits über 47.000 Mitglieder umfaßte und 206 alpine Stützpunkte in allen Gebieten der Ostalpen besaß.

Doch im Jahre 1914, als die Zahl der Mitglieder bereits auf 102.000, die der Schutzhütten auf 232 und die Länge der erbauten Alpenvereinswege auf viele Tausende von Kilometern angestiegen war, wovon ein erheblicher Teil auf das Südtiroler Gebiet entfiel, brachte der Ausbruch des Ersten Weltkrieges diesem Wirken ein vorläufiges Ende.

Während nun nach dem Krieg die erfolgreiche Tradition in Deutschland und Österreich durch den DuÖAV fortgeführt wurde, hatten die Grenzziehung von 1919 und die Abtrennung Südtirols an Italien die behördliche Auflösung aller Südtiroler Alpenvereinssektionen, die entschädigungslose Zwangsenteignung jeglichen Vereinseigentums durch den italienischen Staat und damit die völlige Lähmung jeglicher Vereinstätigkeit zur Folge, die über zwei Jahrzehnte währen sollte. Sämtliche Schutzhütten wurden dem italienischen Alpenklub (Club Alpino Italiano = CAI; gegründet 1863 als Club Alpino di Torino) überantwortet, der jedoch seinen neuen Besitz stark vernachlässigte, so daß viele der einst unter größten Opfern erbauten Schutzhütten teils ein Raub der Flammen wurden, teils einfach verfielen. Und mit der Vernachlässigung der Hütten kam auch der Verfall der Wege, vor allem der Höhenwege.

So lagen im Jahre 1945, als das Leid der langen völkischen Unterdrückung in Südtirol und die Schrecken des Zweiten Weltkrieges vorbei waren und ein freier Alpenverein Südtirol (AVS) gegründet werden konnte, die Dinge hin-

sichtlich des Bergwegenetzes sehr im argen. Doch die nach und nach gegründeten Sektionen gingen mit unvermindertem Eifer daran, die wichtigsten Wege zu markieren, da und dort wurde ein neuer Höhenweg angelegt (z. B. der Franz-Huber-Weg), und der CAI ging daran, allmählich die noch verbliebenen Schutzhütten instandzusetzen und zu bewirtschaften.
Doch dieses erfolgreiche Beginnen erhielt durch die politischen Unruhen der sechziger Jahre abermals einen empfindlichen Rückschlag, der vor allem den Südtiroler Bereich entlang des Alpenhauptkammes traf. Einige Schutzhütten wurden in die Luft gesprengt, die anderen militärisch besetzt, und damit blieben die prächtigen Gletscherberge der Ötztaler, Stubaier und Zillertaler Alpen sowie der Rieserfernergruppe für ein Jahrzehnt verwaist; zugleich gingen die Wege erneut dem Verfall entgegen.
Erst in den ersten Jahren dieses Jahrzehnts wurde die Militärbesetzung aufgehoben, die strengen Grenzbestimmungen wurden gelockert und die Schutzhütten ganz allmählich wieder vom CAI bewirtschaftet. Und damit erhielten die vielen prächtigen Höhenwege in diesen Gebieten wieder ihren ursprünglichen Sinn zurück.
Die einzelnen Sektionen des AVS gingen erneut an die uneigennützige Arbeit und setzten in den letzten Jahren fast alle einstigen Höhenwege wieder instand; verwachsene Stellen wurden ausgehackt, gefährliche Passagen mit neuen Seilsicherungen versehen, die verblaßten Markierungen neu angebracht und Hinweisschilder aufgestellt.
So haben wir heute in Südtirol nach einem Jahrhundert unermüdlicher, immer freiwillig und ehrenamtlich durchgeführter Alpenvereinsarbeit trotz vieler Rückschläge ein vollständig wiederhergestelltes, laufend instandgehaltenes Wegenetz. Daß mittlerweile von privater Seite hier so wie überall eine üble, auf weite Sicht auch fremdenverkehrsmäßig äußerst schädliche Übererschließung eingesetzt hat, kann nicht Gegenstand dieser Betrachtung sein, wenngleich gesagt werden muß, daß so mancher schöne Wanderweg von dieser Landschaftsvermarktung unwiederbringlich zerstört wird.
Zum Abschluß dieser Einleitung sei noch ein Wort zur Schwierigkeit der Höhenwege und zur notwendigen Ausrüstung gesagt. Das Wort Höhenweg könnte leicht den Eindruck erwecken, daß es sich hierbei zwangsläufig immer um einen breiten, völlig unschwierigen und ungefährlichen Wanderweg handeln müsse. Dem ist aber keineswegs so! Zwar werden Höhenwege nicht nach Schwierigkeitsgraden unterteilt, und ihre Begehung birgt kaum die vielfältigen Gefahrenmomente wie beispielsweise eine Gipfelbesteigung im Hochgebirge, doch beweisen die vielen und zuweilen auch tödlichen Unfälle sogar auf gebahnten Wegen in harmlos erscheinendem Gelände, daß die Gefahren der Berge immer wieder unterschätzt werden.
Schon die Tatsache, daß ein Höhenweg über einen breiten, flachen Almrükken und ein anderer durch eine steile Felsflanke führen kann, zeigt, daß hinsichtlich der Schwierigkeiten und Gefahren unter den einzelnen Höhenwegen große Unterschiede herrschen. So unterscheiden wir allein ihrer Anlage nach drei verschiedene Wegarten: Da ist zunächst der sehr breite richtige Wanderweg, der, ordnungsgemäß instandgehalten und markiert, in flachem Gelände keinerlei Schwierigkeiten aufweist, während er an steilen Berghän-

gen schon eine gewisse Achtsamkeit erfordert. Ein Fehltritt und ein Abrutschen auch nur über einen steilen Grashang kann schon schlimme Folgen haben. Man gehe deshalb nie nebeneinander, wenn es auch die Wegbreite zuließe.

Bedeutend heikler ist schon der gewöhnliche Steig. Er ist meist nur so breit, daß ein Mensch allein einigermaßen gut darauf gehen kann. Eine etwa mangelhaft markierte und wenig ausgeprägte Stelle des Steiges kann auch in flachem Gelände schon zu Orientierungsschwierigkeiten führen; in steilem Gelände erfordert der Steig immer verstärkt achtsames Gehen, Trittsicherheit und nicht selten Schwindelfreiheit.

Der horizontal verlaufende Klettersteig, d. h. ein mehr oder weniger ausgeprägter Steig in sehr steilen bis senkrechten Felsflanken, der meist über Bänder führt und wegen seiner großen Ausgesetztheit an manchen Stellen durch Stahlseile, Eisenklammern usw. versichert wurde, ist die schwierigste Form eines Höhenweges. Solche Wege sind nur etwas für erfahrene, absolut schwindelfreie und sichere Bergwanderer.

Neben diesen drei Wegtypen finden wir da und dort auch nur einen markierten Wegverlauf ohne ausgeprägten Steig. Da solche Höhenwege meist durch unschwieriges Gelände führen, gibt es bei ihnen höchstens Orientierungsprobleme, weshalb sie bei nicht einwandfreien Sichtverhältnissen besser gemieden werden sollten.

Hinsichtlich der Ausrüstung ist zu sagen, daß für die Begehung eines Höhenweges die Bekleidung grundsätzlich dieselbe zu sein hat wie für eine Gipfeltour: es braucht richtige Bergschuhe mit Profilgummisohle, die Hose muß knielang oder ganz lang sein (keine Shorts!), Wollpullover und Anorak gehören immer zumindest in den Rucksack, ebenso Wollmütze und Handschuhe. Für Wege, bei denen Schneefelder gequert werden müssen, gehören ein richtiger Eispickel (kein Spazierstock!) und für ausgesetzte Steige wie Alpinisteig, Pflerscher Höhenweg usw. zudem auch ein kurzes Seil und ein paar Karabiner (dies auch um eventuell anderen helfen zu können) zur Ausrüstung. Wer mehrere Höhenwege zu einer größeren Überschreitung zusammenzuschließen gedenkt, sollte selbstverständlich an den Mehrbedarf an Proviant, an Reservekleidung und an eine Taschenlampe denken.

BILDER UND LANDSCHAFTSSCHILDERUNGEN

Unter diesem Titel stellt der folgende Hauptabschnitt einen Großteil der Südtiroler Höhenwege vor. Die Bilder sind nach geographischen Gesichtspunkten in einem von Westen nach Osten und Süden ausholenden Bogen angeordnet. — Im anschließenden „Lexikon der Südtiroler Höhenwege" finden sich Angaben über Lage, Beschaffenheit, Länge, Zustand, Erreichbarkeit, Wegverlauf usw. aller Höhenwege Südtirols. — Alle Höhenwege lassen sich im „Verzeichnis der Südtiroler Höhenwege" nachschlagen, während sämtliche Talorte, Stützpunkte und andere wichtige Stichwörter das Ortsregister am Schluß dieses Buches beinhaltet.

DER WEG ÜBER DEM VERSUNKENEN DORF

Von der Haider Alm nach Schöneben

Hoch über dunklen, wogenden Wäldern zieht dieser zweistündige Wanderweg dahin. Ein schmaler Steig, den die Hirten mit ihrem Vieh ausgetreten haben und der heute noch so ist wie vor Jahrhunderten. Nur da, wo er beginnt und wo er endet, hat bereits das Zeitalter der Technik seinen Einzug gehalten, um mit Liftanlagen, Autostraßen, Lärm und vielen Menschen den sogenannten Fortschritt zu bringen.

Dazwischen aber, auf den weiten Hängen unter der Elferspitze, ist der alte Hirtensteig das einzige Zeugnis menschlicher Anwesenheit. Hier umgibt den Wanderer noch Abgeschiedenheit und Ruhe. Gleichmäßig rauschen die alten Zirben, wenn der ungestüme Nordwind in ihre starken Äste fährt, und weit schweift der Blick ins stille Langtauferer Tal, über dem die mächtigen Firnhäupter der Weißseespitze und der Weißkugel gleißen. Man nimmt sich Zeit, wenn man diesen hohen Weg geht, viel Zeit, um immer wieder zu schauen und den leisen, verhaltenen Stimmen der Natur zu lauschen.

Tief unter uns schimmert zwischen den Baumwipfeln ein sehr großer See in tausend winzigen Glanzlichtern. Und wenn der Wind für wenige Minuten ausbleibt, dann legen sich die Wellen, die glitzernden Punkte verschwinden und der See wird zum Spiegel für die Berge, für den Himmel und die Wolken — und für einen Kirchtum, der seltsamerweise mitten aus dem blauen Wasser ragt.

Noch keine dreißig Jahre ist es her, da gab es diesen See noch nicht, zumindest nicht diesen Stausee. Statt dessen lagen da zwei andere Seen in weite Wiesen gebettet, Seen, die nicht der Mensch, sondern die Natur selbst geschaffen hatte: der Ober- und der Mittersee. Und die Menschen, die an diesen Seen wohnten, waren größtenteils einfache Bauern, die zwar ein karges und arbeitsames Leben führten, vielleicht aber doch ein zufriedenes.

Doch eines Tages kamen Fremde und schreckten diese Bauern aus ihrer Zufriedenheit. Sie begannen unter dem Mittersee einen großen Damm zu bauen und schnitten dem Wasser seinen altgewohnten Weg ab. Und die Fluten begannen zu steigen, ganz langsam zwar, aber unaufhaltsam, Tag und Nacht. Zuerst begruben sie die ohnehin schon mageren Felder, dann die Häuser, die man vorher gesprengt hatte; und die Bauern von Graun mußten ohnmächtig zusehen, wie ein ganzes Dorf, ihr Dorf, in dem sie geboren und aufgewachsen waren, in dem sie gelebt und gearbeitet hatten, langsam, schrecklich langsam, in den Fluten versank.

Ein neues Graun ist diesen Menschen gegeben worden, ein sicher schönes Graun, aber das alte, das doch allein ihre Heimat gewesen war, es ist für immer verschwunden. Nur der Kirchturm ist geblieben, ein Turm ohne Kirche, in dem keine Glocken mehr läuten, ein Turm, der als trauriges Symbol unserer Zeit mitten aus den Fluten des glitzernden Sees ragt.

Graun und Langtaufers vom Höhenweg aus (Lexikon S. 116)

RAST AM LANGTAUFERER HÖHENWEG

Den ganzen Tag lang waren wir gewandert — vom Grauner Berg, den wir am Morgen durch leuchtenden Lärchenwald erreicht hatten, über den langen Höhenweg, vorbei an funkelnden Bergseen.

Und nun hielten wir zum letztenmal Rast. Der kurze Spätherbsttag ging langsam zur Neige. Weit draußen im Westen, über der zackigen Klopaierspitze, sank die Sonne als großer, glutroter Feuerball langsam dem Horizont entgegen. Waren tagsüber die Gletscher von einem harten, schattenlosen Weiß und das abgestorbene Herbstgras grau und blaß gewesen, so begann nun ein Farbenspiel von selten geschauter Schönheit. Je näher der Sonnenball dem Horizont kam, desto wärmer wurden die Farben drüben an der in den tiefblauen Himmel ragenden Weißkugel. Langsam versank das Tal in einem satten, samtenen Schatten, das bleiche Gras der Hochalmen fing an, rostrot zu brennen — bis auch uns die Dunkelheit des Tales umfing. Der Glutball im Westen war verschwunden, seine Strahlen verließen auch die höchsten Bergspitzen, und da waren die Gletscher plötzlich hellblau. Aber dies nur für kurze Zeit. Bald legte sich ein rosaroter Schimmer über sie, noch einmal flammte das Gelbrot im Widerschein der Wolken auf, um schließlich in ein geheimnisvolles Violett überzugehen.

Während wir später im Dunkeln dem Tal zustolperten, erlosch oben das Farbenwunder. Da und dort glänzte schon ein Stern am stahlblauen Firmament, und die Sichel des Mondes übergoß die Firnhäupter mit einem matten, silbernen Glanz...

Langtauferer Höhenweg mit Blick zur Weißkugelgruppe (Lexikon S. 121)

IM ANBLICK EINER EWIGEN BERGWILDNIS

Vom Stilfser Joch zur Furkelhütte

Längst liegen die 48 Haarnadelkurven der Stilfser-Joch-Straße und das Joch selbst mit all seinem Lärm und Schmutz hinter uns. Die Wanderung auf diesem Höhenweg quer durch den wenig bekannten Chavalatschkamm hat uns wieder jene innere Ruhe zurückgegeben, die uns sonst so fehlt und die uns wieder Zeit läßt zu rasten und zu schauen.

Wir sitzen am Weg hoch über dem Tal von Trafoi und blicken hinüber auf die wilde Fels- und Eisszenerie des Ortlers. Riesige Eisströme fließen von den messerscharfen Firngraten zu Tal, dazwischen und darüber hängen in atemberaubender Leere mächtige Bollwerke ewigen Eises. Und mitten in dieser frostigen Wildnis stehen die kleine Berglhütte und die Edelweißhütte, zwei hochalpine Stützpunkte, einst von großen Pionieren erbaut, heute aber verlassen und dem Verfall preisgegeben. Nur die Payerhütte, ganz oben auf dem zackigen Tabarettagrat, ist bewirtschaftet. Über sie führt von der anderen Seite, von Sulden herauf, der Normalanstieg auf das Haupt des Königs.

Die Trafoier Seite aber, über die der Ortler in einmaligem Gipfelsturm erstmals erobert wurde, ist heute in Vergessenheit geraten. Zu abweisend, zu steil und furchterregend sind die Kare und Wände, zu gefährlich kleben die Hängegletscher an den Felsen. Und wenn sich von Zeit zu Zeit hausgroße, tonnenschwere Eistrümmer lösen und in senkrechtem Fall in die darunterliegenden Kare donnern, dann scheint der ganze Ortler, dieser gewaltige Fels- und Eiskoloß, zu beben; und wehe dem, der sich gerade in diesem Bereich befindet.

So ist der König der Südtiroler Berge bis heute ein unnahbarer, niemals ganz ungefährlicher Berg geblieben. Und das ist gut so. Wäre es nämlich anders, wüßte sich hier die Natur nicht selbst vor der Geldgier und Habsucht des Menschen zu schützen, dann sähe es auf dem Ortler gleich aus wie drüben auf den Gletschern am Stilfser Joch. Der Ortler wäre dann nicht mehr der schönste Berg Südtirols, sondern der häßlichste, und die Höhe an Metern würde von der Höhe an Verdreckung noch übertroffen.

So aber können wir, noch immer und sicherlich auch in Zukunft, unseren Höhenweg im Anblick einer unberührten, gleißenden Eiswildnis gehen und eines der gewaltigsten Wunder der Alpen in all seiner ursprünglichen Schönheit erleben.

Der Höhenweg Stilfser Joch—Kleinboden mit dem Ortler
(Lexikon S. 116)

DURCH DIE OSTFLANKEN DES ORTLERS

Schauplatz der Erschließung der Ortlergruppe

Nur selten führt ein Weg die alpine Erschließung von ihren zaghaften Anfängen bis zur Zerstörung der Landschaft so deutlich vor Augen, wie der Höhenweg von der Tabarettahütte zur Hintergrathütte.

Es begann vor zwei Jahrhunderten. 1774 erkannte der Tiroler Landvermesser Peter Anich die überragende Höhe des Ortlers. Und schon 30 Jahre später stieg das *Pseyrer Josele,* der Gemsjäger Josef Pichler aus dem Passeiertal, von Trafoi aus auf seinen Gipfel und ein Jahr danach auch von Sulden aus über den Hintergrat. Aber die wenigen Gehöfte im Suldental blieben noch weitere 50 Jahre einsam wie eh und je.

Doch dann kommt sehr schnell die große Wende. Bereits 1856 stellt Sonklar Gletscherbeobachtungen am Suldenferner an, und 1865 findet der Wiener Gelehrte Mojsisovics den heutigen Normalweg durch die Tabarettawände zum Ortlergipfel. Es treten hervorragende Männer auf den Plan, so unter anderen Julius von Payer, Peter Karl Thurwieser und Francis Fox Tuckett. Sie besteigen die meisten Gipfel rund um Sulden, legen Höhen und Namen fest und künden in begeisterten Aufsätzen von der Schönheit der Ortlergruppe. In Sulden gibt es jetzt die Bergführerdynastien der Pinggera und Reinstadler, die alpinen Vereinigungen entdecken das herrliche Hochtal. 1875 erbaut die ferne Sektion Prag auf 3020 m die Payerhütte, ein Jahr später steht die Schaubachhütte, es folgt die Bäckmannhütte.

Und schon folgt dem *Höhenalpinismus* der *Schwierigkeitsalpinismus.* 1879 wird die Schückrinne, ein schmaler Eisschlauch, durchstiegen, 1881 die Minnigeroderinne und die König-Nordostwand, 1889 wird der Marltgrat erstmals bezwungen. Und nachdem Sulden 1892 die Zufahrtsstraße erhalten hat und die Düsseldorfer Hütte erbaut ist, hält der Schneeschuh seinen Einzug: 1901 ersteigt Löwenbach den Cevedale mit Skiern.

Der Erste Weltkrieg bringt die touristische Erschließung vorübergehend zum Stillstand, die höchsten Gipfel sind heißumkämpfte Frontlinie. Aber schon ein Jahrzehnt danach werden die zwei letzten großen Probleme gelöst: 1930 fällt die König-Nordwand, 1931 die Ortler-Nordwand.

Während in den letzten Jahrzehnten nun fast alle Routen auch im Winter durchstiegen und viele sogar mit Skiern befahren wurden, bahnte sich als letztes und unrühmlichstes Kapitel jene technische Übererschließung an, von der schon 1938 ein Motorradbesuch auf den Cevedalegletschern einen Vorgeschmack gab: Straßen, Liftanlagen und Seilbahnen mit all ihren unerfreulichen Nebenerscheinungen machen selbst vor der Gletscherregion nicht halt.

Durch die Schauplätze von all dem führt unser Höhenweg, vorbei an Blumen, ewigem Eis, Liftstützen, einzelnen Bäumen, abgebaggerten Moränen. Und so ist die Begehung dieses Weges hoch über Sulden wie das Durchblättern eines alpinen Geschichtsbuches: Jeder Schritt eröffnet ein neues Kapitel.

Der Weg Tabarettahütte—Hintergrathütte mit Blick auf Cevedale und Suldenferner (Lexikon S. 117)

HÖHENWEG ZUM SEE VON FALKOMAI

Vom Vigiljoch durch die Südhänge der Hochwart

Im Bereich dieses Höhenweges hoch über den alten Bauernhöfen von Ulten, die da Adlerhorsten gleich an steiler Bergflanke kleben, gibt es keine berühmten Eisgipfel, keine überwältigende, stolz in den Himmel ragende Felsszenerie, keinen großen Fremdenzustrom, kurz, es gibt nichts, was sonst die großen Touristenattraktionen kennzeichnet.

Und doch, es ist ein sehr schöner, sehr stiller Weg durch eine einfache, verträumte, in ihrer ursprünglichen Natürlichkeit verbliebene Landschaft — im Frühsommer gesäumt von der Pracht rotblühender Alpenrosen, im Herbst brennend im Gold der alten, knorrigen Berglärchen.

Gewiß, draußen am Vigiljoch, wo unser Weg beginnt, herrscht im Hochsommer reger Betrieb, Gasthäuser hier und dort, Seilbahn und Sessellift pausenlos in Fahrt; und das schmucke Jocherer Kirchlein ganz oben auf einer Graskuppe hat längst seine große stille Beschaulichkeit verloren.

Aber all das hat man bald hinter sich. Vor uns bleibt eine herrliche Wanderung auf einem uralten Steig, den schon die Hirten vor Jahrhunderten begangen haben, über blühende Almen, auf denen das Vieh weidet, durch duftenden Lärchenwald, über steile Kare, durch die lustige Bächlein sprudeln, und einmal geht es an einer alten, aus einem mächtigen Baumstamm gezimmerten Viehtränke vorbei.

Spätestens beim Mitterläger wird man Rast halten. Es steht hier eine halbverfallene Hütte in einer steinigen Bergwiese, die von einem langen Steinwall umzäunt ist. Man wird sich hier gern kurz ausruhen für den letzten, leicht ansteigenden Teil des Weges, aber vor allem wird man gefangen sein vom Anblick der langen Kette der Dolomiten, die sich weit draußen im Osten, hinter Etschtal, Salten, Ritten und Eisacktal im warmen Licht der Nachmittagssonne erhebt.

Endpunkt des Weges ist der Falkomaisee unweit der stattlichen Almhütte von Außerfalkomai: ein kleiner, glitzernder Bergsee, in dem sich Fische tummeln, hoch oben in ernste, weltabgeschiedene Kare gebettet.

Bleibt noch der Abstieg nach St. Pankraz zu erwähnen, auf dessen Kirche mit dem spitzen Turm man schon vom Höhenweg aus hinabgeblickt hat. Dieser Abstieg durch das Kirchbachtal ist ein sehr schöner Gang durch eines jener letzten, großartigen Hochtäler, die bis heute in ihrem Urzustand belassen wurden. Unaufhörlich wie die Ewigkeit rauscht der ungestüme Bach hinab, neben dem der alte Fußweg durch eine in verschwenderischer Fülle wuchernde Vegetation führt. Und dunkel und unergründlich steht an den steilen Talflanken der hochstämmige Bergwald.

Höhenweg vom Vigiljoch zum Falkomaisee. Hinten die Hütte der Falkomaialm erkennbar (Lexikon S. 118)

DER FRANZ-HUBER-WEG

Vom Hochganghaus zur Lodnerhütte

Wir schreiben das Jahr 1949. Seit vier Jahren ist der zweite große Krieg vorbei, und fast ebensolang gibt es wieder einen freien Alpenverein. Die vor und um die Jahrhundertwende vom Deutschen und Österreichischen Alpenverein erbauten Schutzhütten sind nach der Enteignung auf den Club Alpino Italiano übergegangen und somit für den Alpenverein unwiederbringlich verloren.

Aber wie gesagt, seit dem 23. Juli 1946 existiert wieder ein selbständiger Südtiroler Alpenverein. Das ist schon viel. Und sind die finanziellen Mittel auch gering, die alpine Idee lebt fort, die Schaffensfreude ist größer denn je. Da an Hüttenbauprogramme zunächst nicht zu denken ist, beschränken sich die Sektionen darauf, durch Wiederinstandsetzung und vor allem durch Markierung das arg in Mitleidenschaft gezogene Wegnetz zu erneuern und wo möglich zu erweitern.

So kommt es in diesem Jahr 1949 auch zur großen Leistung der Sektion Meran, ein Jahr vor dem Ableben ihres Vorstandes Franz Huber. Trotz des schmerzlichen Verlustes der 1891 erbauten Lodnerhütte geht man unverdrossen, da nun das Joch der Unterdrückung abgeschüttelt ist, an die Schaffung einer Querverbindung zwischen dieser Hütte und dem gepachteten Hochganghaus. In langwieriger, mühsamer und nicht ungefährlicher Arbeit entsteht eine Weganlage, die ohne Übertreibung zu den schönsten in Südtirol gezählt werden kann. Wer von der gegenüberliegenden Seite in die wilden Steilflanken blickt, die vom Tschigat scheinbar senkrecht zum engeingeschnittenen Zieltal abstürzen, muß die Möglichkeit einer Durchquerung für gänzlich ausgeschlossen halten. Und dennoch, die mutigen Männer des Meraner Alpenvereins hacken unerschrocken einen schmalen, ausgesetzten Steig in die kirchturmsteilen Grasflanken, suchen und finden dort, wo die Hänge in senkrechten Felswänden abbrechen, wenn auch wenig mehr als handbreite, so doch gangbare Bänder, die einen Durchgang ermöglichen. Dort werden fixe Seile angebracht, eine große, abschüssige Felsplatte wird durch Eisenklammern gangbar gemacht, und nach vielen Stunden und Tagen harter Arbeit ist der Höhenweg fertig. Man nennt ihn später Franz-Huber-Weg und setzt damit jenem Mann, der bereits bei der Wiedergründung des Alpenvereins maßgeblich mitgearbeitet hat, ein bleibendes Denkmal.

Heute, nach fast dreißig Jahren, steht der Südtiroler Alpenverein in voller Blüte da. Die alten Schutzhütten waren zwar nicht zurückgegeben worden, aber finanzielle Entschädigung gab dem Verein doch die Möglichkeit, mehrere neue Hütten zu bauen und viele alte, unbegehbar gewordene Weganlagen wieder instandzusetzen und auch neue zu bauen. So besitzt Südtirol heute jene große Zahl prächtiger Höhenwege, von denen der Franz-Huber-Weg nach dem Krieg einer der ersten wurde — und heute noch einer der schönsten ist.

Eine Stelle des Franz-Huber-Weges hoch über dem Zieltal
(Lexikon S. 122)

DER HANS-FRIEDEN-WEG

Von der Leiteralm zu den Muthöfen

Eine großzügige Stiftung des langjährigen Meraner Kurgastes Hans Frieden ermöglichte nach dem Ersten Weltkrieg den Bau dieser großartigen Querverbindung. Allerdings war damals der Steig sehr ausgesetzt und nur von schwindelfreien, berggewandten Touristen begehbar. So wurde 1969 der Weg neu trassiert und als richtiger Wanderweg in die felsigen Steilhänge gesprengt. Es ist dies zwar nur ein kurzer, aber der schönste Teil des großen, 20 Kilometer langen Meraner Höhenweges, der von Riffian bis nach Naturns führt. Überdies ist der Hans-Frieden-Weg das alpinste Stück der ganzen Wanderung, und das Fehlen von Wald, die felsige Steilheit und die weitreichende Aussicht *auf das Burggrafenamt, das sich mit seinem Mittelpunkt Meran in der Talmulde ausbreitet, auf die Sarntaler Alpen, die Dolomiten, die Mendel, den Ortler und die steil ragenden Gipfel der Texelgruppe* (Helmut Ellmenreich in seinem Führer durch die Meraner Bergwelt) geben dem Steig jenes hochalpine Gepräge, das sonst nur viel höher liegenden Wegen eigen ist.

Ich ging den Höhenweg an einem sonnigen Nachmittag Ende Februar. Bedeckte alle übrigen Berge zu dieser Jahreszeit noch eine tiefe Schneedecke, so waren die sonnigen, südexponierten Flanken unter der Rötelspitze bereits schneefrei. Milder Sonnenschein lag auf ihnen und überflutete das abgestorbene Gras und die schroffen Felsen mit einem lebendigen, warmen Licht. Es war ein stiller Gang durch den lieblichen Zauber eines zaghaft anbrechenden Bergfrühlings, ein Gang durch eine Insel der Wärme inmitten einer Welt, die noch starr und leblos in den eisigen Fesseln des Winters lag. In den Ästen kleiner krummer Bergeichen raschelte leise das fahle trockene Laub vom letzten Jahr, während einzelne Fichten und Föhren unverändert in ihrem satten Grün prunkten; was kümmerte sie es, ob nun Winter, Frühjahr oder Sommer war. Da und dort blühte bereits in zartem Gelbweiß das Buchsblättrige Kreuzkraut, und dort, wo in silbernen Fäden das Schmelzwasser herabrieselte, glänzten im leuchtenden Gold die vielstrahligen Sterne des Huflattichs.

Lange saß ich später, bevor ich den Abstieg antrat, auf der klobigen Bank in dem kleinen umzäunten Garten, der auf hoher Felsenkanzel vor dem Hochmuter liegt, und blickte in die untergehende Sonne, in deren letztem Licht die breite Talsohle des Vinschgaues lag, umrahmt von dunklen, geheimnisvollen Bergen.

Und wieder einmal wurde mir bewußt, wieviel Glück und Zufriedenheit eine einsame Stunde im Gebirge schenken kann.

Der Hans-Frieden-Weg mit dem Gasthaus Hochmuter
(Lexikon S. 123)

DER PFELDERER HÖHENWEG

1897 wurde am Eisjöchl im Scheitel des Pfelderer Tales die Stettiner Hütte errichtet, zwei Jahre später folgte die Zwickauer Hütte am Planferner, und um 1905 entstand in Zusammenarbeit verschiedener Sektionen des DuÖAV die weitgespannte Weganlage, die von der Nürnberger Hütte über Becherhaus, Müllerhütte, Essener, Zwickauer und Stettiner Hütte bis zur Lodnerhütte führte.

Doch dann kamen Jahrzehnte großer Wirrnisse: der Erste Weltkrieg, die Grenzziehung von 1919, der Zweite Weltkrieg und die politischen Unruhen der sechziger Jahre. Wie überall, so ging es in dieser Zeit auch um die beiden Schutzhütten in Pfelders recht bewegt her. Die Stettiner Hütte wurde 1931 von einer Lawine zerstört, dann aber wieder aufgebaut. Die Zwickauer Hütte hingegen, 1933 von Schmugglern in Brand gesteckt, 1960 wiederaufgebaut und 1967 durch eine Sprengung neuerdings schwer beschädigt, ist derzeit noch unbenützbar.

Da ihr Wiederaufbau jedoch für die nächste Zeit vorgesehen und die Stettiner Hütte seit 1972 bewirtschaftet ist, haben Mitglieder des Südtiroler Alpenvereins den Höhenweg zwischen den beiden Stützpunkten, der durch die Grasabsätze zwischen den auf dem nebenstehenden Bild gut erkennbaren Marmorlagen führt, in den letzten Jahren neu instandgesetzt, markiert und so wieder einwandfrei begehbar gemacht.

Somit hat Pfelders seinen prächtigen Höhenweg wieder, und es bleibt uns nur zu wünschen, daß die kommenden Jahre ruhig bleiben und das Schutzhaus unter dem vergletscherten Seelenkogel bald erbaut werden möge.

Die Nordseite von Pfelders, die der Höhenweg durchquert. Links die Hochwilde (Lexikon S. 123)

DAS QUERBAND DER WEISSWAND

Von der Magdeburger Hütte zur Tribulaunhütte

Nur selten hat ein Tal solche geologische und damit landschaftliche Gegensätze aufzuweisen wie Pflersch: In seinem Talschluß erheben sich dunkle Urgesteinsberge mit beachtlichen Gletschern, an der Nordseite ragt die helle, eisfreie, aus Triasdolomit aufgebaute Tribulaungruppe auf.

So grundverschieden diese beiden Berggruppen nun auch sein mögen, eines haben sie gemeinsam. Hier wie dort liegt je ein kleiner, in ein Schuttbekken gebetteter Bergsee, hier wie dort steht am schönsten Platz je ein Schutzhaus: am Stubensee, unter der vergletscherten Schneespitze, die Magdeburger Hütte, am Sandessee, am Fuße der Felsmauern des Pflerscher Tribulaun, die Tribulaunhütte.

Wenn man von Gossensaß ins Pflerschtal blickt, zieht neben diesen Gletscher- und Dolomitbergen vor allem ein Berg den Blick auf sich, ein Berg von ganz besonderer Eigenart, sowohl was seine Form als auch seine Färbung betrifft: die 3016 m hohe Weißwandspitze. Daß sie oder zumindest ihre Gipfelzone weiß sein muß, in dieser Gegend also aus Dolomit, sagt bereits ihr Name. Wie unmittelbar der Kalk jedoch dem Unterbau aus Schiefer aufsitzt und wie kühn die Spitze in den Himmel ragt, das sagt der Name nicht, man muß es selbst gesehen haben. Da zieht nämlich hoch oben in 2870 m Höhe, über dunklen, teilweise begrünten Steilhängen eine völlig waagrechte, scharfe Linie schnurgerade durch den Berg. Und über diesem Strich bäumt sich die senkrechte weiße Wand auf, als weithin leuchtende Felspyramide.

Die rund 200 m lange Linie zwischen dem sogenannten Urgestein und dem Dolomit, quer durch die bis heute unerstiegene Ostwand der Weißwandspitze, ist die Schlüsselstelle unseres Höhenweges, sozusagen das Gruselstück: ein zwar breites, aber teilweise sehr abschüssiges Band, durch das in schwindelerregender Ausgesetztheit 1500 Meter hoch über dem Pflerscher Talboden ein schmales Steiglein zieht. Bei guten Verhältnissen kein Problem für den, der schwindelfrei und trittsicher ist. Aber oft ist das Band vereist, und oft liegt bis in den späten Sommer hinein noch Schnee darin. Dann heißt es anseilen, gut sichern, und glücklich der, der sich in der Magdeburger Hütte einen Eispickel ausgeborgt oder ihn gleich von daheim mitgenommen hat. Für den wohlausgerüsteten, erfahrenen und umsichtigen Bergsteiger wird dann das grausige Gruselstück zum großen Erlebnis der Überschreitung.

Der Rest des Weges ist unschwierig. Die 400 Höhenmeter von der Magdeburger Hütte bis zum Beginn des Bandes über Schrofen und viel steiles Geröll sind zwar mühsam, aber völlig gefahrlos. Und nach dem Band ist die Überschreitung des Hohen Zahn, einer breiten, flachen Berggestalt, genauso unproblematisch.

Spätestens bei der Tribulaunhütte zwischen Sandessee und Tribulaun wird man die Minuten der Angst am Querband der Weißwandspitze vergessen haben.

In Bildmitte die Weißwandspitze in Pflersch. Erkennbar das Querband (Lexikon S. 125)

DER PFLERSCHER HÖHENWEG

Ein Dolomitensteig mitten im Urgebirge

Die Stubaier Alpen sind ein großes, weites Gebirge, das zum größten Teil aus dunklen, ernsten, pyramidenförmigen Bergen besteht. Nur dort, wo das Gebirge sehr hoch ist und über dreitausend Meter ansteigt, wird das finstere Bild von großen, gleißenden Gletschern aufgehellt.

Aber da und dort findet man in diesem weitläufigen Bergland kleine Gruppen, die nicht aus dunklen Schiefern, sondern aus ganz hellem Kalk aufgebaut sind, kleine Ebenbilder der großen Dolomiten. Diese Berge sind ganz anders geartet als ihre Umgebung, hier gibt es keine richtigen Gletscher, nur steile, das ganze Jahr über schneeerfüllte Rinnen, durch die im Winter fürchterliche Lawinen hinabdonnern. Und die Bergflanken bestehen durchwegs aus senkrechten, oft sogar überhängenden Felswänden, schroffen, von schlanken Türmen besetzten Graten und scharfen, lotrecht emporschießenden Kanten.

Eine der schönsten und größten dieser Dolomitengruppen ist der mächtige Tribulaunstock an der Nordseite des Pflerscher Tales. Diese in der kühnen Felsgestalt des 3096 m hohen Pflerscher Tribulaun gipfelnde Gruppe ist vor allem ein Reich der tüchtigen Kletterer. Die Anstiege auf die meisten Gipfel sind durchwegs schwierige Kletterrouten, von denen der Durchschnittsbergsteiger besser die Hände läßt.

Neben diesen vielen sehr schwierigen Wegen gibt es allerdings auch einen leichten: den Pflerscher Höhenweg. Führt er auch nicht auf einen der stolzen Gipfel, so durchquert er immerhin die ganze Gruppe und bietet ein Erlebnis, das einer Gipfelbesteigung kaum nachsteht. So großartig ist diese Weganlage, daß sie nur im Alpinisteig in Sexten und im Bocchette-Weg in der Brenta ebenbürtige Gegenstücke hat. Durch wilde Schluchten zieht dieser Steig, um steile, weit vorspringende Felsrippen herum, über oft vereiste Schneerinnen, über Bäche, an senkrechten Wandfluchten entlang. Und das geht so fast immer sehr ausgesetzt, niemals ein gedankenloses, unachtsames Dahinschlendern gestattend — trotz der guten, von Alpenvereinsleuten in mühsamer Arbeit angebrachten Versicherungen. Deshalb gehe nur der diesen hohen Felsenweg, dem der Blick in gähnende Tiefen nichts ausmacht und dem das sichere Gehen auf schmalem Pfad in steiler Wand vertraut ist. Wer aber diese Forderungen erfüllt, wird selten Schöneres und Beeindruckenderes erlebt haben, als bei diesem luftigen Gang durch die hellen Dolomitfelsen hoch über dem grünen Talgrund von Pflersch.

Die Tribulaungruppe von Süden. In halber Höhe durchquert sie der Pflerscher Höhenweg (Lexikon S. 125)

DER RIDNAUNER HÖHENWEG

Vom Roßkopf nach Ridnaun

Einst war der Roßkopf, Sterzings Hausberg, eine einfache Alm, später ein beliebter Sommer-Ausflugsort und heute hat er einen klingenden Namen als Wintersportgebiet. Er hat eine Seilbahn von Sterzing herauf und unter anderem ein neues, sehr schönes Alpenvereinshaus.

Im Sommer tut sich am Roßkopf nicht viel. Nur relativ wenige Leute besuchen das sehr schöne Wandergebiet mit seinen weiten Hochweiden und Alpenrosenhängen, das ohne die Stahlseile der Skilifts noch schöner wäre. Aber diese wenigen Störelemente tun der Pracht unseres Höhenweges keinen Abbruch, denn bald hat man sie hinter sich und ist den ganzen Tag in einer ursprünglichen, einsamen Bergwelt.

Knapp ober den letzten Wetterfichten folgt man einem breiten ebenen Weg, der bereits vor Jahrhunderten von Bergknappen angelegt wurde und zu einem Kessel unter den Dolomitzacken der Telfer Weißen führt. Hier am Knappenkofel, in der Kontaktzone zwischen Schiefer und Kalk, zeugen noch zahlreiche Spuren vom ehemaligen Bergbau, hier kann man so manchen kleinen, glasklaren Bergkristall finden und hier endet auch der alte Erzweg. Aber eine Markierung und Steigspuren weisen den Weiterweg, der bald zur Seewe-Alm mit dem gleichnamigen kleinen See führt.

Weiter geht es durch steile Schrofenhänge und Bergweiden, immer mit prächtigem Tiefblick auf die Wiesen, Wälder und Höfe von Ridnaun, und nach mehreren Stunden steht man ganz plötzlich vor der kleinen Prischeralm mit ihrer alten Steinhütte unter der dunklen Pyramide der Wetterspitze.

Hier, am Endpunkt des Höhenweges, von wo ein schattiger Waldweg nach Maiern hinabführt, hatte ich das schönste Erlebnis der ganzen Tour. Nicht daß die Wanderung arm an Eindrücken gewesen wäre, gewiß nicht, es war ein herrlicher Gang zwischen dem tief unter mir liegenden Tal und den hoch über mir aufstrebenden Gipfeln des Aglskammes, großartig war der Blick auf die Dolomiten im Süden und die Stubaier Berge im Westen. Aber der wolkenlose Hochsommertag hatte allem einen zu hellen, fast leblosen Ton gegeben.

Nun aber bot sich mir bei der Prischeralm ein überwältigendes Bild. Es war bereits später Nachmittag, die Sonne näherte sich langsam dem Horizont, und es waren bizarre, bewegte Wolkengebilde aufgezogen, Wolken, wie sie nur im Westen und nur im Hochsommer aufziehen. Durch sie bahnten sich breite Strahlenbündel ihren Weg hinab ins Tal, im weichen Gegenlicht glänzten die Firne, umrahmt von Zuckerhütl, Sonklar und Freiger, über die Höhen strich von Westen her ein sanfter Wind. Und auf einer kleinen Graskuppe hoben sich als dunkle Silhouette ein paar Haflinger Pferde mit ihrer golden im Gegenlicht wehenden Mähne vor dem dramatischen, stimmungsgeladenen Hintergrund ab ...

Tiefblick auf den Ridnauner Höhenweg und die Höfe von Ridnaun
(Lexikon S. 126)

VOM JAUFEN ZUM ÜBELSEE

Über den Mittelgebirgskamm der Jaufensenke

In der ganzen Strecke weist die Kammhöhe zahme, stumpfe, nur ganz untergeordnet stellenweise leicht schrofige Formen auf, großenteils ist sie nicht nur im Verlaufe, sondern auch quer dazu verflacht. So charakterisiert Raimund von Klebelsberg in seinen geomorphologischen Studien jenen Mittelgebirgszug, über den unser Höhenweg verläuft. Und weiter lesen wir: *Durch diese Höhen- und Formenverhältnisse fällt die Jaufensenke weithin auf als eine breite Lücke zwischen den höher und schärfer aufragenden Ausläufern der Stubaier Alpen im Westen und dem Nordteil der Sarntaler Alpen im Osten — durch sie reicht der Blick von Aussichtsbergen nördlich des Brenner bis tief nach Judikarien.* Soviel zu den Geländeformen, die wie geschaffen sind für weite, aussichtsreiche, herrliche Wanderungen.

Wir wissen, daß die Jaufensenke als bester Übergang vom Eisacktal ins Passeiertal schon sehr früh überschritten wurde. So wurde im hintersten Jaufental ein vorgeschichtliches Lappenbeil mit Öse gefunden, und es ist belegt, daß schon um 1300, vielleicht auch schon früher, am Jaufen ein Hospiz mit einer Kapelle stand. Man kennt den Verlauf des alten Jaufenweges, der zwar anders verlief, aber doch der Vorgänger der heutigen, 1912 eröffneten Autostraße war. Daneben gibt es auch schon seit urdenklichen Zeiten mehrere andere alte Fußwege, die die Einsenkungen zwischen den wenig ausgeprägten Erhebungen benützen und noch heute von den Hirten und Bauern begangen werden.

Heute ist der Jaufen im Winter ein beliebtes Skigebiet. Und für den Sommertourismus steht neben mehreren an der Straße gelegenen Gasthöfen auch ein im Jahre 1969 erbautes gemütliches Schutzhaus in prächtiger, sonniger Lage, an dem unser Höhenweg vorbeiführt.

Am westlichen Ende der Jaufensenke, da wo mit der Kleinen Kreuzspitze eine schärfere Konturenbildung einsetzt, liegt der dunkle, sagenumwobene Übelsee in einem tiefen, kreisrunden Geröllltrichter. Unergründlich und geheimnisvoll kräuseln sich seine Wasser inmitten einer ernsten, einsamen Urlandschaft. Dieser Platz hat nichts von der sonnigen, freundlichen Weite an sich, die wir auf den lichten Höhen beim Gang über die Jaufensenke erlebt haben; hier tritt man ganz plötzlich in eine fremdartige, eigene Welt ein, die unvergeßlich bleibt.

Und so wird man noch lange, schon längst wieder unten im Tal, neben der leuchtenden Pracht der Blumen das schwermütige Bild des geheimnisvollen Übelsees im Geiste vor Augen haben.

Die Flecknerspitze, ein Gipfel in der Jaufensenke, über die der Höhenweg führt.
Hinten die nördl. Sarntaler Berge (Lexikon S. 127)

VOM PENSER JOCH ZUM PUNTLEIDER SEE

Über die Granitwüste des Tatsch

Ostern 1975. Nach einem schneearmen Winter fällt in kürzester Zeit so viel Schnee wie seit Jahren nicht mehr. Den Puntleider See bedeckt eine dicke Eis- und Schneedecke, und was überall vom Übergewicht der Schneemassen ausgelöst wird und in bewohnten Gebieten sogar Menschenopfer fordert, geschieht auch hier. Zwei gewaltige Staublawinen lösen sich hoch oben von den Steilhängen, rasen auf den Wald zu, reißen Zirben, Lärchen, Sträucher und Gesteinsmassen mit sich und ergießen sich mit ungeheurer Wucht in den zugefrorenen See. Und jetzt geschieht das Unglaubliche. Das Eis hält der enormen Belastung stand, und statt mit einer tod- und verderbenbringenden Springflut ins Tal zu stürzen, bleibt die Lawine auf der Eisfläche liegen — einer der schönsten Bergseen bleibt vor seiner Zerstörung bewahrt.

Doch als dann endlich Ende Juli der Sommer auch diese Höhen erreicht, ist der See von Puntleid kein See mehr, sondern eine große, schmutzige Morastkloake. Aber, was den zuständigen Behörden nicht gelingt, freiwillige Naturfreunde bringen es zustande: in tagelanger schwerer Arbeit befreien sie den See von Baumstämmen, Geäst, Wurzelstöcken und Schmutz. Und ein Jahr später hat das Wort Josef Rampolds wieder volle Geltung: *Der See von Puntleid ist das Juwel dieser sonst eher anspruchslosen Gegend.*

Nun, mit dieser Schilderung haben wir absichtlich vorgegriffen. Der Puntleider See, dieses von Alpenrosen und sonnigen Lärchen umgebene Juwel, ist erst der Abschluß unserer Höhenwanderung, aber er ist ihre absolute Krönung. So bleibt noch ein Wort über den Weg selbst nachzutragen. Ausgangspunkt ist das heute viel befahrene Penser Joch, der schon in alter Zeit begangene Übergang vom Eisacktal ins Sarntal, wie ein prähistorischer Fund eines Bronzebeiles belegt. Zunächst geht es hoch über Asten, dem hintersten Weiler im Sarntal, auf gutem Steig über den nördlichsten Teil des Sarntaler Ostkammes; südseitig weiden Schafe an abschüssigen Hochweiden, nordseitig brechen wilde Felsflanken gegen das Eisacktal ab. Am Fuß der Tatschspitze stehen wir dann plötzlich am Ende des guten Steiges und am Anfang einer weiten, hellen Steinwüste, dem Seeberg. Nur struppiger Bürstling und wenige Bergblumen trotzen hier den Unbilden der Natur. Einmal gab es da zwei kleine hübsche Bergseen, in denen sich der helle Granit und die Wolken spiegelten. Heute sind sie verlandet, an ihrer Stelle wiegen sich die weißen Schöpfe des Wollgrases im Bergwind, und nur der Name Seeberg erinnert noch an sie.

Und dann, am Ende der Granitwüste, stehen wir in einer flachen Einsenkung der Kammschneide, hoch über den Tälern des Eisacks und der Talfer, und blicken hinab auf den gerade unter uns liegenden, tiefblauen See von Puntleid, den eine dicke Eisdecke vor seiner Vernichtung bewahrt und dem der selbstlose Einsatz naturverbundener Menschen seinen Zauber zurückgegeben hat.

Vom Astenberg aus: links die Tatschspitze, rechts davon das flache Puntleider Jöchl (Lexikon S. 131)

DER PENSER HÖHENWEG

Die Aufnahme nebenan zeigt den Verlauf des östlichen Teiles unseres Höhenweges, der hoch über der Ortschaft Pens im hintersten Sarntal entlangführt. Der Steig beginnt am Penser Joch (rechts im Bild), durchzieht die dem Betrachter zugewandte Südseite des langen Kammes und erreicht am Gröllerjoch unter dem Sarntaler Weißhorn (links im Bild) ungefähr die Wegmitte und seinen höchsten Punkt. Dieser gut markierte Wegabschnitt stellt gleichzeitig auch den beliebtesten Zugang zum Weißhorn dar. Da geht es an hübschen kleinen Bergseen vorbei, man erreicht einmal nach kurzem Aufstieg die Kammhöhe und genießt von dort einen Prachtblick auf die Gletscherwelt der Stubaier Alpen. Hier auf diesem Weg begegnet man verhältnismäßig vielen Bergsteigern, die auf dem zuletzt recht ausgesetzten Felssteig das Sarntaler „Matterhorn" besteigen.

Jenseits des Gröllerjoches geht es zunächst kurz bergab zu einer Almhütte und dann fast eben durch zum Wannser Joch, dem Endpunkt der schönen Höhenwanderung. Dieser Teil des Weges ist nicht markiert und das Gebiet wird auch nur wenig besucht, zu sehr stehen die Berge auf dieser Seite im Schatten des berühmten Weißhorns. Dafür aber befindet man sich in einer noch sehr stillen, einsamen Bergwelt. Hier stehen noch die Gemsen ungestört auf hohem Grat in ihrem uneingeschränkten Reich, und nicht selten zieht hoch über den felsigen Höhen der Adler seine weiten Kreise.

Blick von Süden zum Kamm zwischen Sarntaler Weißhorn und Penser Joch (Lexikon S. 130)

DIE VERGESSENEN BERGE VON DURNHOLZ

Vom Flaggersee zur Schalderer Scharte

Der forellenreiche, von ernstem Bergwald umrahmte Durnholzer See im Sarntal ist noch heute eine stille, vom Lärm unserer Zeit verschont gebliebene Idylle. Am See steht ein einfaches Gasthaus, etwas erhöht liegt der kleine Weiler Durnholz mit seiner spitztürmigen Kirche, am rückwärtigen Hang sind inmitten saftiger Bergwiesen ein paar einzelne Berghöfe verstreut. Und das ist alles an menschlicher Anwesenheit.

Der See hat zwei bedeutende Zuflüsse, die von den Schieferbergen des Sarntaler Ostkammes herabkommen. Der südliche, der Großalpenbach, kommt aus der Richtung der Schalderer Scharte, über die einst die lange Wallfahrt nach Maria Trens ging; der nördliche, der Seebach, entspringt unter der Flaggerscharte, dem Übergang ins einsame Flaggertal. Unweit dieser Scharte steht neben einem schönen Bergsee die Marburger Hütte, der Stützpunkt und Ausgangspunkt unserer Höhenwanderung. Das stattliche Schutzhaus war 1914 von den DuÖAV-Sektionen Marburg und Siegerland erbaut worden, blieb aber die meiste Zeit unbewirtschaftet und ging immer mehr dem Verfall entgegen. Erst 1975 wurde es durch umfangreiche Instandsetzungsarbeiten wieder betriebsfertig gemacht und wird seither im Sommer bewirtschaftet.

* * *

Ich ging den einsamen Höhenweg vor einigen Jahren, als die Hütte noch nicht bewirtschaftet war. Am Abend langte ich, durch das Seebachtal kommend, beim Schutzhaus an. Und jener Abend wurde dann für mich ein großes Erlebnis. Weit weg von aller Zivilisation saß ich mutterseelenallein hoch über den Tälern am Flaggersee und erlebte das Sterben des Tages. Längst war die Sonne untergegangen, und die engen Bergtäler ringsum gähnten bereits im Dunkel der Nacht. Aber über mir wölbte sich im Stahlblau der Dämmerung das unendliche Firmament, und da und dort erschien aus dem Nichts heraus ein Stern. Großes Schweigen umgab mich, nur ab und zu unterbrochen vom Aufschlag eines Steines, den die Schafe oben am Grat losgetreten hatten, und begleitet vom leisen Klatschen der Wellen, die an das steinige Ufer schlugen. Und später, als es draußen kühler geworden war, saß ich in der totenstillen Hütte und blätterte noch lang im Schein einer Kerze im zerschlissenen Hüttenbuch.

Tags darauf ging ich dann meinen Höhenweg. Den ganzen Tag lang begegnete mir keine Menschenseele, und ich dachte, wie eigenartig doch die Menschen sind. Da gehen sie in die Berge, um Ruhe zu finden, und sammeln sich ausgerechnet alle drüben in den Dolomiten, wo es oft zugeht wie auf einem Jahrmarkt. Und die stille, einfache Landschaft hier, hoch über dem blauen Durnholzer See, besucht niemand.

So waren es dann auch nur ein paar weidende Haflingerpferde, die mir Gesellschaft leisteten, wie ich am Ende meines Weges an einem kleinen, mitten in eine Bergwiese gebetteten Seelein zum letzten Mal Rast hielt — bevor ich Abschied nahm von den einsamen, vergessenen Bergen von Durnholz.

Eine Stelle des Weges Flaggerscharte—Schalderer Scharte; im Hintergrund die Ötztaler Alpen (Lexikon S. 131)

ÜBER DIE HOCHALMEN VON LATZFONS

Vom Radlsee zur Klausener Hütte

Wer auf der Autobahn durch das untere Eisacktal in Richtung Norden fährt, erblickt hoch über sich zu seiner Linken einen sanften Höhenrücken mit ausgedehnten, flachen Almen. Es sind dies die herrlichen Weideflächen von Latzfons, über die unser Höhenweg führt. Das Gebiet verdankt seine Beliebtheit vor allem der großartigen Schau auf die Dolomiten; aber auch die Nahbilder sind von großem Reiz, und die Harmonie zwischen diesen und dem Hintergrund machen den Höhenweg zu einem der schönsten weitum.
Da liegt, schon gleich am Beginn des Weges, in einem langgezogenen Geröllbecken der sagenumwobene, prächtige Radlsee als Spiegel für den Peitlerkofel, die Geislerspitzen und die Langkofelgruppe. Man sollte schon am Vorabend da heraufsteigen und im gemütlichen Radlseehaus übernachten; der Blick über die Wellen des Sees hinaus zu den im Alpenglühen erstrahlenden Dolomitzinnen ist ein unvergleichliches Erlebnis.
Am nächsten Tag geht es dann zuerst über den Damm des Sees und um den Südrücken der Königsangerspitze herum; da liegen plötzlich die Berge und Täler von halb Südtirol weit ausgebreitet vor uns. Allmählich verflacht der Bergrücken, die Landschaft wird immer weiter, auf den saftigen, in hundert Farben blühenden Grasmatten der Latzfonser Almen begegnen uns, wie überall in den Sarntaler Alpen, die blondmähnigen Haflingerpferde, die da friedlich weiden.
Und dann die Zäune! Aber nicht jene alten, kunstvoll gefertigten Holzzäune, die immer seltener werden, da sie den zwar billigen, aber häßlichen Drahtverhauen weichen müssen, sind hier gemeint, sondern die wohl ältesten, langlebigsten und einfachsten aller Umzäunungen, die es gibt: die sorgsam aufgeschichteten, gedrungenen Steinwälle. Solche Trockenmauern werden meist nur um die Almhütte herum oder höchstens als Einzäunung des sogenannten Almangers gebaut, der gedüngt und abgemäht wird, um in Notzeiten, in denen das Vieh im Stall gefüttert werden muß, einen Heuvorrat zu haben. Hier aber durchziehen sie kilometerweit die großen Almflächen, und man kann sich gut ausmalen, wie lange das Anlegen dieser Umfriedungen gedauert hat. Dafür aber ersparte man sich in dieser baumlosen Gegend das mühsame Heranschaffen des Holzes und verwandelte gleichzeitig die kargen Geröllhalden in wertvolle Weidegründe, die sogar gemäht werden können.
Eigentlicher Endpunkt unserer Wanderung ist die Klausener Hütte. Sie ist zwar im Besitz des CAI, wird aber von Einheimischen bewirtschaftet und bietet jene heimelige Gemütlichkeit, die wir schon auf der Radlseehütte kennengelernt haben.
Wer jedoch genügend Zeit zur Verfügung hat, sollte sich den einstündigen Gang auf dem uralten Wallfahrtsweg zum Latzfonser Kreuz nicht entgehen lassen. Der Besuch dieses hochgelegenen Heiligtums mit Kirche und Schutzhaus ist ein großes, unvergeßliches Erlebnis und der krönende Abschluß unserer Wanderung über die Almen von Latzfons.

Der Höhenweg vom Radlsee zur Klausener Hütte, gegen das Untereisacktal
(Lexikon S. 132)

BLUMENWEG ZUM SCHWARZEN HERRGOTT

Vom Rittner Horn zum Latzfonser Kreuz

Über den Weg von Bozen zum Rittner Horn, dem Ausgangsort der langen Höhenwanderung, ist schnell alles gesagt. Was es an sogenannter Erschließung gibt, findet man hier reichlich: Straßen in Fülle, eine aufgelassene Zahnradbahn, eine noch verkehrende Schmalspurbahn, eine Seilbahn, einen Sessellift, viele Skilifts und ganz oben auf dem Horn ein Schutzhaus.
Aber etwas an unzerstörtem Naturgut gibt es am Ritten doch noch, und man sollte auf dem Weg zum Horn unbedingt anhalten, um die Erdpyramiden, die *schönsten, ausgeprägtesten Gebilde dieser Art in Europa* (H. Kiene), zu bewundern.
Dann aber, nach diesem einzigartigen Erlebnis und nach einem nach wie vor überwältigenden Blick in die Runde, verlasse man getrost die stahlseilverhängte Welt des Rittner Horns und wende sich nordwärts, Schönerem zu. Stunden wundersamen Wanderns über einen hügeligen, riesigen Grasteppich erwarten uns dort, und vor der blauen Zackenkulisse der Dolomiten die Pracht unzähliger, leuchtender Bergblumen: dottergelbe Goldrauten, rote Gletschernelken, goldglänzender Berghahnenfuß, die hohen Stauden des gelben Eisenhutes, weißrötlicher Steinbrech, blauer Enzian, Primeln, Arnika, Anemonen, Schwertlilien, Zwergastern, Alpenrosen ... Doch genug des Aufzählens, man würde nicht enden, wollte man sie alle nennen, alle die Glocken, Sterne, Dolden und Kelche, die sich da leise im Wind wiegen, umsponnen vom zarten Summen der Bienen und umschwärmt vom lautlosen Flug der schillernden Schmetterlinge.
Und dann, nach dem langen Gang durch diese liebliche, unendliche Weite, der Eintritt in eine Welt, deren Linien strenger und herber, deren Formen ernster sind, eine Welt, in der es statt blühender Wiesen wieder Berge, Grate und Kare gibt. Und hier ist es, wo hoch auf sturmumbraustem Grat der *Schwarze Herrgott* wohnt. Das einst in der Totenkapelle von Latzfons verwahrte Latzfonser Kreuz steht bald seit drei Jahrhunderten da heroben, anfangs nur als einfaches Wetterkreuz, dann als kleine Kapelle, und heute erwartet der *Schwarze Herrgott* die Wallfahrer in einer hübschen, kleinen Kirche mit spitzem Turm, die sich mit dem nahen Hospiz in dieser verlassenen Gegend als unwirkliche Silhouette gegen den Himmel abhebt. Die *weitum berühmte Wallfahrtsstätte inmitten einer himmelnahen Almlandschaft gehört zu den höchstgelegenen Heiligtümern Europas* — schreibt Josef Rampold — *und sie ist noch immer im Sommer Ziel von Wallfahrten.*
Götter ändern sich, der Glaube der Menschen an sie bleibt. Und so könnte es sein, daß der *Schwarze Herrgott* nur ein neuer Gott an einem alten Platz ist, und daß die heutigen Wallfahrer die Nachfolger von Pilgern sind, die schon lange vor unserer Zeitrechnung und vor Verbreitung der christlichen Religion diesen hochgelegenen Ort aufsuchten, um hier ihren Gottheiten zu huldigen — vielleicht. Eine kleine Felshöhle, der Georg Innerebner prähistorische Bedeutung beimißt, läßt jedenfalls diese Vermutung zu.

Die Almen von Barbian und Villanders vom Rittner Horn aus. Bei den Bergen im Hintergrund endet der Höhenweg (Lexikon S. 133)

ÜBER DIE HAFLINGER HOCHALMEN

Unser Weg hoch über Meran und Sarnthein beginnt in jenem großen Kessel, den man heute „Meran 2000" nennt. Diesen *Meraner Skihimmel* muß man gesehen haben, er ist ein Musterbeispiel von Landschaftszerstörung: Baracken aller Art, halbverfallene Holzmasten, neue Metallstützen, Stahlseile kreuz und quer, Lichtleitungen, Telephonleitungen, ein Gondellift, zerbaggerte Grasflächen — ein Bild der Verwüstung ohnegleichen. Allerdings, der Blick von der Seilbahn in den Urwald der Naifschlucht ist sehr eindrucksvoll, und das Schutzhaus des Südtiroler Alpenvereins ist schön, gemütlich und schade für diese verwüstete Umgebung.

Beim Schartboden, einem Übergang ins Sarntal, schließt man aufatmend mit einem alten Gatter den Blick auf all die Zerstörung. Und dann ist bald die blühende Kammhöhe erreicht. Vergessen ist Meran 2000, unendlich weit weg ist mit einem Schlag die graue Welt des Alltags. Wohin man auch blickt, Berge hinter Bergen, da in zarten, feinen Dolomitzinken gezeichnet, dort in silbernem Gletscherweiß schimmernd, und ganz, ganz weit draußen, dort wo es keinen Horizont mehr gibt, irgendwo im flimmernden Sommerglast, vereint sich die Erde mit der blauen Riesenkuppel des Himmels.

Es macht fast Mühe weiterzugehen, denn jeder Schritt führt unweigerlich früher oder später wieder abwärts; am liebsten würde man für immer hierbleiben, in den unsichtbaren Horizont schauen, träumen und nie mehr in die engen Grenzen der Täler zurückkehren, nachdem hier oben die Grenzenlosigkeit des Unendlichen Gestalt gewonnen hat.

Die Vöraner Alm gegen die südl. Ultner Berge
(Lexikon S. 128)

DER GEBIRGSJÄGERSTEIG

Rast am Kratzberger See

Die Sarntaler Alpen sind das geographische Herzstück Südtirols — aber eben leider nur das geographische. Denn von allen Gebirgen des Landes sind sie das mit landschaftlichen Höhepunkten am stiefmütterlichsten ausgestattete Gebiet. Und während die östlichen Sarntaler Berge doch noch relativ viele Anziehungspunkte haben, gibt es in den westlichen recht wenig davon. Gewiß, es gibt hier mit Ifinger, Sarntaler Weißhorn und Jaufenspitze ein paar herausragende Bergformen, und die Haflinger Hochfläche sowie der Salten sind Wandergebiete allerersten Ranges. Aber das ist auch alles. Und um eine echte Erschließung ist es auch nicht gut bestellt, wenn man einmal von den Skigebieten der Kirchsteiger und Tallner Alm absieht, die nicht mehr Erschließung, sondern übelste Vermarktung der Landschaft sind.

Im Gegensatz zum Sarntaler Ostkamm, der diesbezüglich viel besser dran ist, hat der Westkamm nur einen einzigen bedeutenden Bergsee aufzuweisen, und nur einen richtigen Höhenweg. Daß nun dieser einzige Höhenweg ausgerechnet am einzigen See vorbeiführt, gibt ihm seinen ganz besonderen Reiz.

Das Missensteinjoch ist der Ausgangspunkt für unsere Wanderung. Es ist dies ein prächtiger Platz mit einer großartigen Aussicht, einer Gedenktafel, die an die Erbauer des Höhenweges, die ehemalige Gebirgsjägerkompanie von Meran, erinnert, und vor allem liegt hier am hohen Übergang von Meran ins Sarntal einer jener geheimnisvollen Schalensteine, die der Forschung immer noch so manches Rätsel aufgeben.

Vom Joch aus zieht der Höhenweg mit großartiger, weitreichender Aussicht hoch über dem Sarntal durch steile Granithänge bis zur Anteranalpe. Wer von hier auf die Meraner Seite zur Hirzerhütte will, hat noch den mühsamen Gang über die hohe Hirzerscharte zu bewältigen; wer jedoch ins Sarntal absteigt, hat es bedeutend bequemer.

Aber bevor wir so weit sind, halten wir erst einmal auf Halbweg, am Ufer des prächtigen Kratzberger Sees, wohlverdiente Rast. Das vom letzten Schneefall überzuckerte Weißhorn ragt im Norden steil und spitz in die Höhe und spiegelt sich im See; über der unergründlichen Tiefe spielt der Bergwind mit den blauen Wellen. Aber so unergründlich tief ist der Kratzberger See gar nicht; haben wir ihn doch vor ein paar Jahren selbst vermessen und gelotet. Genau zehn Meter war das Lot hinabgesunken — und damit war ein Geheimnis gelüftet. Aber eben nur eines. Denn die Frage nach der Herkunft des Namens ist ebenso noch offen wie jene nach dem wahren Kern der Sage vom einstigen Bergwerk und nach dem Phänomen des *Knotterns;* so nennen es die Bauern, wenn der See durch Aufschäumen und Unruhe schlechtes Wetter anzeigt.

So umhüllt den Kratzberger See immer noch jenes Geheimnis, das allen Bergseen eigen ist und das ihnen allen ihre große Schönheit verleiht.

Der Kratzberger See am Gebirgsjägersteig (Lexikon S. 129)

VOM HÜHNERSPIEL ZUR ZIROGER ALM

Eine letzte Oase unberührter Naturlandschaft

Hühnerspiel und Zirog mit ihren Berggasthäusern, Liftanlagen und Skipisten — das kennt fast jeder, zumindest jeder Wintersportler. Tausende bevölkern in der kalten Jahreszeit diese Arenen des weißen Sports. Aber auch im Hochsommer trifft man hier viele Leute, die mit den Sessellifts herauffahren, um fern vom Lärm der Täler Ruhe und Erholung zu suchen.

Was jedoch zwischen Hühnerspiel und Zirog liegt, kennt fast niemand. Wer sich hierher in die urwaldähnlichen, von senkrechten Felswänden durchsetzten Wälder oder auf die mageren, steilen Almhänge wagt, der begegnet zuweilen wohl einem Hirten oder einem Jäger, aber nur selten einem Touristen.

Hühnerspiel, Daxalm, Bärenloch, Hubertusplatz — das sind die Namen entlang unseres Weges, Namen, die nicht die fremden Kartographen, sondern die einheimischen Jäger und Bauern geprägt haben, die genau wußten, wo der Spielhahn balzt, wo sich die Bären versteckt hielten, wo der Dachs seinen Bau hat und welches der schönste Platz für den Schutzheiligen der Jäger ist.

So stammen auch die wenigen schmalen Steige von den Hirten und Jägern; in unzähligen Gängen im ersten Morgengrauen und zu später Abendstunde wurden sie allmählich ausgetreten.

Der schönste dieser verborgenen Wege ist heute markiert; es ist ein großartiger Höhensteig, der uns in die letzten Winkel einer ursprünglichen, echten Naturlandschaft führt. Ich ging den einsamen Weg an einem stillen Herbsttag. Von der Hühnerspielhütte hinüber zum Schartl, dann durch das felsige Bärenloch weiter zur Daxalm, deren obere Hütte, von einer Lawine ins Tal gefegt, längst nicht mehr da ist, unter senkrechten Felswänden vorbei und durch lichten, zarten Lärchenwald hinaus zum Hubertusplatz, einer kleinen Waldblöße mit einem mächtigen Schieferblock, dem Hubertusstein, und schließlich durch dunklen Fichtenbestand zu den großen Almflächen von Zirog.

Die Laute des Sommers waren längst verklungen, das Vieh war von den Almen in die Ställe der Berghöfe zurückgekehrt, der tausendfältige Gesang der Vögel war verstummt. Und obwohl den Himmel bereits dünne Wolkenschleier überzogen, die den nahenden Schnee ankündigten, und obwohl die Farbenpracht der Blumen verblaßt war — eine der schönsten Jahreszeiten feierte ihr Hochfest, sie vergab an Farben alles, was sie noch besaß, sie lebte in ihrer eigenen Art noch einmal auf, bevor der Winter kam. Dunkelrot leuchteten die kleinen runden Blätter der Heidelbeere, versteckt blühte noch eine letzte kleine blaue Glockenblume, und jetzt, da die meisten anderen Blumen verwelkt waren, kam der Glanz der Silberdistel erst voll zur Geltung. Und während oben am Waldrand zwei Rehe nach den letzten grünen Gräsern suchten, war der Wald erfüllt vom zarten Rieseln der Nadeln, die von den brennenden Lärchen sanft und leise zur Erde fielen.

Der Weg zwischen Hühnerspiel und Zirog (Lexikon S. 134)

DER LANDSHUTER HÖHENWEG

Im Bereich der Pfitscher Gletscherwelt

Nach welch eigenartigen Kriterien bisweilen Staatsgrenzen gezogen werden, zeigt sich besonders deutlich am Beispiel der Landshuter Hütte. Die Grenze von 1919 zwischen Italien und Österreich sollte eigentlich genau über die Kammlinie verlaufen, aber bei der Landshuter Hütte wich man dem Kammscheitel kurz leicht aus, schlug einen recht merkwürdigen Doppelhaken, und zog den Strich quer durch die Hütte. So steht das 1899 von der DuÖAV-Sektion Landshut erbaute Haus heute als absolutes Unikum da: zwei Drittel des einst sehr schönen Hauses stehen auf italienischem Boden, das restliche Drittel auf österreichischem.

Bewirtschaftet ist derzeit nur der österreichische Teil, aber da die italienischen Bestimmungen in letzter Zeit soweit gelockert wurden, daß das Grenzgebiet unbeanstandet betreten werden darf, bildet das Schutzhaus für die Begehung des im Jahr 1896 fertiggestellten Höhenweges zum Pfitscher Joch einen wertvollen, angenehmen Stützpunkt.

Daß die Hütte heute noch steht, ist dem Umstand zu verdanken, daß eine während der politischen Unruhen in den sechziger Jahren gelegte Sprengladung rechtzeitig entdeckt und entfernt wurde. Schlimmer allerdings erging es diesbezüglich dem privaten Schutzhaus am Pfitscher Joch: Hier kam die gelegte Bombe zur Explosion und zerstörte den in Holzkonstruktion aufgeführten Teil der Hütte. In den letzten Jahren wurde dieser aber wieder neu aufgebaut, und so findet der Bergsteiger in diesem Bereich heute wieder fast alles, wie es einst war.

Der Landshuter Weg ist einer der landschaftlich schönsten und in seiner Anlage noch besterhaltenen Höhenwege im Sterzinger Raum. Der streckenweise mit großen Steinplatten ausgelegte Weg führt durch gänzlich unvergletschertes Gebiet; das Stampflkees, ein Gletscher mit beachtlichem Ausmaß, liegt jenseits des langen Südostgrates der Hohen Wand und ist folglich vom Weg aus nicht einzusehen. Dafür aber verleiht die Nähe der in ungemein wilden, zerklüfteten Eiskaskaden bis in die Almregion abbrechenden Hängegletscher des Hochferners und der Weißspitzen dem Weg ein so hochalpines Gepräge, daß man sich fast in die Eiswelt der Westalpen versetzt wähnt.

Es mag wohl dieser Prachtblick gewesen sein, der die Landshuter damals in dieses Gebiet gelockt und zum Bau des Höhenweges veranlaßt hat. Und er mag wohl auch einer der Gründe sein, daß nach so vielen Jahren die Sektion Landshut mit der Sektion Sterzing immer noch enge, freundschaftliche Bande verbinden. Es werden gegenseitig Besuche abgestattet, man steigt gemeinsam zur Landshuter Hütte auf, und die Begehung des von der einen Sektion erbauten und von der anderen instandgehaltenen Höhenweges hinüber zu den glitzernden Seen am Pfitscher Joch ist dann jedesmal ein ganz besonderes Erlebnis, das eine Staatsgrenze, mitten durch ein Schutzhaus gezogen, nicht zu beeinträchtigen vermag.

Der Landshuter Höhenweg mit dem neuen Pfitscher-Joch-Haus (Lexikon S. 134)

DIE EINSAMKEIT DER PFUNDERER BERGE

Vom Tiefrastensee in die Brunecker Gegend

Hoch oben, in den schroffen, dunklen Bergen der Grubbachgruppe zwischen Pfunders und Mühlwald, liegt ein großes, schutterfülltes Kar, rundherum von unnahbaren Felsgestalten umschlossen; nur da, wo sich der weißschäumende Bergbach einen Weg gebahnt hat, ist der Felskessel offen und gewährt Einlaß in dieses urweltliche Reich. Und mitten darin liegt dunkel und geheimnisvoll ein kleiner Bergsee, an dessen Ufer einst ein bescheidenes Schutzhaus stand.

1912 hatten es die unermüdlichen Männer der damals noch dem Deutschen und Österreichischen Alpenverein angehörenden Sektion Brixen erbaut; den Hauptteil der finanziellen Belastung hatte Fritz Walde, ein Mitglied der Sektion, übernommen, und so hatte man der Hütte auch seinen Namen gegeben. Allein über den bis dahin so blau gewesenen Himmel der alpinen Erschließungstätigkeit zogen schwarze, unheilbringende Gewitterwolken. Die Schutzhütte verfiel, die Wege verfielen, der geheimnisvolle Bergsee wurde vergessen, die Einsamkeit von Tiefrasten wurde noch einsamer.

Doch in Brixen gab es Leute, die geduldig warteten, bis die Zeit gekommen war — die Zeit, um das vergessene Bergreich von Tiefrasten zu neuem Leben zu erwecken. Es hat sehr lange gedauert, aber die Zeit ist doch gekommen. Und das Jahr 1975, das Jahr, in dem die Sektion Brixen ihr hundertjähriges Gründungsjubiläum feierte, fand die freiwilligen Helfer mitten in der Arbeit bei der Neuerrichtung der Tiefrastenhütte.

Da man schon dabei war, schloß man diesem Vorhaben gleich ein weiteres an: Mit Pickel und Schaufel, Holzpflöcken und wetterfester Farbe rückte man in Zusammenarbeit mit der Alpenvereinssektion Bruneck jenem sanften Höhenzug zu Leibe, der sich vom Tiefrastenkar in Richtung Osten bis in die Gegend von Bruneck erstreckt. Damit wurde ein alter Höhenweg, dessen Markierungsfarben längst verblaßt waren, seiner Vergessenheit entrissen.

Gar vieles ließe sich von dieser herrlichen Überschreitung erzählen — von den kargen Almen, die unter den düsteren Felswänden der Nordseite zwischen Wald und Geröll dem Vieh mageres Futter geben, von den vielen kleinen Seen an der Südseite, vom schwindelerregenden Tiefblick auf das grüne, mehr als tausend Meter unter uns liegende Mühlwalder Tal, von der überwältigenden Schau auf die *Gläsernen Berge* im Norden und die *Bleichen Berge* im Süden, von den gelben Flechten an den schwarzen Felsen, von so mancher Stunde, die man am Tiefrastensee verträumt hat — aber so viele Worte man auch zur Beschreibung dieses Erlebnisses verwenden würde, es wären verschwendete Worte, denn sie alle reichten nicht aus, um das wiederzugeben, was eine solche Wanderung an Eindrücken zu schenken vermag.

Man muß selbst hinaufsteigen in die Einsamkeit von Tiefrasten und man muß selbst den hohen Weg gehen, wenn der Bergwind über die Kare pfeift und die Sonne und die Wolken freundliche Lichter und düstere Schatten über die Höhen werfen ...

Der Kamm, über den der Weg von Tiefrasten zum Sambock (hinten rechts) führt (Lexikon S. 136)

DER RÜCKGANG DER ALPENGLETSCHER

Von der Edelrauthütte zur Chemnitzer Hütte

Im Jahre 1880 wurde von der Sektion Taufers des DuÖAV die später in Chemnitzer Hütte umbenannte Nevesjochhütte erbaut, und 1907 errichtete die Alpine Gemeinschaft »Edelraute« die nach ihr benannte Hütte am Eisbruggjoch. Zu jener Zeit lagen diese beiden Hütten in unmittelbarer Nähe der von Weißzint und Möseler herabreichenden Gletscher, und wer den Höhenweg ging, der die Hütten verbindet, mußte damals noch die breite Zunge des östlichen Nevesferners überqueren. Westlicher und östlicher Nevesferner hingen noch zusammen und bedeckten das ganze riesige Becken zwischen Mutenock, Möseler, Turnerkamp und Pfaffennock.

Aber schon zu jener Zeit um die Jahrhundertwende war der Rückzug der Gletscher in vollem Gange. Hatten vom sechzehnten bis in die Mitte des neunzehnten Jahrhunderts die Alpengletscher durch ihre Vorstöße, bei denen die Moränenseen ausbrachen und große Verheerungen anrichteten, die Bevölkerung in Angst und Schrecken versetzt, so begann um 1850 ihr großes Abschmelzen.

Die Erforschung der Gletscher ist so jung wie ihr ständiger Rückgang. Wohl gibt es bereits seit 1544 Beschreibungen, Darstellungen, Ergebnisse einfacher Beobachtungen und Messungen der Gletscher und ihrer Phänomene, eine systematische wissenschaftliche Gletscherforschung setzte aber erst 1840 ein. Lange, ununterbrochene Beobachtungen, mechanische Durchbohrungen, seismische Eisdickenmessungen, photogrammetrische Aufnahmen, Analysen von Sauer- und Wasserstoffbiotopen, Untersuchung der Moränen und ihrer Flechten, Einbeziehung der Gesamt- und Mikrometeorologie usw. haben im Laufe der letzten Jahrzehnte eine ziemlich genaue Kenntnis des äußerst komplizierten, vielschichtigen Fragenkomplexes gebracht. Und die hervorragenden Ergebnisse der Kartographie ermöglichen auch dem Laien, sich ein ziemlich genaues Bild über Vorstoß und Rückgang der Gletscher zu machen.

Auf diese Weise erfahren wir, daß die Eisoberfläche des Nevesferners allein in den letzten vierzig Jahren von 5,66 km^2 auf etwa 3,8 km^2, also um über 30% zurückgegangen ist und daß die Zunge des östlichen Gletschers, die um 1930 noch unseren Höhenweg berührte, 250 Meter an Länge und 300 Meter an Breite verloren hat. Trotzdem gehört der Nevesferner mit zu den größten Gletscherflächen Südtirols; das ist eine Tatsache, die zum Bau des Neves-Stausees im hintersten Lappach geführt hat.

Die Natur hat durch den Rückgang der Gletscher das Landschaftsbild verändert, der Mensch hat die Technik in die letzten Winkel der Berge gebracht; die Schutzhütten und unser Höhenweg sind so der Firnenpracht vergangener Zeiten etwas weg- und dem Motorenzeitalter nähergerückt. Von seiner großen Schönheit verloren hat der Weg vom Eisbruggjoch zum Nevesjoch dadurch allerdings nichts.

Der Höhenweg von der Edelrauthütte zur Chemnitzer Hütte (im Hintergrund zu erkennen) hoch über Lappach (Lexikon S. 136)

DER KELLERBAUER-WEG

Dort, wo die Blockhalden von den Gipfeln gegen Weißenbach hinabziehen, liegen schwere, große Steinplatten. In mühevoller Arbeit war eine Platte neben die andere gelegt worden, bis eine lange Reihe solcher gut unterkeilter Platten einen Weg ergab. Und dort, wo nicht Blockhalden, sondern steile Schutt- oder Almhänge zu queren waren, hackte man den Weg mit Pickel und Schaufel in das Gelände. Allmählich entstand in ungezählten Arbeitsstunden in Hitze, Regen, Wind und Kälte der zwölf Kilometer lange Höhenweg über den gesamten, sich zwischen Mühlwald und Weißenbach erhebenden Schaflahnerkamm. Der Weg hatte den Speikboden als Ausgangspunkt und endete am Nevesjoch, dem Übergang zwischen Lappach und Weißenbach.

Zu jener Zeit — es war in den letzten Jahren des vorigen Jahrhunderts — stand die Sonklarhütte noch, jene erste Schutzhütte der 1873 gegründeten Sektion Taufers des DuÖAV. Die am Nevesjoch ebenfalls von dieser Sektion erbaute Hütte war 1894 von der großen Sektion Chemnitz erworben worden, die dann auch den prächtigen Höhenweg anlegte und ihn nach ihrem Sektionsvorstand Prof. Kellerbauer benannte.

Inzwischen sind viele Jahrzehnte der Wirrnisse vergangen, die Chemnitzer Hütte gehört heute dem CAI, die Sonklarhütte ist endgültig verfallen, das Gebiet des Speikbodens ist zum vielbesuchten Wintersportgebiet geworden. Aber der Kellerbauer-Weg ist das geblieben, was er immer schon war: ein großartiger, stiller Höhenweg am Rande der gleißenden Firne des Zillertaler Hauptkammes.

Chemnitzer Hütte und Weißzint vom Kellerbauer-Weg aus (Lexikon S. 137)

DER LAUSITZER HÖHENWEG

Neuer Aufschwung im Ahrntaler Tourengebiet

Von dem, was an großer, segensreicher Tätigkeit alpiner Erschließung von den damaligen Sektionen des Deutschen und Österreichischen Alpenvereins vor und nach der Jahrhundertwende im Nordteil des hinteren Ahrntales geschaffen worden war, fiel das meiste dem Ersten Weltkrieg, der Grenzziehung von 1919, den folgenden Jahrzehnten der Unterdrückung und dem Zweiten Weltkrieg zum Opfer. In diesem halben Jahrhundert gingen sämtliche ehemaligen Schutzhütten und Bergwege unaufhaltsam dem Verfall entgegen. Die Rauchhofelhütte am Südfuß des Rauchkofels ist heute gänzlich verfallen, ebenso die kleine Lausitzer Hütte am Glockenkarkopf; der Neugersdorfer Hütte unter dem Krimmler Tauern und der Birnlückenhütte unter dem Scheitel des Ahrntales schien bis vor kurzem das gleiche Schicksal zu widerfahren. Und der große Höhenweg vom Hundskehljoch zur Birnlücke, der von der Sektion Lausitz erbaut worden war und eine der herrlichsten Weganlagen im ganzen Bereich darstellte, war mittlerweile unbegehbar geworden; die Markierung hatten Sonne, Wind und Wetter im Laufe der Zeit unsichtbar gemacht, der Weg selbst war teilweise abgerutscht, vermurt oder einfach bis zur Unkenntlichkeit verwachsen. Diese Zustände brachten natürlich mit sich, daß das ganze Gebiet von den Bergsteigern kaum mehr aufgesucht wurde. Nur die Ahrntaler Bauern trieben auch weiterhin ihr Vieh in langem, gefahrvollem Gang auf den uralten Wegen über die windumbrausten Jöcher in die Zillertaler und Krimmler Weidegründe jenseits des hohen Bergkammes. Nun aber zeichnet sich in touristischer Hinsicht ein neuer Aufschwung ab.

Die Sektion Sand in Taufers des Südtiroler Alpenvereins ist mit großem Eifer und Idealismus darangegangen, die vielen verkommenen Wege in ihrem großen Betreuungsgebiet wieder instand zu setzen.

Kellerbauer-Weg, Hartdegen-Weg und Lausitzer Weg sind fertiggestellt und auch die Arbeiten am hohen Übergang von der Chemnitzer zur Schwarzensteinhütte sind beendet. Zwar gelang es nicht, wie man gehofft hatte, die Neugersdorfer Hütte für die Bewirtschaftung freizubekommen, dafür aber ist die Birnlückenhütte wieder gut bewirtschaftet, so daß der Lausitzer Weg zumindest einen wichtigen Stützpunkt besitzt.

Dieser lange Höhensteig ist ein Weg im Reiche der schimmernden Firne. Zwar haben sich die einstigen Gletscher hier aus der Südseite des Zillertaler Hauptkammes auf die schattige Nordseite zurückgezogen, aber den Gang durch weite Kare und über scharfe Felsschneiden beherrscht die eindrucksvolle Schau auf den noch sehr stark vergletscherten Südteil der Venedigergruppe: zwei der mächtigsten und schönsten Berggestalten des ganzen Ahrntales, die Rötspitze und die Dreiherrenspitze, ragen da in unmittelbarer Nähe ungemein kühn in die Höhe, gepanzert mit zerrissenem, fast bis zu den blühenden Hochalmen herabreichendem ewigem Eis.

Der Nordostteil des Zillertaler Hauptkammes, durch dessen Hänge der Lausitzer Weg zieht (Lexikon S. 138)

DER ARTHUR-HARTDEGEN-WEG

Gerade noch rechtzeitig bevor der Erste Weltkrieg dem Wirken um die alpine Erschließung ein jähes Ende setzte, legte die DuÖAV-Sektion Kassel jenen großartigen Weg an, der als Höhenweg von der Kasseler Hütte zum Ursprungtal und als Gipfelanstieg weiter zum Lenkstein führt. Über den tiefen Eindruck, den die Begehung dieses Weges in seiner überwältigenden Umgebung hinterließ, schrieb Dr. A. Jäckh in der Zeitschrift des DuÖAV, Jahrgang 1911: *Am 12. August 1910 wurde der „Arthur-Hartdegen-Weg", der den Namen zu Ehren des früheren Vorsitzenden der Sektion Cassel führt, feierlich eingeweiht ... Der sehr gut angelegte Weg geht von der Casseler Hütte in großem Bogen unterhalb der Moräne des Rieserferners her, dessen drei große Abflüsse auf zwei Brükken und auf großen Steinen überquert werden. Man hat hier Gelegenheit, ungewöhnlich große Gletscherschliffe zu bewundern, die zeigen, wieviel tiefer früher der Gletscher sich herabgeschoben hat. Der Westseite des Riesernocks entlang hat man schöne Blicke ins Tal von Rein ... und grausig schön ist der Blick hinab in die Rieserklamm, deren oberes Ende vom Wege gekreuzt wird ... Hat man dann auf zwei Brücken die Abflüsse des Lenksteinferners unterhalb seiner Zunge überschritten, so wird der Blick immer wieder vom Hochgall gefesselt ... Wer den Hochgall gesehen hat, der muß ihn lieben, muß ihn bewundern: Schöneres gibt es kaum in den Alpen ...*

Hochgall und Riesernock (links) von Rein aus. Rechts die Kasseler Hütte (Lexikon S. 141)

DER ALMWEG VON REIN

Besuch bei einem Berghirten

Lobiser-Schupfen nennen die Einheimischen jene zehn kleinen Heuhütten, die ober Rein auf einem ebenen Wiesenboden stehen. Wie die Labiseben-Alm in Vals und die Labesau im Ahrntal, so hat auch dieser Platz seinen Namen von den dort wie hier wuchernden *Lobisen,* wie der Alpenampfer im Volksmund genannt wird. Hier an diesem sonnigen Platz beginnt unser ganz und gar unberühmter Höhenweg gegenüber der eisschimmernden Rieserfernergruppe.

Wie wir nach langer Wanderung über blühende Almen zu jener Hirtenhütte kommen, die sich am höchsten Punkt des Weges an den Steilhang duckt, tritt der Hirte vor die Tür. Der Mann grüßt uns weder freundlich noch unfreundlich, sondern mit jenem Gleichmut, der dem Bergbauern eigen ist. Aus der niedrigen Türöffnung tritt der Rauch; die vordere Wand der langgezogenen Hütte ist eine dicke, aus großen Steinen gefügte Mauer, die hintere Wand ist gewachsener, rauchgeschwärzter Felsen; das steile, schräg an den Hang gebaute Dach, über das im Winter die Lawinen fegen, ohne die Hütte zu zerstören, ist gedeckt mit breiten Schindeln, die aus astfreiem, geradwüchsigem Lärchenholz gespalten worden sind. Die Tür steht tagsüber offen, nachts wird sie mit einem starken Holzriegel verschlossen. Über der offenen Feuerstelle hängt an einer Kette ein großer Kupferkessel.

Wir bitten den Hirten um eine Tasse Milch, er aber lädt uns ganz einfach und wie selbstverständlich zum Mittagessen ein, da er gerade gekocht hat. Eine flache Eisenpfanne mit dampfendem, von gebräunter Butter bedecktem Milchmus, dem *Melkermus,* steht auf dem klobigen Tisch, der Mann stellt ein paar verbeulte Blechschalen mit frischer, rahmiger Milch daneben. Und während er ein paar Löffel, die hinter einer Holzleiste an der Wand aufgesteckt waren, gemächlich an seiner Lodenhose abwischt und wir damit zu essen beginnen, sprechen wir über dies und jenes. Der Hirte, dessen Alter schwer zu bestimmen ist, erzählt von einem Kalb, das kürzlich zu Tode gestürzt ist, er spricht von der langen Trockenheit, die auch der letzte Schneefall nicht zu lindern vermochte, er erzählt von der kargen Heuernte, und er wünscht sich, daß es bald regnen möge. Von den Geschehnissen unten im Tal und in der weiten Welt weiß er wenig; wozu auch, er ist ja den ganzen Sommer über hier oben.

Nichts ist hier von jener Romantik zu spüren, die dem Almleben so gern angedichtet wird, alles hat seine nüchterne, einfache Notwendigkeit, weder Luxus gibt es noch absichtlich ertragene Härte. Aus der Art, wie der Hirte erzählt, mit welcher Selbstverständlichkeit er uns zu essen anbietet, obwohl er nur für sich selbst gekocht hatte, und wie er die ungewaschenen Löffel einfach an seiner Hose abwischt, spüren wir, daß er weder glücklich noch unglücklich ist, sondern nur ganz einfach zufrieden mit dem Leben, das er so führt, wie es hier oben eben zu führen ist — ruhig und gelassen.

Und um diese Ruhe und Gelassenheit beneiden wir ihn.

Die Mittermayeralm gegen die Berge im hintersten Knuttental (Lexikon S. 139)

ÜBER DEN KARNISCHEN HAUPTKAMM

Sexten und seine „andere" Seite

Sexten, das östlichste Tal Südtirols, wird als eines der schönsten Dolomitengebiete gerühmt, und das mit Recht. Die gewaltigen einmaligen Berge wie Dreischusterspitze, Rotwand, Zwölfer, Haunold und vor allem die Drei Zinnen sind etwas vom eindrucksvollsten, was es im ganzen Alpenbogen gibt. So sind es zweifellos diese das Tal an seiner Westseite himmelhoch überragenden Felsgestalten, die ihm seinen besonderen Ruf gebracht haben.

Aber Sexten hat noch eine andere Seite, eine viel weniger heroische, die nur wenig beachtet wird. Sie besteht nicht aus wilden Schluchten, steilen Karen, senkrechten Felsen und beklemmender Enge, sondern aus großen Waldungen, sonnigen Almen und aus großer, freier Weite. Es ist dies die östliche Talflanke, ein wundervolles Gebiet für ausgedehnte Wanderungen, bar jeglicher wuchtigen Felsszenerie. Über den dunklen Hochwäldern ziehen blumenübersäte, saftige Bergwiesen zu jenem langgezogenen, sanften Kamm hinan, den man Helmzug nennt. Denn seine letzte Erhebung, dort wo der Kamm endet, um zum Talboden der jungen Drau abzufallen, ist der Helm, mit der alten, seinerzeit von der Sektion Sillian des DuÖAV erbauten und heute verwahrlosten Helmhütte.

Dieser Zug, dessen geologischer Aufbau sich grundlegend von dem der Dolomiten unterscheidet, gehört dem weiten, größtenteils sich außerhalb Südtirols ausbreitenden Gebirge der Karnischen Alpen an und ist das erste Stück dieses langen, tief nach Karnien hineinreichenden Hauptkammes.

Über den ganzen Helmzug verlief im Ersten Weltkrieg die Frontlinie, und seither bildet der Kammverlauf die italienisch-österreichische Staatsgrenze. Doch neben dieser ein einheitliches Volk trennenden Linie hat der Krieg auch etwas Positives zurückgelassen: viele Steige und Pfade, gute Wanderwege vom Tal aus und vor allem einen über die ganze Kammhöhe verlaufenden, heute markierten Steig, unseren Höhenweg vom Kreuzbergsattel zum Helm. Als Stützpunkt entstand da oben, auf österreichischer Seite ganz nahe der Grenze, im Jahre 1936 der schöne Holzbau der Viktor-Hinterberger-Hütte. Das von der Sektion Austria des DuÖAV erbaute und im Sommer bewirtschaftete Schutzhaus ist ein guter Ersatz für die kleine Helmhütte.

Der Gang über den Helmzug ist ein Erlebnis von ganz eigener Art. Da geht es viele Stunden lang hoch über den Tälern Süd- und Osttirols dahin, immer leicht auf und ab, immer unschwierig und niemals langweilig. Wer Sexten und seine Dolomiten wirklich kennenlernen will, wer nicht nur atemberaubende Nahbilder überwältigender Felsgebilde sucht, sondern weit hinausschauen will über unzählige Gebirgsketten und Talfurchen, wer sich einen Gesamteindruck verschaffen will vom gewaltigen Faltengebirge, das man da Alpen nennt, der gehe an einem klaren Herbsttag diesen hohen Weg.

Der Weg über den Helmzug, mit Blick ins Pustertal (Lexikon S. 142)

GEHEIMTIP AM RANDE DER SEXTENER SONNENUHR

Höhenweg von den Rotwandwiesen zum Kreuzbergpaß

Überall in den Bergen gibt es solche, die seltsamerweise Zahlenbezeichnungen tragen. Da einen Zehner, dort einen Zwölfer, einen Mittager oder einen Neuner. Der bedeutende Südtiroler Urgeschichtsforscher Georg Innerebner hat diese zeitweisenden Bergnamen näher untersucht und allein in Südtirol 47 solcher Berge entdeckt. Und er ermittelte auch die jeweiligen Bezugspunkte — meist Orte mit wahrscheinlicher urgeschichtlicher Bedeutung. Von all diesen Punkten aus gesehen, steht die Sonne — meist zur Zeit der Sonnenwende, die für den Frühmenschen ja große Bedeutung hatte — tatsächlich zur betreffenden Stunde genau über dem entsprechenden Berg.

Während nun vielfach nur ein solcher Stundenberg allein dasteht, finden sich da und dort auch ganze „Sonnenuhren". *Ein klassisches Beispiel... bildet die Sextener Bergsonnenuhr,* schreibt Innerebner in seiner Untersuchung, und er gibt als Bezugspunkt das Heidegg, den „Heidenbühel", bei Moos in Sexten an, eine Kuppe, die das *Vorhandensein einer urzeitlichen Kultstätte* vermuten läßt. *Hier haben wir eine geschlossene Folge von nicht weniger als fünf Stundenbergen, die vom „Neuner" über den „Zehner", „Elfer" und „Zwölfer" bis zum „Einser" reichen.*

Aber so richtig bekannt sind nur jene drei, die das kleine Bacherntal umschließen: der Elfer, der Zwölfer und der Einser. Von ihnen weiß jeder, daß sie zur Sextener Sonnenuhr gehören. Die anderen beiden kennt hingegen kaum einer. Der eine ist die heutige Rotwand — der alte Name „Zehner" ist so gut wie verschollen (für viele ist ein auffallender Zacken an der Rotwand heute der Zehner) —, und der andere, der Neuner, versteckt sich so bescheiden hinter der wuchtigen Rotwand, daß er überhaupt nicht beachtet wird.

Unter diesen beiden Außenseitern der größten Sonnenuhr Südtirols führt unser Höhenweg — auch ein Außenseiter — entlang: von den schönen Rotwandwiesen am Nordfuß der Rotwand bis hinüber zum Kreuzbergpaß. Durch dichten, fast undurchdringlichen Latschenbestand geht es, über weite, ungemein zart und verhalten mit feinen Bergblumen bespickte Schutthänge, zwischen einzelnen, sich tapfer im Geröll festkrallenden Lärchen, durch die silbern die Sonne scheint, hindurch, dann wieder durch üppigen, urwaldähnlichen, geheimnisvollen Bergwald. Und all das wird überragt von den mächtigen schattigen Nordostflanken des alten Zehners, der die zehnte Stunde vergebens anzeigt, und des erst jetzt aus seiner bescheidenen Zurückgezogenheit hervortretenden Neuners.

So wenig berühmt als Stundenweiser die beiden Berge sind, so wenig bekannt ist auch dieser stille Weg am äußersten Rande der sonst so viel besuchten Sextener Dolomiten. Ein Weg, der an landschaftlicher Schönheit viele andere in den Schatten stellt, ein Geheimtip für Kenner und alpine Feinschmecker.

Höhenweg Rotwandwiesen—Kreuzbergpaß in Sexten (Lexikon S. 143)

BOMBENSPLITTER UNTERM ZWÖLFER IN SEXTEN

Auf dem stillen Höhenweg, der von der Zsigmondyhütte über das Büllelejoch zur Dreizinnenhütte führt, begegnen mir ein paar frohe Bergsteiger. Auf mein *Grüß Gott* antworten sie freundlich *buon giorno* — es sind Italiener. Wie selbstverständlich doch dieser einfache Gruß, diese Eintracht zwischen verschiedensprachigen Menschen erscheint und es doch nicht ist. Erinnern doch überall verrosteter Stacheldraht, alte Schutzgräben und Felskavernen an den einstigen großen Krieg.

Bis auf die höchsten Gipfel tobte der erbitterte Kampf, von den Felswänden hallte das Krachen der Kanonen und Gewehre in hundertfachem Echo wider, und die Menschen hier waren keine frohen Bergwanderer, sondern arme Soldaten, die sich hier nicht *buon giorno* und *Grüß Gott* sagten, obwohl sie das hundertmal lieber getan hätten, als sich gegenseitig abzuschießen.

Und als der Krieg zu Ende war, begannen die Großen dieser Welt wieder einmal Kränze am Grabmal des Unbekannten Soldaten niederzulegen und zwielichtige Friedensverträge zu schließen. Und jene armen Kerle, die man zuerst zum Sterben da herauf geschickt hatte, nannte man plötzlich große Helden.

Heute ist Stille und Frieden in diese hehre Bergwelt zurückgekehrt, und wer diesen hohen Weg durch die Sextener Dolomiten geht, kann wieder froh und glücklich sein.

Aber es fällt schwer, solange die schwarzen Bombensplitter zwischen den goldenen Kelchen des Alpenmohns von Krieg und Tod erzählen.

Paternkofel und Bödenseen vom Büllelejoch aus. Im Toblinger Riedel (Bildmitte) steht die Dreizinnenhütte (Lexikon S. 144)

DER ALPINISTEIG

Erinnerung an einen Krieg

Der Hochgebirgskrieg war zu Ende. Jener schreckliche, in seiner Art eigenartigste Kampf aller Zeiten, in dem die Front mitten durch das Hochgebirge der Alpen lief, bei dem nicht so sehr der Gegner als vielmehr die Naturgewalten der ärgste Feind waren. Jugendliche, fast Kinder noch, hatten ebenso herhalten müssen wie alte Leute, fast schon Greise. Vier lange Jahre hatten Verzweiflung, Not und Hunger geherrscht, das Vieh hatte man den Bauern aus dem Stall geholt, das mühsam geerntete Korn hatte abgeliefert werden müssen, und die Kirchenglocken waren eingeschmolzen worden. Deutschland war zu Hilfe geeilt, kurz — alles war aufgeboten worden, um Südtirol gegen das wortbrüchig gewordene Italien zu verteidigen. Und die Verteidigung gelang! Allein die große, allmächtige Politik wollte es anders — und so entstand die Grenze über den Brenner, zum erstenmal in der Geschichte.

Dies alles erlebte das einsame Bergtal Sexten wohl noch viel härter als andere Orte. Denn die Sextener Berge gehörten zu den am erbittertsten umkämpften, und Sexten hatte schwer darunter zu leiden. Nach Kriegsende lag das alte Bergdorf als verkohlter Aschenhaufen da, die Schutzhütten waren zusammengeschossen, und Sextens großer Sohn, der Innerkofler-Sepp, war am Paternkofel gefallen.

Heute, gut fünf Jahrzehnte später, sind viele Wunden vernarbt. Sexten wurde neu aufgebaut und ist heute einer der schönsten Fremdenverkehrsorte weitum, die Bevölkerung hat sich mehr oder weniger an die veränderte politische Lage gewöhnt, der italienische Alpenklub hat die plötzlich ihm gehörenden Schutzhütten auch wieder aufgebaut, viele Kriegswege wurden verbessert, markiert und so zu Touristensteigen umgewandelt.

Von all den ehemaligen Frontwegen, die heute von unzähligen Bergwanderern begangen werden, wurde der Alpinisteig im Laufe der Jahre zur großen Berühmtheit. Es ist dies jene Weganlage, die in Teilen von den österreichischen und italienischen Hochgebirgstruppen unter unsagbaren Schwierigkeiten und Gefahren in die Felsen des Elfer getrieben worden war und nach dem Krieg von der Sektion Padua des Club Alpino Italiano besser ausgebaut, vervollständigt und versichert wurde.

Der Alpinisteig ist der kühnste und großartigste Höhenweg der gesamten Dolomiten und einer der schönsten der Alpen. Aber es ist auch der Weg, der uns wohl klarer und erschütternder als vieles andere den Irrsinn des Krieges vor Augen führt.

Der Elfer (Sexten) von Westen gesehen. Über die Schuttrampe in halber Höhe zieht der Alpinisteig (Lexikon S. 144)

HÖHENWEG IM BANNE DER HOHEN GAISL

Als gewaltige rote Mauer zeigt sich die Hohe Gaisl von Süden und wird deshalb dort *Croda Rossa* — Rote Wand — genannt. Von allen übrigen Seiten gesehen aber ist sie mehr grau als rot, und so fehlt im deutschen Namen die Anspielung auf die rote Färbung. 3148 Meter ist sie hoch und ragt als gewaltiges Massiv südlich der Pragser Berge auf; sie ist einer der schönsten Dolomitenberge und einer der — unbekanntesten. Dies mag einerseits daran liegen, daß die Hohe Gaisl weit abseits der großen Touristenströme steht, andererseits liegt es wohl an ihrer schwierigen Ersteigbarkeit; sie ist nichts für Durchschnittsbergsteiger, denn die Anstiege sind schwierige Klettertouren, aber auch von Kletterern wird sie kaum besucht. So verwundert es nicht, daß das gesamte Gaislmassiv in das große Dolomiten-Führerwerk von Gunther Langes keinen Eingang gefunden hat.

Dafür aber hat die Hohe Gaisl eine herrliche Umgebung, wie geschaffen für weite Wanderungen — sowohl an ihrer Westseite, wo die Almen von Sennes und Fosses sich ausbreiten, wie auch an ihrer Ostseite mit dem breiten Wiesensattel der Plätzwiese. Und sie hat einen prächtigen Höhenweg, der am Fuße gewaltiger Felsfluchten durch ihre ganze Nordostseite entlangführt. Nur wenige kennen und gehen diesen stillen Weg über Kare und Hochweiden, aber wer ihn kennengelernt hat, ist tief beeindruckt von diesem einsamen Gebiet und von der Wucht des vergessenen Berges, von dem schon der bekannte Botaniker Fr. X. Wulfen, der *zur Heilung seines Gichtleidens wiederholt in Bad Prax* weilte, 1794 schrieb: *Der Geißl ist das höchste Alpengebirg um die Praxer Alpe.*

Die Hohe Gaisl von der Plätzwiese aus
(Lexikon S. 146)

DIE ALMEN VON SENNES UND FOSSES

Wo der Siegeszug der Fanes seinen Anfang hatte

Wenn es heute noch eine große Almfläche gibt im weiten karstigen Gebirge der Pragser Dolomiten, die jene üppige Vegetation aufweist, von der uns die Fanes-Sage kündet, so ist es nicht der felsige Kessel von Klein-Fanes mit seinem nur mehr kargen Graswuchs, sondern es sind die prächtigen Hochalmen von Sennes und Fosses.

Die Sage erzählt, daß es hier auf der seenreichen Alm von Fosses am Fuße der *Croda Rossa,* der Hohen Gaisl, war, wo sich das noch kleine Fanesvolk, vertrieben aus dem Osten und bedrängt von den Nachbarstämmen, zum erstenmal zum Kampf rüstete. Hier wuchs auch die erste Faneskönigin *Moltina* auf, als Spielgefährtin jener Murmeltiere, die fortan das Wappen der Fanes schmücken sollten. Und als die kleine *Moltina* Prinzessin geworden war und sich in ihrer Verzweiflung über ihre unadelige Herkunft auf die Hohe Gaisl zurückzog, da nahm der große Berg Anteil an ihrem Schicksal und färbte sich über und über blutrot.

Als dann das Fanesvolk groß und mächtig geworden war, da breitete es sich nach Norden, Süden und Westen aus. Der Grünsee jenseits des Rautales, die Felswüste von *Gardenazza* und *Crespeina,* die Hochfläche von *Pralongià,* der Silbersee bei *Canazei,* das wilde Tal von *Travenanzes,* der Pragser Wildsee und vor allem die Almen von Fanes sind die Stationen im Schicksal des großen Fanesvolkes. Aber begonnen hat alles hier, bei den Seen von Fosses am Fuße der *Croda Rossa.*

* * *

Über dieses herrliche grüne Hochland führt unser Höhenweg und durchzieht es in einer großen Runde. Unten im Tal von *Campo Croce* steht die Almhütte von *Ra Stua,* droben am Fuße des *Sass dla Porta,* des Seekofels, steht die Egerer Hütte und drüben auf der Sennesalpe bietet ebenfalls ein Schutzhaus Unterkunft. Und das ist alles. Sonst ist die ganze Landschaft noch genauso, wie wir sie aus der Sage kennen. Blau schimmern die herrlichen Seen, umgeben von Schilf, das sich leise raschelnd im Bergwind biegt, und von weiten blühenden Almen; mächtig umstehen der *Monte Sella di Sennes,* der Pragser Seekofel und die Hohe Gaisl die grünen Hochflächen. Und als letzte Künder des längst versunkenen Fanes-Reiches sonnen sich oben, an den warmen Felsen, die Murmeltiere in der Wärme eines hellen Sommertages.

Alm und Seen von Fosses, hinten der Seekofel (Lexikon S. 147)

DURCH DAS VERSUNKENE REICH DER FANES

Rätsel um eine Dolomitensage

Wer kann sagen, ob es dieses Reich jemals gegeben hat, und wenn, wo lag es, wie groß war es; welches waren die Menschen, die da lebten, und — waren es überhaupt Menschen? Oder waren es nur die heiligen Murmeltiere? Was ist Dichtung und was Geschichte? Fragen über Fragen.

Man weiß fast nichts. Nur Erzählungen von Hirten gibt es, oft widersprüchliche Bruchstücke aus sehr alten, mündlich überlieferten Geschichten, Parallelen zu gleichen oder ähnlichen Namen und Sagenelementen aus anderen Gegenden. Und es gibt die Hochalmen von Groß- und Klein-Fanes, wo das Hauptschloß an den Felsgestalten der *Cunturines* gestanden haben soll, es gibt einen schroffen Felskamm, den man Faniskamm nennt, und es gibt ein Tal, das den Namen des großen Volkes trägt. Aber sagt all das etwas über die tatsächliche einstige Existenz eines mächtigen Volksstammes aus?

Dichter, Volkskundler und Sagenforscher haben sich des Rätsels angenommen. Allen voran war es Karl Felix Wolff, der jahrzehntelang unermüdlich suchte, forschte, sammelte und schließlich die unzähligen Mosaiksteinchen in mühevoller, einfühlsamer Kleinarbeit zu jenem großen Bild zusammenfügte, das heute den Sagenkreis vom Volk der Fanes bildet.

Demnach gab es im Herzen der Dolomiten einst ein grünes, fruchtbares Hochland, in dem das mächtige Geschlecht der Fanes lebte und sein Reich durch stets siegreiche Kriege immer mehr zu vergrößern wußte. Aber die ununterbrochenen Siege errangen die Fanes nicht durch Manneskraft, Mut und Tapferkeit, sondern durch unrechten Zauber. Denn die Tochter des Faneskönigs besaß die niefehlenden, silbernen Pfeile, die überall da, wo *Dolasilla* kämpfte, Schrecken, Tod und Verderben brachten. Das konnte auf die Dauer nicht gut gehen. Und so war es schließlich der König selbst, der in seiner unersättlichen Habgier sein eigenes Volk verriet und ins Verderben stürzte. Das mächtige Reich der Bleichen Berge versank, übrig blieb nichts außer einer Gegend, die noch heute den Namen des einstigen Volkes trägt.

Um diesen Sagenkreis gab es viele Meinungsverschiedenheiten. Während die einen das Werk Wolffs lobten, lehnten es andere wieder ab; vor allem wurde ihm vorgeworfen, er habe zu vieles selbst erdichtet. Aber dann entdeckte der Urgeschichtsforscher Georg Innerebner am Burgstall in der Alpe Klein-Fanes einen mächtigen, höchstwahrscheinlich prähistorischen Ringwall. Dieser Fund gibt möglicherweise der Sage einen historischen Kern; viel Licht in die Sache hat er allerdings nicht gebracht.

Wie dem auch immer sei, vom Sagenkreis um das versunkene Volk der Fanes geht ein großer Zauber aus, und wer das eigenartige Felsenland von Fanes durchwandert, erfährt, wieviel Geheimnis, Poesie und Schönheit in dieser sagenumwobenen Welt liegt.

Der Felskessel von Klein-Fanes mit Zehner und Lavarellahütte. Oberhalb der Bäume führt unser Weg entlang (Lexikon S. 147)

DAS BLUMENREICH DER PRALONGIÀ

Eine Grasinsel inmitten der Felswildnis der Dolomiten

Eine sehr große hügelige Almlandschaft mit vielen alten Heuhütten, würziges, kniehohes Gras, Myriaden von Bergblumen in allen Farben, an den Rändern dieser Bergwiesen hübsche Baumgruppen mit zartgrünen Lärchen, an den Hängen, die ringsum in die Täler abfallen, dunkle, schattige Waldungen, das Ganze umgeben von gewaltigen, senkrechten Felsbergen, die bis über dreitausend Meter ansteigen — das ist die *Pralongià*, eine weite grüne Insel inmitten des Felsenmeeres der Dolomiten, ein sanfter Höhenzug, der bei der Verteilung der hohen Berggestalten vergessen worden war. Nur in der südöstlichen Ecke, hoch über dem geschichtsreichen Schloß *Andraz*, das heute nur mehr seine verfallenen Ruinen zum Himmel reckt, da erheben sich ein paar Berge. Aber auch sie sind mehr stumpfe Erhebungen denn richtige Berge, der *Monte Castello*, der *Settsass*, der *Monte Sief* und der *Col di Lana*, der Blutberg aus dem Ersten Weltkrieg.

Der nördliche Teil der *Pralongià* mit den Hügeln *Collalt*, *Piz La Villa* und *Piz Sorega* ist im Winter Tummelplatz für Millionen von Skifahrern; das dichte Netz von Liftanlagen ist der landschaftlichen Schönheit allerdings nicht besonders zuträglich.

Im Osten geht das Mittelgebirge auf das Hochgebirge des Faniskammes über, im Westen, am weiten Wiesensattel von *Campolongo*, auf den Sellastock, die Gralsburg der Dolomiten. Und hier am *Campolongo*, der *langen Wiese*, dem Übergang vom Gadertal ins Buchensteinische, beginnt unsere Höhenwanderung zum *Incisajoch*, zum großen Schutzhaus *Pralongià* und weiter über den *Biòk* zum *Collalt*.

Es ist ein herrlich freies Wandern auf diesen weiten Höhen im Duft der hochsommerlichen Bergwiesen. Und dort, wo die Erosion des lockeren Bodens die Grasnarbe abgetragen hat, da gehe man nicht einfach achtlos vorüber. Denn was da schon seit vielen Jahrzehnten die Naturforscher und Wissenschaftler aus aller Welt anlockt, ist auch für uns Laien nicht unbedeutend. Der Boden dieses Gebietes besteht nämlich aus jenem Gestein, das vor rund 200 Millionen Jahren aus vulkanischer Asche entstanden ist und von den Geologen als *Kassianer Schichten* bezeichnet wird. Aber nicht das Gestein selbst ist für uns von Interesse, sondern die darin vorkommenden Fossilien, die trotz der Ausbeutung immer noch reichlich zu finden sind.

So ist unsere Wanderung über die *Pralongià* nicht nur ein Gang über eine grüne, blühende Insel zwischen hohen Dolomitfelsen, sondern auch ein lehrreicher Ausflug ins Reich jener Tiere, die vor vielen Millionen Jahren hier im damaligen Meer gelebt haben und uns heute noch, nach dieser unvorstellbar langen Zeit, als versteinerte Zeugnisse einer geheimnisvollen, fernen Welt begegnen.

Die Wiesen der Pralongià vom Sellastock aus. Dahinter Faniskamm und Tofana di Rozes (Lexikon S. 148)

BLUMENPARADIES AM RANDE DER DOLOMITEN

Wanderung über die Almen von Lüsen und Rodeneck

... wenn die ersten Blumen
der Schneeschmelze folgen
oder wenn es im Spätherbst
ganz still auf den braunen
Almweiden geworden ist,
sind Besuche hier oben
ein starkes Erlebnis.

Lutz Chicken

Mit dem Peitlerkofel, dem mächtigen, freistehenden Eckpfeiler, enden die Dolomiten im Nordwesten ganz unvermittelt. Was sich anschließend zwischen den Tälern der Gader, der Rienz und des Lüsner Baches erhebt und bis zum Eisacktal hin vorschiebt, ist eine zweite, allerdings ganz kleine Seiser Alm.

Man nennt ihn den Lüsner Kamm, jenen aus Quarzphyllit aufgebauten flachen Höhenzug, der, umgeben von steilen, prächtigen Waldungen, eine weite Hochfläche trägt. Es ist dies eine zauberhafte, verträumte Blumenlandschaft mit vielen blauen, von Schilf und Wollgras umgebenen Seeaugen und alten, von der Sonne in vielen heißen Sommern und schneereichen, gleißenden Wintern gebräunten Heuhütten, die aus mächtigen Baumstämmen erbaut sind.

Die leicht hügeligen Almen sind ein herrliches Wandergebiet abseits der großen Touristenattraktionen. Beeindruckend ist die Schau von den sanften Graskuppen auf die Pfunderer Berge und vor allem auf die eisgekrönten Firnhäupter des Zillertaler Hauptkammes. Und gemütlich ist es, nach der Wanderung im Anblick der Peitler-Nordwand vor einer der „Schwaigen" zu sitzen und mit dem Senner zu plaudern. Es gibt da auch Unterkunft und einfache Verpflegung; die Hirten spielen seit einigen Jahren auch ein bißchen Gastwirt.

Aber abgesehen davon ist dieses Paradies von den „Segnungen" unserer Zeit verschont geblieben. In dieser Hinsicht unterscheidet sich die Lüsner Alm sehr von der Seiser Alm, wenngleich man auch dort endlich eingesehen hat, daß es für drastische Schutzmaßnahmen allerhöchste Zeit ist. Aber eine einzige Parallele gibt es doch — die Forststraße. Sie zweigt von der Verbindung zwischen Rodeneck und Lüsen ab und zieht durch den Wald herauf zu den Bergwiesen, führt an der Roneralm und an der hübschen Starkenfeldhütte vorbei und macht erst in einer Mulde unter dem Astjoch halt. Aber dieser für die Bewirtschaftung der Almen sicherlich notwendige Güterweg ist für den Touristenverkehr gesperrt und stört somit die Ruhe und das Bild nicht allzusehr. Und von Plänen zu einer weiteren Erschließung ist gottlob noch nichts bekannt. Möge es auch in der Zukunft so bleiben!

Die Lüsner Alm mit Blick zum Peitlerkofel (Lexikon S. 149)

ÜBER DEN ALMKAMM DER RASCHÖTZ

Ein Stück Urgeschichte des Grödentales

Raschötz nennt sich jener langgezogene Bergrücken, der, sich zwischen den Tälern von Gröden und Villnöß erhebend, den westlichen Ausläufer der Geislergruppe bildet. Dieser an seiner Nordseite mit steiler Felsflucht abbrechende und geologisch der großen Bozner Porphyrplatte angehörende Bergzug trägt an seiner Südseite die weiten, sanft geneigten Hochweiden der Almen Innerraschötz und Außerraschötz.

Eine überaus malerische Schwaige gibt es da, umgeben von uralten knorrigen Zirben, ein Schutzhaus, das 1903 von der damaligen Sektion Gröden des DuÖAV erbaut wurde, und draußen, ganz am äußersten Rand der Außerraschötz, dort, wo ein uralter Plattenweg beginnt und steil bergab in die Wälder des Tschanberges und weiter bis nach Lajen führt, steht seit über zweihundert Jahren die hübsche kleine Heiligkreuzkapelle, erbaut im fernen Jahr 1755 von Jakob Christoph von Ingram aus Lajen. Das kleine Bergheiligtum auf fast 2200 m ist ein alter Wallfahrtsort, zu dem von Gröden herauf ein Weg mit den Kreuzwegstationen führt, und es ist nicht auszuschließen, daß dieser herrliche, aussichtsreiche Platz schon in grauer Vorzeit eine heidnische Kultstätte war, ähnlich dem Latzfonser Kreuz drüben auf der anderen Seite des Eisacks. Denn das Gebiet um St. Ulrich und der riesige Forst Raschötz sind reich an urgeschichtlichen Spuren. So ist noch heute jener *einzige Weg, der ursprünglich das Grödental durchzog und der auch den Besiedlungsvorgang bestimmte* (K. F. Wolff), streckenweise gut zu erkennen. Es ist dies der *Troi Paiàn* — der Heidenweg. Er *verband in alter Zeit das rätische Eisenbergwerk Fursil im Buchensteinischen ... mit der Bernsteinstraße, die durch das Eisacktal führte. Auf dem Troi Paiàn wurde ... der sehr bekannte Bronzedolch aus der Frühphase der älteren Urnenfelderkultur gefunden, der auf ein Alter von 800 vor Chr. geschätzt ist* (Edgar Moroder). Und am *Còl de Flàm* fand man Fibeln, Lappenäxte, Lanzenspitzen, Armreifen und andere Gegenstände in Bronze, Eisen und Ton sowie ein Doppelgrab mit dem Skelett zweier Menschen. Man schätzt das Alter auf etwa 2400 Jahre, was bedeuten könnte, daß schon damals ein wahrscheinlich etruskischer Volksstamm diese Gegend bewohnt hat.

Nun, von all dem sieht man bei der Begehung des Höhenweges oben auf dem Kamm der Raschötz nichts. Hier ist es vor allem die Natur, die den Wanderer fesselt, obwohl der Almrücken eine recht bescheidene, anspruchslose Gegend ist. Aber was wir ständig vor uns haben, ist alles eher als anspruchslos, denn *einmalig ist von hier der Blick auf die Gipfel der Fermedagruppe, grauer Vorzeit Riesenmale, vor 250 Millionen aus dem Tethysmeer emporgewachsen* (Johann Psaier). Und die gewaltige, in allen Farben von weiß über grau, rot, schwarz und gelb quergebänderte Westwand der *Seceda* offenbart einen einzigartigen Einblick in den geologischen Aufbau dieser Bergwelt.

Die Saltnerschwaige auf der Raschötz, dahinter Seceda und Geisler (Lexikon S. 149)

DER ADOLF-MUNKEL-WEG

Wer je ihr Alpenglühen an einem schönen Septembertag erlebt hat, wird dieses Naturschauspiel nie vergessen. Über schwarzen Wäldern, wie entrückt aus dieser Welt, glühen und gleißen die Wände und Zacken, und die Schluchten und Kare scheinen übergossen mit blendendem Gold . . .

Mit diesen treffenden Worten umreißt Johann Psaier in seinem Führer durch das Villnößtal das Wesen und die Schönheit der Geislerspitzen, jener Zackenreihe, die sich so ungemein kühn über unserem Höhenweg erhebt. Und diese Sätze sind nicht übertriebene Schwärmerei, sondern ganz einfache, nüchterne Wahrheit.

Das Bild nebenan, das dieses Naturschauspiel andeutet, zeigt den Verlauf des Adolf-Munkel-Weges: An der Waldgrenze, unter den großen Schuttströmen, führt der Weg von der Broglesalm bis zur Schlüterhütte, die als heller Punkt ganz hinten unter dem Kreuzkofeljoch zu erkennen ist.

Der Höhenweg, der in Teilen als Hirten- und Jägersteig schon vorher bestand, wurde in den Jahren 1904 und 1905 von der Sektion Dresden des DuÖAV erbaut und nach ihrem Gründer benannt. Obwohl das herrliche Landschaftsbild im Talschluß von Villnöß heute durch den Bau vieler Straßen stark gelitten hat und die schönen Almen dort viel von ihrer einstigen Stille eingebüßt haben, ist das Gebiet um den Höhenweg von der großen Profitseuche verschont geblieben. Und so ist der Adolf-Munkel-Weg auch heute noch — um es mit Josef Rampold zu sagen — *einer der schönsten Höhenwege der gesamten Ostalpen.*

Die Geislergruppe über dem Adolf-Munkel-Weg
(Lexikon S. 150)

DURCH DIE OSTSEITE DER GEISLER

Von der Schlüterhütte zur Regensburger Hütte

So berühmt der Adolf-Munkel-Weg an der Nordseite der Geisler ist, so wenig bekannt ist der Weg durch deren dem Gadertal zugewandte Ostseite. Allerdings haben die letzten Jahre eine Belebung auch dieses Weges gebracht, da er einen Teil jener großen Dolomiten-Überschreitung ausmacht, die mit einheitlicher Markierung von Brixen über die gesamten westlichen Dolomiten bis nach Feltre führt.

Ausgangspunkt für unseren Höhenweg ist die Schlüterhütte, die unter dem Kreuzkofeljoch an einem der schönsten und aussichtsreichsten Plätze des Villnößtales steht. Vom Schutzhaus steigt man zunächst über blühende Wiesen wenige Minuten leicht an und überquert das breite Kreuzkofeljoch, von wo man einen Prachtblick auf die Kreuzkofelgruppe hat und *in ein grünes Tal hinab* schaut, *in dem das Dörfchen Campill liegt* (Delago). Und damit verläßt man den Bereich des Villnößtales.

Auf der Gadertaler Seite überschreitet man den grünen *Sobutsch* und quert dann in prächtiger Wanderung die blumenreiche Medalgesalpe, wo das Edelweiß blüht und vor der graublauen Kulisse der Geisler-Ostabstürze die goldenen Sterne der gelben Hauswurz leuchten. Allmählich wird der Weg steiniger, die Umgebung ernster und schroffer, man tritt in die Felsregion, die bisher so üppige Vegetation verschwindet. Senkrecht und gewaltig steigen zu unserer Rechten die Felswände der sogenannten Kanzeln in die Höhe, gerade vor uns ragen über riesigen Schuttkaren in breiter Wandflucht die Nordabstürze der von Süden so harmlos aussehenden Puezspitzen auf, allen voran die kantige Pyramide des über 2900 m hohen *Piz Duleda.* Und dann die *Forcella de la Roa.* Ein schmaler Steig windet sich im Zickzack über ein langes, steiles Schuttkar hinauf in die schmale, hohe Scharte zwischen senkrechten Felsen. Und hier verläßt man den Bereich des Gadertales.

Umgeben von einer erhabenen, lichtdurchfluteten Felsszenerie zieht der Steig auf der Grödner Seite durch ein kleines, stilles Hochtal über Geröllhalden und leuchtende Grasinseln hinab zur großen, von uralten Zirben umgebenen Regensburger Hütte, dem Stützpunkt für alle Geislertouren von Süden her und dem Ausgangspunkt für eine ganze Reihe herrlicher Almwanderungen über den Blütenzauber der *Cisles-* und Aschgler-Alpe.

Wer hier müde vom Wandern und gesättigt vom vielen Schauen und Erleben ist, der raste erst einmal in der Regensburger Hütte ausgiebig, wandere dann gemütlich zum *Col Raiser* und lasse sich mit dem Lift nach St. Christina hinabschaukeln. Wem aber noch etwas Unternehmungsgeist und Kraft verblieben sind, der lasse sich nicht das abschließende große Erlebnis entgehen: über die Blumenwiesen von *Cisles* hinauf in die Panascharte auf der *Seceda,* jenseits in abenteuerlichem Abstieg durch eine wilde Felsschlucht zur Broglesalm und zurück nach Villnöß.

Vom Ostfuß der Geisler aus: der Piz Duleda über dem Weg von der Schlüter- zur Regensburger Hütte (Lexikon S. 151)

ÜBER DIE SCHAFALMEN VON PUEZ

Von der Regensburger zur Puezhütte

Nicht nur vor jeden Gipfel haben die Götter den Schweiß gesetzt, sondern auch vor fast jeden Höhenweg — und besonders vor jenen über die mageren Hochweiden von Puez. Das erfährt jeder, der den langen und steinigen Weg geht, von der Regensburger Hütte hinauf zur *Forcella Forces de Sielles.* Aber ist man einmal oben, dann sind die Mühen des Aufstieges vergessen, und was vor einem liegt, ist eine herrliche Wanderung hoch über dem Langental.

Anfangs einem versicherten Steig über einen Grat und unter lockeren, zersplitterten Felstürmen entlang, die jeden Augenblick zusammenzustürzen drohen, erreicht man bald die grünen, zartblühenden Grasböden der Puezalm, die sich in 2500 m Höhe auf der Hangterrasse unter den Puezspitzen ausbreiten. Es ist dies eine arme Alm ohne Hütte, auf der nur die Schafe ein mageres Futter finden. Alles ist hier große offene Weite, durchwirkt vom Zauber einer verhalten blühenden Hochgebirgsflora und überwölbt vom großen Blau des Himmels. Und die gewaltigen, senkrechten Dolomitenwände ragen hier nicht über uns auf, sondern brechen mit schwindelerregender Steilheit unter uns ab.

Endpunkt des Höhenweges ist die hübsche Puezhütte, 1889 von der ehemaligen Sektion Ladinia des DuÖAV erbaut. Sie steht in einer geschützten Mulde zwischen der Puezgruppe im Westen und der Gardenazzawüste im Osten; und die prächtige Schau geht hinüber zur Hochfläche von *Crespeina,* hinter der sich breit und behäbig der Sellastock erhebt, man sieht weit hinaus zur Riesenmauer des Langkofels, zur Seiser Alm und zum Schlern. Und wer geologisch interessiert ist, findet hier *den ersten Nachweis einer sicheren Überschiebung in den Dolomiten* (Delago). *Auf dem Hauptdolomit des Plateaus liegen sehr gut entwickelte Neokomschichten, darüber der Hauptdolomit der Gipfel.* Das Gebiet ist *Fundort zahlreicher Petrefakten, namentlich an der Nordseite, im Zwischenkofeltal.*

Und dann kommt der Abstieg ins Langental und die lange Wanderung durch dieses hinaus nach Wolkenstein. Dieses Dolomitental ist so schön, daß ihm Edgar Moroder in seinem Führer durch Gröden ein ganzes Kapitel gewidmet hat und dabei in berechtigte helle Begeisterung ausbricht: *Gleich einem Denkmal der herrlichen kleinen Welt der Dolomiten zeigt sich das zauberhafte Langental. Es sollte wohl ein Wanderziel eines jeden Naturfreundes sein... An der Nordseite wird das farbenprächtige Tal durch die senkrecht abfallenden Steilwände der Stevìa-Südwand und des kuppelartigen Còl dala Pïeres begrenzt. Auf der Südseite erheben sich wie kastellartige Riesentürme die Vorläufer des Mont de Sëura de Cherspëina steil zum Himmel... Das Langental ist wie ein Cañon in den hellen Dolomitstock der Puezgruppe eingesenkt und vermittelt schon beim ersten Anblick ein unvergeßliches Bild.*

So macht der Gang durch dieses eigenartige, einsame, bis heute unbesiedelt gebliebene Tal, in dem es wohl herrliche Wiesen, aber interessanterweise keinen Bach gibt, unsere ganze Rundtour zu einem großen, abgerundeten Erlebnis.

Die Puezgruppe mit ihren kargen Schafweiden (Lexikon S. 152)

SEE UND HOCHFLÄCHE VON CRESPEINA

Vom Grödner Joch zur Puezhütte

Wenn man vom Grödner Joch zur Puezhütte will, übersteigt man zuerst das kleine Cirjoch und gelangt dann, den obersten Boden des steilen Chedultales querend, zum *Crespeina-Joch,* einem breiten, steinigen Sattel zwischen dem *Mont de Soùra* und dem *Col Turònd.*

Ein prächtiges, von Sonne, Wind und Wetter gebleichtes Wegkreuz ragt da in die Höhe, ein schönes Werk Grödner Schnitzkunst und wohl das schönste Bergkreuz, dem ich bis heute begegnet bin. Die über 2500 m hoch gelegene Einschartung ist der südliche Eingang in eine ganz eigenartige, fremde Dolomitenwelt. Die senkrechten Türme, Wände, Spitzen und Nadeln hat man hinter sich gelassen und blickt nun auf weite ausgedehnte Felswüsten, die nur von stumpfen Bergformen überragt werden. Im Hintergrund, jenseits des *Ciampai-*Joches, die kalkige *Gardenazza,* westlich davon die karstigen Hochweiden von Puez, unter uns die sagenumwobene Hochfläche von *Crespeina.* Es sind dies steinige, felsige Böden, die im Südosten von mehreren Bergen umfaßt werden, im Nordwesten aber offen sind und mit gewaltigen Felswänden ins Langental abbrechen. Entsprechend der etwas tieferen Lage gegenüber der *Gardenazza,* ist die Hochfläche von *Crespeina* weniger trostlos und öde. Hier ist alles um eine Nuance freundlicher; grüne, im Hochsommer zauberhaft blühende Grasinseln beleben das Bild, da und dort sickern dünne Wasseradern aus dem sandigen Boden, vereinen sich zu einem kleinen Bach und gelangen schließlich in einen See: in den geheimnisvollen Felsensee von *Crespeina.*

Bei gutem Wetter ist der See blau, ruhig und still, aber die Sage erzählt, daß er auch wild grollen kann — *el lek brontola* sagen die alten Ladiner — und dann ist es sehr unheimlich in diesen Höhen.

Ich habe ihn zwar nie grollen gehört, aber einmal, wie ich zum See kam, brach ganz plötzlich ein fürchterliches Gewitter los. Es war die Hölle. Ich drückte mich unter ein schützendes Felsdach nördlich oberhalb des Sees und erlebte von dort aus das furchtbare Toben der entfesselten Naturgewalten. An Heftigkeit von Sekunde zu Sekunde zunehmend, folgte eine Sturmbö der anderen und peitschte mit schrecklichen Hieben die schwarz und unheimlich gewordene Seefläche, die in hohem Wellengang die Wasser hoch aufgischtend an die Felsen schlug. Die Berge schienen zu bersten, wenn irgendwo ganz in der Nähe der Blitz, begleitet von ohrenbetäubendem Krachen, in die Felsen fuhr, und die Luft war erfüllt von einem gewaltigen Rauschen und Knattern, das die pausenlos in den See prasselnden kirschgroßen Hagelkörner verursachten.

Und dann, wieder ganz plötzlich, war alles vorbei. Die Sonne schien wieder vom Himmel und der Seespiegel lag still und blau vor mir, als ob nichts geschehen wäre. Nur drüben, über dem hohen Sellastock, rollte noch dumpf der sich entfernende Donner. Und ich ging meinen Weg weiter — über die Hochfläche von *Crespeina.*

Der Crespeinasee auf der gleichnamigen Hochfläche (Lexikon S. 153)

GARDENAZZA

Das ist die *Gardenazza:* eine leicht hügelige Hochebene aus blendend weißem Kalkfels, eine endlose Wüste, durchzogen von unzähligen Rissen, Spalten und Rinnen, die das Wasser in vielen Jahrtausenden herausgefressen hat. Es gibt auf der ganzen Fläche keinen Strauch, keinen Baum, nicht einmal richtiges Gras. Nur ganz vereinzelt halten sich da und dort in den Felsrissen ein paar kleine, sehr magere grüne Polster mit wenigen winzigen Blüten. Und so gibt es auch keine Spuren menschlicher Anwesenheit, keinen Zaun, keine Hütte, kein Wetterkreuz und keinen Weg. Alles ist tote Öde, gebleicht von der sengenden Sonne und blankgefegt vom heulenden Sturmwind. Es ist eine Gegend, die nicht zu den Dolomiten zu gehören scheint und erst recht nicht zu den übrigen Gebirgen. Selbst auf großen Gletschern scheint mehr Leben vorhanden zu sein; denn dort vermitteln Eis, Schnee und Wasser doch einen gewissen Eindruck von Leben, hier aber gibt es kein Wasser und alles ist starr, ausgedörrt und tot. Und der mitten aus der Steinwüste aufsteigende *Col de la Sonè,* jener unförmige, düstere Schutthöcker, an dessen spärlich begrasten Flanken ein paar verirrte Schafe herumsteigen, verstärkt noch den Eindruck der Trostlosigkeit.

Es ist nicht ganz leicht, die Fremdartigkeit und Verlassenheit dieser Landschaft zu beschreiben, und noch schwieriger ist es, die Faszination, die gleichzeitig von ihr ausgeht, mit Worten fühlbar zu machen. Man muß ganz einfach selbst dort gewesen sein und den harten, trockenen Klang der eigenen Schritte in der Totenstille der knochenbleichen *Gardenazza* mit eigenen Ohren gehört haben.

Die Felswüste Gardenazza mit dem Col de la Sonè
(Lexikon S. 153)

DER FRIEDRICH-AUGUST-WEG

Einer der berühmtesten Dolomiten-Höhenwege

Fast ein Menschenalter ist seit der Erbauung dieses Höhenweges vergangen. Aber er hat von seiner ursprünglichen Anziehungskraft und Schönheit nichts eingebüßt, und es hat sich in diesem Gebiet auch nicht allzuviel geändert. Gewiß, die große Dolomitenstraße wurde erbaut, aus dem ursprünglichen Bergsteigerheim der Alpenvereinssektion Bozen am Sellajoch wurde ein Fremdenhotel des CAI, das Seiser-Alpen-Haus ist heute eine *Casa del Touring* und nimmt keine Bergsteiger mehr auf, das Gebiet östlich des *Col Rodella* ist ein Skigebiet mit Lifts geworden, es gibt am Weg ein neues, sehr nettes Friedrich-August-Schutzhaus und die alte Plattkofelhütte wurde durch eine große, neue ersetzt; der Weg selbst aber und die Landschaft ringsum sind noch so wie einst. Und wie es damals war, wie es zur Erbauung der Weganlage kam und wie tief beeindruckt die ersten Begeher waren, das entnehmen wir einem Bericht aus jener Zeit, der in einem eigens herausgebrachten Büchlein erschien, das den Titel trägt „Aus dem Bereiche des König Friedrich August-Höhenweges in den Zentraldolomiten“:

Wer noch nie in den Dolomiten weilte, vermag sich die stärkende Kraft, den Zauber an Größe und Schönheitsreichtum dieser Gebirgswelt überhaupt nicht vorzustellen.

An einem Übelstand nur litt ihr Besuch bis vor Kurzem, an schwerer Zugänglichkeit. Erst eine Wanderung S. M. des Königs Friedrich August von Sachsen vom Pordoijoch nach der Seiser Alpe ließ in Franz Dialer (Seiser Alpenhaus) den Gedanken im Jahr 1906 zur Tat werden, einen den Touristen bis dahin unbekannten privaten Höhenweg vom Rodellajoch aus unterhalb Langkofels und Plattkofels über die Schneid mit Vereinsfarben zu markieren, in wesentlich begradigter Form heute unser öffentlicher König Friedrich August-Höhenweg.

Versetzen wir uns zunächst auf das Sellajoch, so schlagen wir den künftigen König Friedrich August-Weg ein. Rasch noch einen Blick zurück auf die keck vorspringende Rodella, die uns noch einen entzückenden Rundblick schenkte, und schon wandern wir, fast eben, diesen Höhenweg weiter, der ob des Panoramas, das ihn begleitet, in der Touristenwelt noch viel von sich reden machen wird. Zur Rechten überwältigen uns die pompös aufstrebenden Wände des Lang- und Plattkofels . . .; zur Linken das vielgestaltige Reich der Dolomiten jenseits des Fassatals mit der alles beherrschenden Marmolata, vor uns Rosengarten, Schlern und Roßzähne, nur um das in die Augen springende zu nennen. So gibt es immer zu schauen, gibt es immer Überraschungen.

Und das kann man künftig mühelos genießen. Denn der König Friedrich August-Weg wird der bequemste, aussichtsreichste Weg werden, den die Seiseralpe aufweist.

Roßzähne, Schlern und das Fassajoch mit der Plattkofelhütte vom Friedrich-August-Weg aus (Lexikon S. 157)

RUND UM DEN „WOLCKENSTAIN"

Marx Sittich von Wolkenstein nennt in seiner Landesbeschreibung von 1600 den Langkofel einen *Wolckenstain,* der *vil zingen und spizen zuhat und selten an* (ohne) *nebel oder regen ist.*

Nun, ob damit ein Welschenstein (z. B. Berg der Ladiner) gemeint ist, ein Berg der Volsker, eines wahrscheinlich etruskischen Volksstammes, oder einfach ein Stein, der bis zu den Wolken ragt, alles wäre möglich und passend für diesen Berg, und es sei der Forschung überlassen, das Rätsel zu lösen. Aber genauso passend ist auch der anscheinend viel jüngere Name Langkofel, gleichgültig ob das *lang* für hoch und schmal steht, wie er sich gegen St. Ulrich hin zeigt, oder für langgezogen im waagrechten Sinne, wie man den Berg vom Grödner Joch her sieht.

Für uns jedenfalls, die wir seine Umrundung unternehmen, ist er mit seiner über zwei Kilometer breiten und tausend Meter hohen Nordostwand ein sehr langer Kofel sowohl im Sinne von breit als auch von hoch, und ebenso ist er ein echter Wolkenstein, dessen *zingen* und *spizen* tatsächlich oft die Wolken berühren.

Und wenn Marx Sittichs damaligen Worte, daß *bis her kain mensch hinauf komen ist,* heute auch nicht mehr zutreffen, so hat seine Beschreibung, daß *es saust und rausch ... darin, als wan grosse wendt oder stain herabfiellen* und *diser perg und kofel ser wilt sei* und darauf *weder hey* (Heu) *noch holz* wachse, und zu seiner Umrundung *ainer ain tag zu gien hat,* bis auf den heutigen Tag ihre volle Geltung behalten.

Die Felsmauern des Langkofels; an ihrem Fuß führt der Höhenweg entlang (Lexikon S. 155)

RUND UM DEN PLATTKOFEL

Über die Langkofelscharte zur Seiser Alm

Die große Runde um den ganzen westlichen Teil der Langkofelgruppe beginnt beim Sellajochhaus. Viel Lärm gibt es heute da, und das einstige Alpenvereinshaus ist längst kein Bergsteigerheim mehr. Zur Langkofelscharte geht heute ein Lift, oben steht eine kleine Schutzhütte, die der alte Bergführer Demetz nach seinem am Langkofel vom Blitz getöteten Sohn Toni benannt hat.

Aber drüben, jenseits der Scharte, ist alles noch so wie einst, die Berge selbst haben nichts von ihrer Schönheit verloren. Zunächst geht es über eines jener Schuttkare hinab, die den ersten Dolomitenbesuchern gar nicht zusagten, wie folgender Ausspruch des Botanikers Dr. Carl Müller aus dem Jahre 1857 belegt: *... präsentiert sich wiederum jener höllische Kalkstein, der, wenn er als geröllartiges Gestein zutage tritt, allein imstande ist, den Wanderer zur Verzweiflung zu bringen und von dem Besuche der Dolomitalpen zurückzuschrecken.*

Aber die Wanderer ließen sich nicht zurückschrecken, und die Akademische Sektion Wien des Alpenvereins erbaute bereits 1894 *in den Couloiren des Langkofels* ein erstes Schutzhaus. Und schon waren die Dolomiten kein *höllisches Kalkgestein* mehr, vielmehr schwärmte der Wiener Ingenieur Erich v. Posch über den Langkofel und seine Umgebung: *Luft und Wärme haben ihn zerzaust, den wilden Gesellen da oben, und was Mutter Natur nicht für schön befunden, das liegt zusammengetragen in Jahrtausend langer Arbeit, von manch schüchternem Gräslein bewachsen, das den zwei „akademischen" Milchziegen der Langkofelhütte ein spärliches Futter bietet. Trotzig wild steht darüber der Zahnkofel auf, vom zackigen Grat des Plattkofels begleitet. Und draußen über der Seiseralpe küßt die sinkende Sonne den Silberrand der Ötztaler Eiswelt, über uns recken die wilden Gesellen der Langkofelgruppe sich mächtig dem schwindenden Lichte des Tages zu.*

Das also ist der erste und vielleicht beeindruckendste Teil unseres Weges. Dann aber tritt man aus dem atemberaubenden Felsgewirr hinaus in die Weite der Seiser Alm. Am Fuße der lotrecht in die Höhe schießenden Nordwand des Plattkofels und später unter seiner riesigen Westflanke geht es am Rand der schönsten Hochalm der Alpen zum Fassajoch. Die erdrückenden senkrechten Linien, die die Szene im Langkofelkar beherrscht haben, werden hier abgelöst von den horizontalen Linien einer freien, offenen, weiten Landschaft aus Wiesen und Blumen.

Und dann kommt mit dem Eintritt in den östlichen Teil des Friedrich-August-Weges der letzte Abschnitt unserer Rundtour. Im Südosten liegt das kristallene Gleißen der Gletscher über der Marmolata, unmittelbar über dem Weg ragen wieder die Felsgestalten der Langkofelgruppe auf, und am Sellajoch kehren wir aus der großen Stille der Berge wieder in den Lärm unserer Zeit zurück.

Der Höhenweg am Fuße der Plattkofel-Nordwand, mit Seiser Alm und Schlern
(Lexikon S. 156)

DIE ÜBERSCHREITUNG DES SELLAMASSIVS

Pößnecker Klettersteig, *Mèsules*-Plateau und *Val Mesdì*

Alle anderen Höhenwege haben einen guten, unschwierigen Weg als Zugang und viele beginnen sogar bei einer Autostraße oder Bergstation einer Seilbahn. Nur der Weg über die Hochfläche des Sellastockes nicht — er beginnt am oberen Rand senkrechter Felswände, durch die weder Bergbahn, Straße noch Weg führt. Der Zugang ist ein Abenteuer, ein luftiges, ausgesetztes noch dazu! Denn wer den Höhenweg an seinem westlichen Anfang erreichen will, muß zuerst über eine 250 m hohe senkrechte Felswand hinauf. Allerdings nicht auf jene Weise, wie dies vor 70 Jahren Paul Mayr und Georg Haupt bewerkstelligten — in sehr schwieriger Kletterei nämlich —, sondern über einen mit Leitern, Eisenklammern und Stahlseilen versicherten Klettersteig.

Der Pößnecker Steig ist heute noch einer der großartigsten und beliebtesten Klettersteige der Dolomiten, obwohl er schon vor dem Ersten Weltkrieg angelegt wurde und seither eine ganze Reihe von Nachfolgern in allen Dolomitenteilen erhalten hat. Was da die große Sektion Pößneck des DuÖAV in mühevoller Arbeit geschaffen hatte, war gleich von großer touristischer Bedeutung, denn erst dieser Klettersteig erschloß auch diese Seite des Sellastockes, die bis dahin für den Normalbergsteiger völlig uninteressant gewesen war. Und überdies stellte er eine neue Verbindung zwischen dem Sellajochhaus und der Boèhütte her, was damals sehr wichtig war, zumal die große Überschreitung vom Schlern zur Marmolata relativ oft gemacht wurde und nun der Sellastock sozusagen gut »mitgenommen« werden konnte. Selbstverständlich mußte zu diesem Zwecke vom *Piz Selva*, dem Endpunkt des Klettersteiges, bis zu den Wegen im Bereich der damaligen Bamberger Hütte ein Weg gelegt werden: über die weiten Karrenfelder der *Mèsules*-Hochfläche. Es ist dies der höchste aller Südtiroler Höhenwege und er hat viel Ähnlichkeit mit jenen von *Crespeina* und *Gardenazza*. Wie dort, so geht es auch hier über eine gewaltige, kalkweiße, leblose Felswüste, nur daß von dieser fast 3000 Meter hohen zentralen Warte aus die Aussicht ungleich umfassender und beeindruckender ist. Man wandert hier in einer Höhenlage, die so mancher stolze Dolomitengipfel nicht erreicht. Dadurch eröffnet der Gang über das Sellamassiv viele unbekannte, völlig neue Einblicke in die Dolomitenwelt, deren Berge nun nicht mehr himmelhoch in die Lüfte ragen, sondern recht bescheiden in der Landschaft herumstehen.

War der Zugang über den Pößnecker Steig ein Abenteuer, so ist der Abstieg durch das Mittagstal — das *Val Mesdì* — vielleicht die Krönung der ganzen Überschreitung: *...wir stehen vor einem Schaustück, wie es selbst die Dolomiten selten bieten: Es ist der Tiefblick in einen Felskessel, der an Wildheit kaum seinesgleichen findet* — schreibt H. Delago — *...auf der einen Seite gewaltige Wandbauten, zwischen denen Eisrinnen in furchtbarer Steilheit niederschießen, auf der anderen Seite die überaus kühnen Riesentürme des Dent de Mesdì und des Bec de Mesdì...*

Der Sellastock, von Norden gesehen (Lexikon S. 154)

VOM TIERSER ALPL ZUM SCHLERN

Höhenwanderung zu prähistorischen Kultstätten

Von allen Wegen auf den Schlern ist wohl unser Höhenweg der landschaftlich reizvollste und überdies auch der bequemste. Vom Tierser Alpl, einer kleinen, grünen Hochfläche, wo seit 1960 eine hübsche Schutzhütte steht, geht es fast eben unter den schroffen Felswänden der Roßzähne und der Roterdspitze in prächtiger Wanderung durch, die eine einmalige Schau in die Felswildnis der nördlichen Rosengartengruppe und in den grausigen Schlund des Bärenloches gewährt, das da unheimlich wild ins innerste Tschamintal hinabschießt. Und dann, jenseits der Roterdspitze, die ihren Namen von den rötlichen Raibler Schichten hat, betritt man die weite Hochfläche des Schlerns.

Der Schlern ist in mehrfacher Hinsicht einer der eigenartigsten Berge der Dolomiten. Was sonst nirgends mehr in solcher Unversehrtheit zu finden ist, hier am Schlern hat sich ein großes Dach aus Raibler Schichten erhalten, das den darunterliegenden Schlerndolomit vor der Erosion bewahrt hat und dem gewaltigen Tafelberg seine einzigartige Form gibt. Nicht weniger interessant als sein geologischer Aufbau ist die Flora. Man hat den Berg als Repräsentanten der Dolomitenflora bezeichnet, und die einschlägige Forschung zählt für das relativ kleine Gebiet weit über hundert verschiedene Blumenarten auf.

Ein anderes Kapitel bildet das Schlernhaus, „der Bozner Bergsteiger liebstes Kind". Es war die Sektion Bozen des DuÖAV, die bereits 1885 auf der Schlern-Hochfläche ein erstes Schutzhaus erbaute. Welche Schwierigkeiten es dabei zu überwinden galt, zeigt unter anderem der lange, erbitterte Streit darüber, ob man in Holz oder Stein bauen sollte. Als dann das Haus erbaut und mehrmals erweitert worden war, kam die Enteignung, ein für die Bozner schwerer Schlag, der bis heute nicht verwunden ist.

All das aber, geologische Situation, floristischer Reichtum und das Schicksal eines Schutzhauses, wird von einem archäologischen Ereignis in den Schatten gestellt: 1945 tätigten die Bozner Forscher Luis Oberrauch, Viktor Malfèr und Georg und Herta Innerebner die höchsten prähistorischen Funde Südtirols: In der Flur Plörg und am Burgstall (2510 m) wurden zahlreiche verzierte Tonscherben des Laugener Typus', römische Münzen, eine Feuerstein-Pfeilspitze und eine Armbrustfibel neben deutlichen Kulturschichten gefunden. Viktor Malfèr schrieb über seinen wichtigsten Fund im »Schlern«: *...sah ich zwei grünliche Drahtspiralen aus dem Sand herausschauen. Ich ergriff sie... und hielt eine vollkommen unbeschädigte, herrlich patinierte Fibel in der Hand. Ganz benommen von der Freude über diesen prächtigen Fund, wandte ich mich an die drei Kameraden... Aufspringen und jubelnd diesen wunderbaren Fund bestaunen war ein Ding des Augenblicks.* Und der Archäologe Karl M. Mayr faßte zusammen: *Auf der windumwehten Höhe des Burgstalls kann nur eine vorgeschichtliche Kultstätte gewesen sein, zu der die Menschen von damals in Flurgängen pilgerten... In windstillen Sommernächten mögen Feuer zum Himmel gelodert und frohes Leben auf dem Schlern geherrscht haben.*

Die Schlernhäuser, der Endpunkt des Höhenweges vom Tierser Alpl her (Lexikon S. 157)

DIE ROTWAND IM ROSENGARTEN

Rötelspitze, Rotbachspitze, Rotes Beil, Roterdspitze, Rotlahner, Rötspitze — sie alle sind von der einen oder anderen Seite gesehen mehr oder weniger rot. Aber wenn das Abendglühen, die sagenhafte *Enrosadüra,* aufsteigt, dann ist nur sie so richtig glutrot, sie, die Königin aller roten Berge und die Beherrscherin unseres Höhenweges von der Kölner Hütte zur Ostertaghütte: die mit ihrer mächtigen, überhängenden, mauerglatten Westwand stolz und kühn in den Himmel ragende Rotwand in der südlichen Rosengartengruppe.

Einst, niemand weiß zu sagen wann, war die Rotwand keine *Wand,* sondern irgend ein mehr oder weniger unförmiger Berg, der wohl kaum die außerordentliche Schönheit der heutigen Form erkennen ließ. Bis dann, vielleicht nach und nach, vielleicht auch ganz auf einmal, die eine Hälfte herabstürzte. Waren es klobige Türme, waren es schlanke Nadeln, oder war es nur ein riesiger Block, was sich da löste? Man weiß es nicht, kein Mensch hat es gesehen. Sicher ist nur, daß große Klüfte den einstigen Berg durchzogen haben müssen und daß ein jahrtausendelanges Einwirken von Wasser, Frost und Sonnenglut den Bergsturz auslöste.

Übrig geblieben von diesem gewaltigen urweltlichen Geschehen ist die stolze Rotwand, die Königin aller roten Berge, und an ihrem Wandfuß ein riesiges Trümmerfeld, dessen unzählige Blöcke und Steine bis tief in den Wald hinunter die Hänge bedecken.

Vom Hirzelweg aus: die Rotwand über dem Karerpaß (Lexikon S. 158)

VON DER OSTERTAG- ZUR KÖLNER HÜTTE

„Bergsteigertreffen" am Cigoladepaß

Der Weg um die Ostseite der südlichen Rosengartengruppe von der Ostertaghütte über Cigoladepaß und Tschagerjoch zur Kölner Hütte ist ein langer und beschwerlicher Weg.
Ich raste am Cigoladepaß, einer 2561 m hoch in die Felsen geschnittenen Scharte zwischen den Mugonispitzen und dem Cigolade. Obwohl das Wetter im Osten noch schön ist, künden tief daherziehende Wolken im Westen, begleitet von einem unfreundlichen, feuchten Wind, einen Wetterumschlag an. Ich ziehe meine Windjacke über und will weitergehen, da hält mich lebhaftes Geschrei zurück. Über das vom Joch steil hinabziehende Schuttkar keuchen schimpfend einige Leute herauf. Ein Mann läuft voraus, eine Frau versucht ihm, mehr auf allen Vieren kriechend, als auf zwei Füßen gehend, zu folgen, dahinter ein paar Kinder. Die Frau schreit, daß sie Angst vor dem Gewitter habe, müde sei und umkehren wolle, der Mann ruft zurück, daß weiterzugehen sei. Auf dem lockeren Geröll kommt die seltsame Gesellschaft nur schlecht weiter, man rutscht bei jedem ganzen Schritt vorwärts wieder mindestens einen halben zurück. Aber schließlich sind sie doch alle da. Der Himmel hat sich inzwischen auch im Osten verdüstert, die Bergspitzen sind schon in Nebel gehüllt, und der feuchte Wind ist stärker geworden. Die Familie wirft sich erschöpft auf die Steine, das Gezeter und Geschrei geht weiter. Die Kinder stecken barfuß in dünnen, glattsohligen Sandalen, die Frau trägt Halbschuhe, nur der Mann hat sich mit leichten Bergwanderschuhen ausgerüstet. Die Kleidung ist alles andere als alpin zu bezeichnen, die guten Leute haben weder Pullover noch Anorak bei sich, von Mütze oder Handschuhen ganz zu schweigen. Die Kinder in ihren kurzen Leinenhosen frieren nicht wenig, während die Eltern wütend ein paar Bierdosen, den einzigen Inhalt ihres winzigen Rucksäckchens, herausholen, das kalte Zeug hinuntertrinken und die somit überflüssig gewordenen leeren Dosen, von einem kräftigen Fluch begleitet, in hohem Bogen über den Hang hinabschleudern. Lange läutet das Blechgeklimper durch die Berge.

Dem Streit entnehme ich, daß man ursprünglich vor hatte, zur Vajolethütte zu gehen, dort zu übernachten und anderntags über den Santnerpaß zum Karerpaß zurückzukehren; und das alles in dieser Aufmachung. Auf meinen Rat hin, doch besser umzukehren, erfahre ich vom Mann sehr unmißverständlich, daß das meine Angelegenheit wohl nicht sei. Plötzlich erhebt sich die Frau und läuft, gefolgt von den Kindern, den Schutthang hinab, der Mann — wohl oder übel — hinterher.

So endete eine Episode, die in den Dolomiten gar nicht so selten ist und eigentlich recht lustig gewesen wäre, hätte sie sich unten im Tal zugetragen. Hier aber, mitten in den Bergen, hat sie gezeigt, wie es zu den vielen Unfällen kommt. Denn viele kehren in solcher Situation nicht um, und dann führen Leichtsinn, mangelhafte Ausrüstung und fehlende Erfahrung oft zur Katastrophe — auch auf einem an sich harmlosen, ungefährlichen Höhenweg!

Die Mugonispitzen über unserem Höhenweg, von der Ostertaghütte aus gesehen (Lexikon S. 159)

LEXIKON DER SÜDTIROLER HÖHENWEGE

Die nachfolgende Übersicht umfaßt erstmals eine nahezu vollständige Darstellung aller Höhenwege in Südtirol. Was heute allgemein und so auch in diesem Buch unter einem Höhenweg verstanden wird, wurde bereits im einleitenden Kapitel eingehend erörtert. Demzufolge wurden Verbindungswege zwischen Schutzhütten, die mit großen Höhenunterschieden Kämme oder Jöcher überschreiten und daher ganz allgemein als Übergänge, nicht aber als eigentliche Höhenwege zu gelten haben, bis auf wenige Ausnahmen unberücksichtigt gelassen. Dasselbe gilt auch für Wege, die in tieferen Lagen in ständig bewohnten Gebieten verlaufen.

Sogenannte Höhenwege, die in einer langen Folge von einzelnen Zwischenstrecken ganze Bergzüge oder -gruppen überqueren, wie z. B. der neu angelegte Pfunderer Höhenweg (Sterzing—Bruneck), der Dolomiten-Höhenweg Nr. 2 (Brixen—Feltre), der Weg über den Sarntaler Ostkamm (Sterzing—Bozen), werden nicht in ihrer Gesamtheit behandelt; vielmehr wurden von diesen weitgespannten Weganlagen einzelne, meist besonders lohnende Teile herausgegriffen und als eigenständige Touren beschrieben. Kombinationsmöglichkeiten, Varianten und genaue Lage lassen sich den zu jedem Weg angeführten, überall erhältlichen Wanderkarten entnehmen (Kompaß-Wanderkarte, 1 : 50.000; Freytag-Berndt-Wanderkarte, 1 : 100.000 und 1 : 50.000). Einen ersten Überblick vermittelt überdies die Vorsatzkarte dieses Buches. Der Verfasser war bemüht, den empfohlenen Wegverlauf so zu gestalten, daß möglichst jeder Höhenweg in Form einer Rundwanderung, also mit gleichem Ausgangs- und Endpunkt, unternommen werden kann. In jenen Fällen, wo dies nicht der Fall ist, besteht meist eine Linienbus-Verbindung zwischen den beiden Punkten.

Die Wegbeschreibungen sind so knapp wie aus Platzgründen nötig und so ausführlich wie möglich zu einer einwandfreien Orientierung gehalten. Die angegebenen Wegzeiten sind für durchschnittlich gehgewohnte Wanderer berechnet, sie beziehen sich auf die reine Gehzeit und können je nach Kondition, Wegzustand, Witterungsverhältnissen usw. stark unter- wie auch überboten werden. Die Richtungsangaben *links* und *rechts* sind immer im Sinne der Gehrichtung zu verstehen, außer es steht der Zusatz *orographisch* dabei; dann ist die Fließrichtung des betreffenden Baches maßgebend. Um Unklarheiten auszuschließen, ist zudem meist auch die Himmelsrichtung angeführt. Die bei jeder Überschrift in Klammern gesetzten Höhenangaben beziehen sich auf den tiefsten und höchsten Punkt des Höhenweges, wodurch angezeigt wird, in welcher Höhenlage sich der Weg befindet und welche Höhenunterschiede zu bewältigen sind. Die in Klammern gesetzten Angaben unter dem Stichwort *Gehzeiten* lassen mit einem Blick übersehen, ob der Weg als Rundtour beschrieben ist, ob der Ausgangs- oder Endpunkt durch Seilbahn, Straße oder nur durch Fußwege mit dem Talort verbunden ist, in welchem Gebiet sich der Weg befindet, welcher Art die Stützpunkte sind (Alm, Schutzhütte oder Gasthaus) und ob sich die Wanderung als Halb-, Ganz- oder Zweitagestour durchführen läßt. Dies erleichtert die rasche Suche nach einer geeigneten Tour, und man ist nicht gezwungen, gleich die ganze Beschreibung zu studieren.

Die Angaben über die Bewirtschaftung der Schutzhütten können grundsätzlich als verläßlich angesehen werden; trotzdem empfiehlt es sich, vor Antritt der Tour im Tal (Fremdenverkehrsamt, AVS- oder CAI-Stellen) diesbezügliche Erkundigung einzuholen. Dasselbe gilt für den Zustand der Wege. Es kann nämlich aus verschiedenen Gründen der Fall sein, daß eine Schutzhütte später geöffnet, früher geschlossen oder gar nicht bewirtschaftet wird oder bereits überbelegt ist; ein Höhenweg kann wegen Vermurung unterbrochen oder wegen abnormaler Schneelage oder Vereisung unbegehbar geworden sein. Überdies achte man darauf, bei Begehungen im Staatsgrenzgebiet immer einen gültigen Personalausweis mit sich zu führen; es besteht nämlich Ausweispflicht!

So wie auch die anderen Bände dieser Reihe (»Südtiroler Bergseen« und »Südtiroler Bergtouren«, »Südtiroler Schutzhütten« und »Südtiroler Skitouren«) beschränkt sich auch das vorliegende Werk im wesentlichen auf den Raum Südtirol (= Provinz Bozen). Dies allerdings mit zwei Ausnahmen: Ihrer großen Beliebtheit wegen wurden der Bindelweg (im Padonkamm zwischen Pordoijoch und Fedaiapaß) und zwei Höhenwege in der Brenta (der berühmte Bocchette-Weg und der Osvaldo-Orsi-Weg) zusätzlich in diese Übersicht miteinbezogen, wenn sie sich auch außerhalb Südtirols befinden.

Auf notwendige Ausrüstung und evtl. vorhandene Schwierigkeiten wird sowohl bei jeder Wegcharakterisierung hingewiesen, so wie dies auch im allgemeinen Überblick am Anfang dieses Buches geschehen ist.

Der besseren Übersicht halber sind hier die Höhenwege nach Haupt-Berggruppen unterteilt, deren Abgrenzung der Vorsatzkarte dieses Buches zu entnehmen ist.

A) MÜNSTERTALER ALPEN

1. Haider Alm—Schöneben (2100—2300 m; Bild S. 17)

Bei diesem Höhenweg handelt es sich um einen alten Hirtensteig, der die Verbindung zwischen der Haider Alm und den Almen von Schöneben bzw. Rojen herstellt. Der Weg wurde im Zuge der alpintouristischen Erschließung markiert und in die Wanderkarten aufgenommen. Er verläuft ohne größere Höhenunterschiede durch das schöne, teilweise von prächtigen alten Zirben bestandene Almgelände, das westseitig über dem Reschensee mit sanften Bergflanken zum Kamm von Elferspitze und Zehnerkopf hinaufzieht. Der rund 6 km lange Höhenweg ist völlig unschwierig zu begehen und vermittelt großartige Tiefblicke auf prächtige Waldungen, auf den Reschensee und in das gegenüberliegende Langtauferer Tal mit seinen firngekrönten Berghäuptern der Weißseespitze und Weißkugel. An beiden Endpunkten des Weges befinden sich Gastbetriebe, die mit mehreren Skilifts vor allem dem Wintersport dienen. Seit einigen Jahren ist die Haider Alm mit einem Gondellift von St. Valentin auf der Haide aus zu erreichen, und die alte Militärstraße nach Schöneben ist gut asphaltiert und bis nach Rojen verlängert worden.

Empfohlener Wegverlauf

Von St. Valentin auf der Haide im obersten Vinschgau (1470 m) mit dem Gondellift (nur während der Sommer- und Wintersaison verläßlich in Betrieb; zu Fuß auf gutem Weg sehr empfehlenswert) hinauf zur Haider Alm an der Waldgrenze (2120 m; Gastbetrieb).

Nun auf Nr. 9/14 etwa 10 Min. über Bergweiden hinauf und auf einer Brücke über den Fellatschbach. Bald darauf verläßt die Nr. 9 nach links den Höhenweg und führt zur Elferspitze hinauf. Unser Höhensteig trägt die Nr. 14; er steigt zunächst noch kurz leicht an, führt dann aber nahezu eben oberhalb der Waldgrenze in prächtiger Wanderung zu den weiten Almböden von Schöneben und zum Gasthaus (2118 m; im Sommer meist geschlossen).

Von hier nordwärts auf einem alten markierten Fahrweg durch den schönen Gierner Wald hinab, auf halber Höhe die Rojener Straße überquerend, zum Westufer des Reschensees. Auf der Uferstraße nun um das Nordende des Sees herum nach Reschen (1525 m) und mit dem Linienbus zurück nach St. Valentin auf der Haide.

Gehzeiten

Aufstieg (St. Valentin—Haider Alm): 2 Std. (auch Gondellift)
Höhenweg (Haider Alm—Schöneben): 2½ Std.
Abstieg (Schöneben—Reschen): 2 Std.

Wanderkarten

Kompaß, Bl. 42 (Nauders-Reschenpaß); Freytag-Berndt, Bl. 52 (1 : 100.000) und S 2 (1 : 50.000)

2. Stilfser Joch—Kleinboden (2150—2700 m; Bild S. 21)

Der rund 9 km lange Höhenweg beginnt an der 38. Kehre der Stilfser-Joch-Straße. Er führt, zunächst kurz ansteigend, dann aber durchwegs mehr oder weniger absinkend, hoch über dem Talboden von Trafoi durch die steilen Westhänge des Chavalatschkammes bis zur Furkelhütte am Kleinboden. Der Steig ist unschwierig und gut mit gelb-weißen Kreisen markiert, es befindet sich jedoch auf seiner ganzen Länge keine Unterkunftshütte zum Schutz vor Gewittern, weshalb der Weg nur bei verläßlicher Witterung gemacht werden sollte. Allerdings besteht die Möglichkeit, beim hübschen kleinen Goldsee den Höhenweg vorzeitig zu verlassen und zur Tartscher Alm und weiter nach Trafoi abzusteigen. Das Besondere dieses hoch über der Baumgrenze verlaufenden Weges ist der überwältigende Blick in die gewaltigen Hängegletscher und Eisströme der Ortlergruppe. Von der Furkelhütte (Skigebiet), am nördlichen Ende unseres Weges, bringt ein Gondellift nach Trafoi hinunter; schöner ist jedoch der markierte Fußweg durch den Tartscher Wald.

Empfohlener Wegverlauf

Fahrt mit dem Linienbus von Trafoi (1543 m) zum Stilfser Joch (2757 m). Von der Haltestelle am Joch ist man nun gezwungen, etwa 2½ km auf der Straße bis zur Kehre Nr. 38 (9. Kehre von oben) abzusteigen, wo auf 2564 m der Steig beginnt.

Nach einer kurzen Querung des steilen Hanges steigt der Weg mit einigen Serpentinen kurz an und führt dann fast eben zur Mulde mit dem kleinen Goldsee (2708 m). Hier zweigt rechts ein markierter Steig ab und führt über die Tartscher Alm nach Trafoi hinab. Unser Höhenweg hingegen führt ein Stück eben weiter, fällt dann am Rand der Schwarzen Wand rund 300 Höhenmeter steil ab, steigt dann wieder für eine kurze Strecke sanft an, zieht dann in gleichmäßigem, leichtem Gefälle durch steile Flanken um einen Rücken herum in die Hangmulde des Furkeltales und erreicht, im letzten Teil durch schönen Bergwald führend, die Furkelhütte, ein an prächtigem Aussichtspunkt stehendes Ausflugsrestaurant (2153 m).

Nun entweder mit dem Gondellift (letzte Fahrt 17.30 Uhr) oder zu Fuß auf gutem Waldweg Nr. 17 hinab nach Trafoi.

Um die Busfahrt auf das Stilfser Joch zu vermeiden, kann der Höhenweg auch in umgekehrter Richtung — allerdings etwas mühsamer und ½ Stunde länger — begangen werden. Als Abstieg wählt man in diesem Falle am besten den oben erwähnten Weg vom Goldsee über die Tartscher Alm (2 Std.).

Gehzeiten
Höhenweg (Stilfser Joch—Furkelhütte): 3—3½ Std.
Abstieg (Furkelhütte—Trafoi): 1½ Std.

Wanderkarten
Kompaß, Bl. 72 (Ortles-Gran Zebru); Freytag-Berndt, Bl. 46 (1 : 100.000) und S 2 (1 : 50.000)

B) ORTLERGRUPPE UND DEREN AUSLÄUFER

3. Tabarettahütte—Hintergrathütte (2150—2650 m; Bild S. 23)

Dieser landschaftlich großartige Höhenweg durchzieht die ganze nach Sulden zugekehrte Nordostseite des gewaltigen Ortleraufbaues. Der gute Weg führt über die großen Moränen des End-der-Welt-Ferners und des Marltferners und durch steile Schuttflanken. In seinem Mittelteil sinkt er bis fast zur Waldgrenze ab. Der Weg ist gut instandgehalten und markiert und weist somit keinerlei Schwierigkeiten auf. Er vermittelt großartige Einblicke sowohl in die wilden Wände, Grate und Eisflanken des Ortlers, als auch auf die gegenüberliegenden Hochgipfel und Gletscher der Laaser Berge (Tschenglser Hochwand, Hoher Angelus, Vertainspitze) sowie auf die Eisgipfel über dem Talschluß von Sulden (Eisseespitze, Suldenspitze, dahinter Cevedale). Besonders beeindruckend über der Hintergrathütte, dem südlichen Endpunkt des Weges, die mächtige Nordwand der Königsspitze. Sowohl die Hintergrathütte als auch die Tabarettahütte am nördlichen Wegende sind bewirtschaftet und auf guten Wegen von Sulden aus zu erreichen. Im Mittelteil des Weges befindet sich der Gastbetrieb „K 2“ am Langenstein, zu dem ein Sessellift von Sulden herauf führt.

Empfohlener Wegverlauf
Von der alten Pfarrkirche in Sulden (1906 m) auf gutem Weg Nr. 4 westwärts empor zur Tabarettahütte am Marltberg (2536 m; 25 Schlafplätze, Sommerbewirtschaftung). Der Besuch der Hütte ist aber nicht unbedingt notwendig, da man schon vorher auf 2145 m Höhe nach links in den Höhenweg einbiegen kann.
Auf dem Weg geht es nun mit Nr. 10 über den Moränenschutt des vom Ortlergipfel herabziehenden Marltferners leicht abwärts bis fast zur Waldgrenze (2145 m). Von hier steigt der Weg wieder leicht an und führt durch steile Hänge zum Langenstein mit Gasthaus und Bergstation des Sesselliftes »K 2« (2330 m). Weiter auf Nr. 3 zuerst eben, dann gleichmäßig leicht ansteigend über Moränen des End-der-Welt-Ferners zu einem von der Hintergratspitze herabziehenden Rücken mit dem Scheibenboden und durch die anschließende steile Geröll- und Schrofenflanke zur Hintergrathütte am Ansatz des Ortler-Hintergrates (2661 m; im März-April und im Sommer bewirtschaftet, 60 Schlafplätze).
Abstieg nach Sulden auf gutem Weg zunächst Nr. 2, später Nr. 1. — Der Höhenweg kann auch gut in umgekehrter Richtung begangen werden, wobei mit derselben Gesamtgehzeit gerechnet werden kann.

Gehzeiten
Aufstieg (Sulden—Tabarettahütte): 2 Std.
Höhenweg (Tabarettahütte—Hintergrathütte): 2½ Std.
Abstieg (Hintergrathütte—Sulden): 1½ Std.

Wanderkarten
Kompaß, Bl. 72 (Ortles-Gran Zebru; Freytag-Berndt, Bl. 52 (1 : 100.000) und S 2 (1 : 50.000)

4. Naturnser Alm—Tablander Alm (1700—2000 m)

Ein 7 km langer Weg, der größtenteils durch Wald von Alm zu Alm führt. Der gute, breite Steig hoch über den steilen von der Hochwart zum Talboden des Untervinschgaus abfallenden Wäldern vermittelt besonders schöne Einblicke in die Bergwelt der südlichen Ötztaler Alpen mit der Texelgruppe. Relativ tief gelegener Talort für diese sehr lange Rundtour ist Naturns (554 m), wodurch beim Auf- und Abstieg große Höhenunterschiede zu bewältigen sind. Der Nörderberg, wie diese südliche Talseite des Vinschgaus genannt wird, ist hier durch verschiedene Forststraßen erschlossen. So sind die Almen, wenn auch schlecht, mit dem Auto erreichbar und es gibt dort einfache Bewirtung. Seitens der Forstbehörde wird jedoch die Sperrung dieser Waldstraßen für Privatverkehr geplant. Die hier beschriebene Rundtour setzt eine gewisse Gehtüchtigkeit und in den weiten, von einem dichten Wegenetz durchzogenen Wäldern etwas Orientierungssinn voraus.

Empfohlener Wegverlauf
Von Naturns im unteren Vinschgau (554 m) zunächst auf einer Straße (Markierung Nr. 30) südwärts, die Etsch und die Eisenbahnlinie überquerend über den Talboden und ein Stück auf der Forststraße hinauf. Bald rechts ab und auf gutem Weg (weiterhin Nr. 30) durch Wald hinauf zu einer weiten Rodung mit den Gehöften Partscheilberg (1166 m) und Gaulbach. Zunächst mehrmals die Forststraße und später den Graben des Plonerbaches überquerend, weiter auf Nr. 30 in langem,

aber sehr schönem Anstieg durch den Naturnser Wald hinauf zur Naturnser Kuhalm an der Waldgrenze (1922 m; Gastwirtschaft und vielbesuchter Ausflugsort vom Vigiljoch her).
Hier beginnt unser auf seiner ganzen Strecke gut mit einem A (= Almweg) markierter Höhenweg. Er zieht größtenteils eben oder nur sehr leicht auf und ab zunächst oberhalb der eigentlichen Waldgrenze durch nur schütteren Baumbestand über flache Böden westwärts, dringt dann leicht absinkend stärker in den Wald ein und erreicht die Altalm (1747 m). Weiter auf gutem, ebenem Weg durch Wald, dann kurz über eine Wiesenschneise und wieder durch Wald zur schön gelegenen Mauslochalm (1835 m). Hier direkter Abstieg auf Nr. 5 nach Naturns möglich. Von der Alm westlich weiter durch Wald mit einigen Lichtungen und vielen Felsblöcken zur Tablander Alm, dem westlichen Endpunkt des Höhenweges (1758 m; einfache Gastwirtschaft).
Von der Alm kurz der Forststraße entlang, dann auf gutem Weg Nr. 5 rechts ab und durch schönen, steilen Hochwald hinab zum Tschirlander Graben und, die vielen Kehren der Forststraße abkürzend, unter den an steiler Berglehne klebenden Höfen Tanner, Mitterer und Schleid vorbei, hinunter nach Tabland (674 m). Auf Nr. 12 über den weiten Schwemmkegel nach Tschirland und auf der Straße (Mark. 12) zurück nach Naturns.

Gehzeiten
Aufstieg (Naturns—Naturnser Alm): 4½ Std.
Höhenweg (Naturnser Alm—Tablander Alm): 3½ Std.
Abstieg (Tablander Alm—Naturns): 2 Std.

Variante
Um sich den langen Aufstieg zu ersparen, kann man von Lana mit der Seilbahn zum Vigiljoch und mit dem anschließenden Sessellift zum Larchbühel fahren. Von da ist auf nahezu ebenem Weg Nr. 9 und 30 in 1 Std. die Naturnser Alm und damit der Höhenweg zu erreichen.

Wanderkarten
Kompaß, Bl. 53 (Meran); Freytag-Berndt, Bl. 52 (1 : 100.000) sowie S 1 und S 2 (1 : 50.000)

5. Vigiljoch—Falkomaisee (1800—2200 m; Bild S. 25)

Dieser aussichtsreiche, 10 km lange Höhenweg befindet sich an der Südseite des sanften Ausläufers des Zufrittkammes, der zwischen dem unteren Vinschgau, Meran und dem äußeren Ultental mit dem Vigiljoch endet. Der markierte Hirtensteig beginnt am Larchbühel, der mit der Vigiljoch-Seilbahn und dem anschließenden Sessellift erreicht werden kann, und zieht, zunächst durch Wald, dann aber teils oberhalb, teils knapp unter der Baumgrenze über schöne Almhänge und steile Schuttflanken unter den Erhebungen des Naturnser Hochjoches und der Hochwart eben durch zur Äußeren Falkomaialm mit dem schönen, 2164 m hoch gelegenen Falkomaisee. Man überblickt vom Weg aus die gesamten Westlichen Dolomiten und im ersten Teil des Weges, wo er über die Kammhöhe verläuft, auch die Ötztaler Alpen mit der Texelgruppe, die Sarntaler Alpen und dahinter die Eisgipfel der Zillertaler Alpen. Vom Falkomaisee überquert man das hinterste Kirchbachtal zur Inneren Falkomaialm und steigt dann dem wilden Kirchbach entlang nach St. Pankraz in Ulten ab.

Empfohlener Wegverlauf
Von Oberlana (301 m) mit der Seilbahn hinauf zum Vigiljoch (1486 m) und mit dem anschließenden Sessellift weiter zum Larchbühel (1814 m).
Von der Bergstation geht es auf breitem Weg Nr. 4 westwärts zum Gasthaus „Jocher", in dessen Nähe auf einem Hügel mit prächtigem Rundblick das schöne, sehr alte Vigiliuskirchlein steht. Vom „Jocher" nun auf gutem Weg Nr. 9 durch Wald leicht ansteigend zur Waldgrenze und auf dem Almsteig (weiterhin Nr. 9) über Bergweiden eben durch bis zu einem Wegzeiger: Rechts führt die Nr. 9 zur Hochwart, geradeaus setzt sich unser Höhenweg — ab nun mit Nr. 6/1 markiert (nicht 9, wie in manchen Karten) — über weite, mit Zwergwacholder, Alpenrosen und Heidekraut bewachsene Hänge eben fort, durchquert einen schmalen Waldstreifen, wobei man zwischen den Bäumen auf das schön gelegene St. Pankraz hinabblickt, und erreicht nach 2 Std. (ab Larchbühel) eine verfallene Almhütte unter dem Weg. Hier besteht die Möglichkeit, den Höhenweg zu verlassen und über die Staffelsalm auf Nr. 6 in 1½ Std. direkt nach St. Pankraz abzusteigen. Der Höhenweg trägt ab nun die Nr. 1 und gelangt zu einem von der Hochwart herabziehenden Bergrücken (das sogen. „Mannereck") mit prächtigem Ausblick vor allem auf die Dolomiten. Weiter durch Wald, dann über mehrere Bäche und nach insgesamt 4 Std. zum „Mittleren Leger", einer von einem Steinwall umgebenen Weide mit einer halbverfallenen Almhütte (2020 m). Während eine abzweigende Nr. 3 steil zum Kirchbach hinabführt, steigt unser Höhenweg (weiterhin Nr. 1) leicht an und erreicht nach 20 Min. die schon von weitem sichtbar gewordene Steinhütte der Äußeren Falkomaialm (2163 m) und bald darauf den gleichnamigen See.
Der Steig fällt nun leicht ab und führt, den von Peilstein, Rontscher Berg und Moarkuck umschlossenen Falkomaikessel ausgehend, zur Inneren Falkomaialm (2051 m). Nun hinunter zum Kirchbach und diesem entlang auf Weg Nr. 3/A, später Nr. 3 talab bis zu der von St. Pankraz heraufführenden Straße. Man achte hier genau auf die Markierung, die etwa 20 Min. der Straße folgt,

diese dann aber kurz nach einer Brücke unter einem Bauernhof nach links verläßt (Pfeil) und auf dem alten, sehr schönen Talweg neben dem Bach zum Dorf St. Pankraz hinabführt. Von hier mit dem Linienbus zurück nach Lana.

Gehzeiten
Höhenweg (Larchbühel—Falkomaisee): 4—5 Std.
Abstieg (Falkomaisee—St. Pankraz): 2½ Std.

Wanderkarten
Kompaß, Bl. 53 (Meran); Freytag-Berndt, Bl. 52 oder 45 (1 : 100.000) sowie S 1 und S 2 (1 : 50.000).

6. Seegrubenalm—Hofmahdsattel (1800—2200 m)

9 km langer, wenig bekannter Almweg, der an der Waldgrenze hoch über dem Ultental die teilweise sehr steilen Nordhänge der Hochwart und des Kornigl im Ilmenkamm (Südbegrenzung von Ulten) durchquert. Der Weg verbindet die Seegrubenalm mit der Pfandl-, Spitzner- und Gamperalm und endet in der breiten Einsenkung des Hofmahdsattels zwischen Kornigl und Laugenspitze. Der Steig ist gut markiert und weist keinerlei nennenswerte Schwierigkeiten auf. Dennoch verlangt er, besonders seiner Länge wegen, Ausdauer und an manchen Stellen etwas Trittsicherheit. Talort für den Aufstieg zur Seegrubenalm unter der Hochwart ist der Zoggler-Stausee in Ulten, für den Abstieg der kurz hinter St. Pankraz befindliche äußere Stausee (beide Talorte mit Bushaltestelle). Von den drei Almen, an denen der Weg vorbeiführt, zweigen markierte, ins Tal führende Wege ab, die ein vorzeitiges Verlassen des Höhenweges gestatten. Die Castrinalm am Hofmahdsattel, dem Endpunkt der Höhenwanderung, bietet einfache Bewirtung.

Empfohlener Wegverlauf
Von St. Walburg in Ulten talein zum Damm des Zoggler-Stausees (1093 m; Bushaltestelle). Über den Damm hinüber auf die andere Talseite, kurz auf der Schotterstraße talein und auf dem bald abzweigenden guten Weg Nr. 20 durch schönen Wald teilweise steil hinauf zur schön gelegenen Seegrubenalm (1916 m) in aussichtsreicher Lage unter der Hochwart.
Von der Alm nun ostwärts auf Steig Nr. 23 eben durch zum Wald, durch diesen um einen steilen Kammrücken herum und leicht ansteigend durch ein von mehreren Wasserläufen durchzogenes, steiles Schuttkar unter dem schroffen NW-Grat der Hochwart zu einem kleinen Köpfl (2190 m). Nun dem Steig nach über den nur dünn bewaldeten Rücken ein Stück hinab und hinüber zu den in einer kleinen Waldlichtung gelegenen Hütten der Pfandlalm (1838 m; 1 Std.; hier Abzweigung der Nr. 21 nach St. Walburg hinab). Der Höhenweg geht ostwärts leicht ansteigend weiter und oberhalb der Waldgrenze ein weites Becken aus und sinkt allmählich zu der auf einem flachen Rücken gelegenen Spitzneralm ab (1847 m; 1 Std. ab Pfandlalm; von hier Forststraße hinab zum Zoggler-Stausee); in der Nähe der Alm der kleine hübsche Spitznersee (1833 m). Unser Weg geht oberhalb des Sees abermals eine breite Talmulde aus und führt durch Wald um den breiten, vom Kleinen Kornigl hinabsinkenden Rücken zur Gamperalm (1876 m; 1 Std. ab Spitzneralm), wo der vom äußeren Ultner Stausee heraufführende Weg Nr. 24 erreicht wird. Auf diesem Weg nun südwärts am steilen, baumarmen Hang eben durch zu einem Bachgraben und hinüber zum breiten, aussichtsreichen Hofmahdsattel mit der Castrinalm (1813 m; einfache Gastwirtschaft).
Von hier auf gutem, mit Nr. 8 markiertem Weg durch die Waldhänge an der orographisch rechten Seite des einsamen, wilden Marauntales in langer, aber schöner Wanderung nur leicht absteigend, an der aufgelassenen Alm Unter-Alach (1506 m) und am Laugenhof (1327 m) vorbei, hinab nach Mitterbad (961 m). Nach links über den Bach und auf der Straße (2,5 km) hinaus zur Ultner Talstraße, die man nahe von St. Pankraz (bei der Tankstelle Trafojer, 738 m; Bushaltestelle) erreicht.

Gehzeiten
Aufstieg (Zoggler-Stausee—Seegrubenalm): 3 Std.
Höhenweg (Seegrubenalm—Hofmahdsattel): 4 Std.
Abstieg (Hofmahdsattel—Ultental): 2 Std.

Wanderkarten
Kompaß, Bl. 53 (Meran); Freytag-Berndt, Bl. 45 (1 : 100.000) sowie S 1 und S 2 (1 : 50.000).

7. Proveiser Höhenweg (1700—2100 m)

Dieser prächtige Höhenweg durchquert hoch über Proveis, der westlichsten und abgelegensten der vier deutschen Gemeinden des noch zu Südtirol gehörenden Nonsberges, die äußerst steilen, felsigen Südhange des kleinen zwischen Samerjoch im Westen und Hofmahdsattel im Osten aufragenden, in der 2626 m hohen Hochwart gipfelnden Bergstockes. Der gut mit HW markierte Steig beginnt bei der Samerbergalm unter dem gleichnamigen Joch und endet bei der Cloz-Alm südwestlich des Hofmahdsattels. Sowohl der Aufstieg wie der Abstieg sind relativ kurz und weisen keinerlei Schwierigkeiten auf. Da der Höhenweg selbst jedoch größtenteils durch sehr steile, teilweise felsige Hänge führt, erfordert er Trittsicherheit und an mehreren Stellen Schwindelfreiheit. Der Weg ist reich an herrlichen Landschaftsbildern, die die lange Zufahrt zum entlegenen Dorf Proveis reichlich lohnen.

Empfohlener Wegverlauf

Von Proveis (1420 m; hierher Straße aus dem Etschtaler Raum über die Mendel oder über den Gampenpaß) auf markiertem Weg durch das enge, steile Gampertal nordwestlich dem Bach entlang hinauf zur Stierbergalm (1811 m) und über Almböden weiter zu den Heuhütten der Samerbergalm (2100 m).

Von hier zieht der Höhensteig ostwärts eben durch die sehr steilen, von dem als Gipfel nur wenig ausgeprägten Samerberg und der schroffen, felsigen Mandlspitze (2396 m) südlich abfallenden Schrofenhänge. Der Steig führt nun um den Mandlspitze-Südostgrat in Höhe 2047 m herum, durchzieht anschließend sehr ausgesetzt äußerst steile, von tief eingeschnittenen Rinnen durchzogene Felswände und geht dann auf zwar immer noch steiles, aber weniger ausgesetztes Gelände, das hier eine weite Mulde unter der Hochwart bildet, über. Nach Ausgehen der Mulde führt der Steig an der Heuhütte der Kesselalm (1917 m) vorbeit, sinkt dann (ab hier guter Weg) in Kehren durch schütteren Wald zur Revo-Alm (1734 m) ab und erreicht bald danach die Cloz-Alm (auch Clozner Alm; 1732 m).

Von der Alm auf einem Steig durch einen lichten Baumbestand nur mäßig steil südlich hinab zum guten Weg Nr. 2, auf diesem über Wiesen zu den Höfen Matzlaun und Neuhaus, und zurück nach Proveis.

Gehzeiten

Aufstieg (Proveis - Samerbergalm): 2 Std.
Höhenweg (Samerbergalm—Cloz-Alm): 2½ Std.
Abstieg (Cloz-Alm—Proveis): ¾ Std.

Wanderkarten

Kompaß, Bl. 53 (Meran); Freytag-Berndt, Bl. 45 (1 : 100.000) und S 1 (1 : 50.000).

8. Eppaner Höhenweg (900—1150 m)

Wie beim Leiferer Höhenweg, handelt es sich auch hier nicht um eine alpine Weganlage wie die meisten übrigen Höhenwege dieses Buches, sondern um einen für die Bozner Gegend so typischen Steig durch weite, urwaldähnliche, hauptsächlich im Frühjahr und Herbst besonders schöne Mischwälder.

Der 7 km lange Eppaner Höhenweg beginnt bei der 6. (Links-) Kehre der Mendelstraße und zieht unter den gewaltigen, senkrechten Felswänden des Mendelkammes größtenteils eben, mehrere feucht-düstere Gräben ausgehend, bis zum Untersteinerhof oberhalb Perdonig. Ungefähr auf Halbweg liegt nahe unter dem Weg in prächtiger, aussichtsreicher Lage (herrlicher Blick auf die Dolomiten) das Gasthaus Buchwald, das hier die Funktion eines „alpinen" Zwischenstützpunktes hat. Der stellenweise zwar etwas verwachsene, durchwegs aber gut markierte und deutlich erkennbare Steig weist weder Orientierungs- noch andere Schwierigkeiten auf.

Empfohlener Wegverlauf

Von Eppan (411 m; Bushaltestelle am Hauptplatz) westwärts auf einer Seitenstraße (gut beschildert) zum Gasthaus Steinegger und südwärts auf Nr. 7 (breiter Weg) leicht ansteigend zum Gasthaus Matschatsch (881 m) nahe der Kehre 6 der Mendelstraße.

Vom Gasthaus in wenigen Minuten zur Straßenkehre, wo unser Höhenweg seinen Ausgang hat. Auf dem schmalen Steig Nr. 9 (nicht auf dem etwas höher liegenden Fahrweg) nun nordwärts zu einem Graben, durch den von Eppan der Weg Nr. 540 zur Furglauer Schlucht hinaufführt, und durch schönen Laubwald eben weiter, bis in der Nähe der Buchhöfe mit dem erwähnten Gasthaus (890 m) die vom Kreuzstein heraufkommende Straße betreten wird. Man folgt kurz dieser Straße aufwärts, worauf der Höhensteig (weiterhin Nr. 9) in der bisherigen Richtung weiterführt. Nach ein paar seichten Gräben wird die zur Großen Scharte emporführende Nr. 536 gekreuzt, und bald darauf, nach Überqueren eines letzten Grabens, fällt der Steig stark ab und endet beim Untersteinerhof (932 m).

Nun auf der Straße hinab nach Perdonig und, nicht der Hauptstraße nach, sondern auf einem südöstlich abzweigenden Weg (weiterhin Nr. 9) zum Schloß Hocheppan (628 m). Von diesem auf relativ wenig befahrener Straße am Schloß Boymont und Schloß Korb vorbei (auch hier mit Nr. 9 markiert) nach St. Pauls und zurück nach Eppan.

Gehzeiten

Aufstieg. (Eppan—Gasthaus Matschatsch): 1 Std.
Höhenweg (Gasth. Matschatsch—Untersteinerhof): 3½ Std.
Rückweg (Untersteinerhof—Eppan): 2 Std.

Wanderkarten

Kompaß, Bl. 54 (Bozen); Freytag-Berndt, Bl. 45 (1 : 100.000) und S 1 (1 : 50.000).

C) ÖTZTALER ALPEN

9. Langtauferer Höhenweg (2450—2750 m; Bild S. 18 und Umschlag)

Ein prächtiger Höhenweg, der über eine Geländestufe mit vielen Bergseen und weiten Almböden führend, den gesamten das Langtauferer Tal nordseitig begrenzenden Kamm durchquert. Er zieht, großartige Ausblicke auf die Gletscherwelt der Weißkugelgruppe gewährend, vom Grauner Berg, der auf steilem Weg erstiegen wird, in schöner, abwechslungsreicher Wanderung über die erwähnte Trogschulter ostwärts und endet unterhalb des Weißseejoches in der hintersten Karmulde des Melagtales. Von hier führt ein guter Weg nach Melag im hintersten Langtauferer Tal hinab. Der mit 14 km einer der längsten Höhenwege Südtirols ist laut Wanderkarten mit Nr. 4 markiert, in Wirklichkeit aber ist die Markierung sehr dürftig, was jedoch nicht sehr nachteilig empfunden wird, zumal der Steig durchwegs gut und unschwierig begehbar ist und keinerlei Orientierungsschwierigkeiten bestehen. Mehrmals kreuzt der Höhenweg mit Steigen, die von der österreichischen Seite her den Kamm überschreiten und ins Langtauferer Tal hinabführen, so daß die Tour auch beliebig abgekürzt werden kann. Bei der Zusammenstellung von Ausrüstung und Proviant trage man der Tatsache Rechnung, daß der gesamte Wegverlauf ohne jeglichen Stützpunkt ist.

Empfohlener Wegverlauf

Von Graun am Reschensee (1520 m; Bushaltestelle) auf dem mit Nr. 4 markierten Militärweg in Serpentinen hinauf zu den Roßböden am Grauner Berg (2526 m) und weiter zum kleinen Pedroßsee (2602 m).

Der Höhenweg geht nun über flache Böden leicht auf und ab, überschreitet dann ein Jöchl in dem vom Mataunkopf herabziehenden Grat und überquert wieder flache Böden mit mehreren kleinen Seeaugen. Bald darauf erreicht man die schönen Gschwellseen (auch Schwemmseen), wandert um den Südgrat der Nauderer Hennesieglspitze herum (in der Nähe der ansehnliche Kapplsee), worauf man auf einem ins Tal führenden Weg rund 10 Min. absteigt. Nach Verlassen dieses Weges umrundet der Höhenweg zunächst wieder kurz ansteigend den Felsbau des Roten Schragens und endet dann, im letzten Stück einen steilen Abbruch und mehrere Bäche übersetzend, im obersten Melagtal auf 2540 m Höhe, wo er in den von Melag zum Weißseejoch führenden Weg Nr. 1 mündet.

Auf diesem Weg Nr. 1 nun dem Melagbach entlang hinab nach Melag (1915 m) und mit dem Linienbus durch das Langtauferer Tal zurück nach Graun.

Gehzeiten

Aufstieg (Graun—Pedroßsee): 3 Std.
Höhenweg (Pedroßsee—Melagtal): 5—6 Std.
Abstieg nach Melag: 1½ Std.
Für die Begehung des Weges in umgekehrter Richtung ist mit derselben Gesamtzeit zu rechnen.

Wanderkarten

Kompaß, Bl. 42 (Nauders—Reschenpaß); Freytag-Berndt, Bl. 52 (Vinschgau; 1 : 100.000).

10. Oberer Weg zur Weißkugelhütte (2200—2500 m)

Dieser mit 5 km relativ kurze, landschaftlich aber überaus lohnende Höhenweg ist ein selten begangener Zugang zur Weißkugelhütte im hintersten Langtauferer Tal, der, im Unterschied zum üblichen in der Talsohle verlaufenden Hüttenanstieg, hoch oben am sonnseitigen Hang über steile Grashänge entlangzieht. Der Wegverlauf ist gut markiert, doch ist der Steig streckenweise nur schwach ausgeprägt. Diese unschwierige Wanderung ist zwar nicht von jener Großartigkeit des Langtauferer Höhenweges, dank der unmittelbaren Nähe der von Weißkugel, Bärenbartkögel und Freibrunnerspitze herabziehenden Gletscher aber nicht weniger reich an beeindruckenden Hochgebirgsbildern. Ausgangs- und Endpunkt für die Rundtour, bei der der normale Hüttenweg als Abstieg genommen wird, ist Melag, die letzte Siedlung im Langtauferer Tal. Ziel und Endpunkt des Höhensteiges ist die bewirtschaftete Weißkugelhütte, ein echt alpiner Stützpunkt in nächster Nähe des gewaltigen Langtauferer Ferners. Der Höhenweg ist unschwierig und nicht ausgesetzt, lediglich auf die Markierung ist genau zu achten, um nicht den Wegverlauf zu verlieren.

Empfohlener Wegverlauf

Vom Weiler Melag im hintersten Langtauferer Tal (1915 m; hierher Linienbus von Graun am Reschensee) nordseitig auf dem guten, zum Weißseejoch führenden Weg Nr. 1 hinauf zu einem flachen, steinigen Wiesenboden (2140 m) mit einem Wegkreuz. Kurz nach dem Kreuz zweigt rechts die Nr. 3 ab, führt hinab zum Melagbach und überquert diesen auf einem Steg (2146 m). Auf der anderen Seite führt die auffallende Markierung zunächst weglos vom oberen Rand eines dünnen Lärchenbestandes hinauf zum sogenannten Rastlegg, erreicht bald einen Hirtensteig und folgt diesem zur Hirtenhütte (2340 m) im Inneren Schafberg, einer flachen, mageren Weidemulde am Eingang in das weite, schutterfüllte Falgintal. Von der Schafalm unter den steinigen Steilhän-

gen des Schmied (3210 m; Erhebung im felsigen SW-Grat der Weißseespitze) fast eben durch und Anschluß an den vom Tal heraufführenden breiten Hüttenweg, auf dem man leicht ansteigend bald die in prächtiger Lage stehende Weißkugelhütte erreicht (2544 m; 45 Schlafplätze, Sommerbewirtschaftung).
Der Rückweg von der Schutzhütte führt mit Nr. 2 auf dem guten Saumweg in weiten Serpentinen durch steile Hänge hinab zum Karlinbach und diesem entlang durch den flachen Talboden in schöner Wanderung talaus nach Melag.

Gehzeiten
Aufstieg (Melag—Brücke Melagbach): ½ Std.
Höhenweg (Melagbach—Weißkugelhütte): 2 Std.
Abstieg (Weißkugelhütte—Melag): 1½ Std.

Wanderkarten
Kompaß, Bl. 42 (Nauders—Reschenpaß); Freytag-Berndt, Bl. 52 (1 : 100.000) und S 2 (1 : 50.000).

11. Franz-Huber-Weg (1850—2350 m; Bild S. 27)

Bei diesem 1949 von der AVS-Sektion Meran angelegten und nach deren langjährigem Vorstand und Mitbegründer des Südtiroler Alpenvereins benannten Höhenweg handelt es sich um einen schmalen, an verschiedenen Stellen sehr ausgesetzten, aber gut instandgehaltenen Steig. Dort wo er über steile Felsen oder schmale Bänder in senkrechten Flanken führt, ist er gut mit Eisenklammern oder Stahlseilen versichert. Der Weg führt ohne größere Höhenunterschiede vom Hochganghaus quer durch die steilen Fels- und Schuttflanken, die von Tschigat und Partschinser Rötelspitze ins Zieltal abbrechen, bis zur Lodnerhütte. Die 8 km lange, gut markierte Weganlage kann mit Fug und Recht als einer der schönsten Höhenwege Südtirols bezeichnet werden, sowohl was die Kühnheit ihrer Anlage, die großartigen Ausblicke als auch die an vielen Stellen üppige, einmalige Flora (weiße Alpenrose, Schwefelanemone, Arnika, Felsprimel, weißes Vergißmeinnicht, Fettkraut usw.) betrifft. Der Steig weist keinerlei Orientierungsschwierigkeiten auf, doch erfordert seine Begehung, wegen der erwähnten Ausgesetztheit und Länge, absolute Schwindelfreiheit, Trittsicherheit und Ausdauer. Weniger Geübte oder Kinder sollten unbedingt ans Seil genommen werden!

Empfohlener Wegverlauf
Von Partschins (626 m) auf gutem Weg Nr. 7/A nordseitig bergan zum Hof Niederhaus (942 m), weiter zum Oberhaus (1162 m; ehem. Heilbad) und ständig durch steilen Wald hinauf zum Hochganghaus (1839 m; 50 Schlafplätze; Sommerbewirtschaftung; Pächter: AVS-Sektion Meran); hierher auch von Plars über die Leiteralm (siehe Variante).
Am Hochganghaus beginnt der mit Nr. 7/B gut markierte Höhenweg. Er steigt zunächst durch Fichtenwald zur kleinen Hochbodenalm an, einem ebenen Wiesenboden mit vielen großen Felsblöcken und einer kleinen Hütte (2063 m), worauf er scharf nach links abbiegend zuerst über alpenrosenbewachsene Hänge zu dem vom Tschigat herabziehenden S-Grat und dann über die breite, geröllerfüllte Südflanke bis hin zu den teilweise senkrechten Felswänden unter der Tablander Spitze führt. Ein mit einem Stahlseilgeländer versichertes, schmales Band vermittelt den Durchstieg durch eine senkrechte, äußerst ausgesetzte Wandstelle, worauf nach einer weniger steilen Querung eine kurze, versicherte Schlucht erklommen wird. Es folgt bald eine glatte, abschüssige, etwa 10 m hohe Platte, über die eine Stiege aus Eisenklammern gut hinableitet, womit man die heiklen Stellen dieses Weges überwunden hat. Eine Querung durch einen weiten Schuttkessel bringt zu einem blühenden Wiesenrücken (erstmals Blick auf die im obersten Zieltal stehende Lodnerhütte) und bald darauf zum Schutzhaus, dem Endpunkt des Höhenweges.
Von der Lodnerhütte (2259 m; 50 Schlafplätze; Sommerwirtschaft) nun auf dem guten Saumweg Nr. 8 durch das wildschöne, steile Zieltal, am Wirtshaus Nassereith und am prächtigen Partschinser Wasserfall vorbei, hinab nach Partschins.

Gehzeiten
Aufstieg (Partschins—Hochganghaus): 3½ Std.
Höhenweg (Hochganghaus—Lodnerhütte): 4 Std.
Abstieg (Lodnerhütte—Partschins): 3 Std.

Variante
Von Plars bei Algund mit dem Sessellift nach Vellau und mit dem anschließenden Gondellift zur Leiteralm (1522 m; Gastwirtschaft). Nun auf gutem Saumweg Nr. 24 teilweise leicht ansteigend, teilweise eben in 1½ Std. durch schönen Wald zum Hochganghaus. Wer diese bedeutend kürzere und weniger anstrengende Aufstiegsvariante wählt, kann von Partschins entweder in 1 Std. zu Fuß, oder mit dem Omnibus nach Plars zurückkehren.

Wanderkarten
Kompaß, Bl. 53 (Meran); Freytag-Berndt, Bl. 45 (1 : 100.000) und S 1 (1 : 50.000).

12. Hans-Frieden-Weg (1400—1550 m; Bild S. 29)

Trotz seiner geringen Länge von nur 2 km und der geringen Meereshöhe, kann diese kühn in die Felsen gesprengte Weganlage als echt alpiner Höhenweg angesprochen werden. Er führt nämlich durch jene äußerst steilen, nur spärlich bewaldeten Felshänge, die hoch über Meran zwischen den neuerlich durch eine Seilbahn erschlossenen Muthöfen und der mit einem Gondellift erreichbaren Leiteralm zur Mutspitze emporziehen. Im Gegensatz zum Vellauer Felsenweg, der von Vellau zum Gasthaus Hochmuter ziemlich stark ansteigt, ist der Hans-Frieden-Weg, auf dem man *über dem Burggrafenamt und dem Kurort Meran zu schweben meint* (Ellmenreich), nahezu völlig eben. Der vom Meraner Kurgast Hans Frieden in den zwanziger Jahren gestiftete, ursprünglich sehr ausgesetzte und nicht ganz ungefährliche Steig wurde im Jahre 1969 neu ausgebaut und weist heute keinerlei Schwierigkeiten mehr auf. Eine etwas ausgesetzte Stelle ist gut mit einem etwa 15 m langen Seilgeländer versichert worden, Sitzbänke und ein schöner Holzbrunnen laden zur Rast ein, um die großartigen Tiefblicke auf Meran und die über das weite Etschtal hinweg bis zum Rosengarten reichende Fernsicht zu genießen. Dank seiner überaus sonnigen Lage kann der Weg bereits schon im Spätwinter, wenn auf den anderen Bergen noch Schnee liegt, gut begangen werden; lediglich im bewaldeten Teil nahe der Leiteralm kann dann der Weg noch vereist sein, was gutes Schuhwerk und Achtsamkeit erfordert. Der im folgenden als Abstieg vorgeschlagene Vellauer Felsenweg ist zwar gut angelegt, jedoch nicht ganz ohne Gefahren, wie die tödlichen Abstürze vom Oktober 1975 und Februar 1977 klar vor Augen führen.

Empfohlener Wegverlauf

Fahrt von Meran über Plars entweder mit Pkw (gut asphaltierte Straße) oder mit dem Sessellift nach Vellau und dann mit dem anschließenden Gondellift weiter zur schön gelegenen Leiteralm (1522 m; ganzjährig bew. Gastbetrieb). Wer auf die Anfahrt verzichten will und lieber zu Fuß ansteigt (was wegen der Kürze des Höhenweges sehr zu empfehlen ist), schlage in Oberplars (555 m) den Weg Nr. 26 ein und steige zu Fuß durch schönen Mischwald zur Vellauer Sessellift-Station, weiter auf Nr. 26/25A, am Kienegger (1101 m) vorbei, hinauf zum Oberplatzer (1302 m; beide Höfe mit Gastwirtschaft) und rechtshaltend auf Nr. 25/A zur Leiteralm.

Von der Leiteralm nun auf dem Höhenweg (Mark. Nr. 24) durch Wald ostwärts leicht abfallend zu einem wilden Graben, der überschritten wird, und dann in sonniger, aussichtsreicher Wanderung fast eben durch die einleitend erwähnten Steilhänge. Schon im Februar kann man hier die ersten Frühlingsblumen finden. Der Weg erreicht an seinem östlichen Ende zunächst das Gasthaus Steinegg und kurz darauf, in steilem Abstieg, das auf einer freien Kanzel stehende Gasthaus Hochmuter (1351 m; ganzjährig bew.; Bergstation der nach Dorf Tirol hinabführenden Seilbahn).

Von hier auf dem teilweise ausgesetzten Vellauer Felsenweg (Mark. Nr. 22) westwärts mäßig steil hinab und zurück nach Vellau. Auf dem Aufstiegsweg hinab nach Plars.

Gehzeiten

Aufstieg (Plars—Leiteralm): 3 Std. (oder mit Lift)
Höhenweg (Leiteralm—Hochmuter): 1½ Std.
Abstieg (Hochmuter—Plars): 1½ Std. (ab Vellau auch mit Sessellift)

Kombination

Der Hans-Frieden-Weg ist gewissermaßen die Fortsetzung des Franz-Huber-Weges (siehe dort) und läßt sich folglich sehr gut mit diesem verbinden, wobei es sich empfiehlt, auf einer der Schutzhütten (Lodnerhütte oder Hochganghaus) zu nächtigen und die großartige Tour in zwei Tagen durchzuführen.

Wanderkarten

Kompaß, Bl. 53 (Meran); Freytag-Berndt, Bl. 45 (1 : 100.000) und S 1 (1 : 50.000).

13. Pfelderer Höhenweg (2300—2700 m; Bild S. 31)

Der hier beschriebene 7 km lange Höhenweg war seit dem Ausfall der in den sechziger Jahren durch eine Explosion zerstörten Zwickauer Hütte am Planferner dem Verfall preisgegeben und wurde demnach auch nur mehr wenig begangen. Nun wurde aber diese großartige Weganlage im Jahre 1976 von der Sektion Passeier des AVS wieder instandgesetzt und neu markiert. Überdies ist von seiten der CAI-Sektion Meran die Wiedererrichtung der Zwickauer Hütte geplant, so daß der hochalpine, auch als *Touristensteig* bekannte Höhenweg in Zukunft wieder regeren Besuch erhalten wird. Der Weg durchzieht, von der seit mehreren Jahren wieder bewirtschafteten Stettiner Hütte am Eisjöchl, dem Übergang vom Pfelderer ins Pfossental, ausgehend, in großzügiger Querung die wilden, von breiten Lagen weißen Marmors durchzogenen Felsfluchten, die vom Kamm zwischen Hochwilde und Seelenkogel ins hinterste Pfelderer Tal abbrechen. Der über schmale, grasbewachsene Geländestufen führende Steig weist zwar keine größeren Schwierigkeiten auf, doch erfordert er eine gewisse alpine Erfahrung und Gehtüchtigkeit. Der lange Anstieg zur Stettiner Hütte, die Begehung des Höhenweges selbst, bei der mehrmals Bäche und tief eingeschnittene Gräben überquert werden und im letzten Teil ein kraftraubender Gegenanstieg zu bewältigen ist, und der steile Abstieg zurück nach Pfelders, eine zehnstündige Rundtour also, ist eine Unternehmung, die nur von geübten Bergwanderern angegangen werden sollte.

Empfohlener Wegverlauf

Von Pfelders (1622 m; hierher Schotterstraße von Moos in Passeier) auf breitem, für Privatverkehr gesperrtem (Naturpark Texelgruppe) Fahrweg talein zur Lazinser Kaser (1858 m; einfache Gastwirtschaft; 1 Std.) und in Serpentinen auf gutem Saumweg Nr. 8 (man folge nicht einer neuen abzweigenden Markierung, die zwar etwas abkürzt, aber sehr mühsam ist) in angenehm gleichmäßiger Steigung hinauf zur Stettiner Hütte (2875 m; 30 Schlafplätze; Sommerbewirtschaftung. Derzeit einziger Stützpunkt auf dieser Tour).

Der Höhenweg zweigt allerdings schon etwas unterhalb der Hütte (kurz nach der links liegenden halbverfallenen Finanzerhütte) auf 2620 m rechts ab, weshalb man nicht unbedingt zur Schutzhütte ansteigen muß. Der Weg führt von der Abzweigung längere Zeit immer ganz leicht absinkend unter steilen Felswänden durch, überschreitet nach mehreren kleineren nun einen größeren, durch eine Felsschlucht hinabrauschenden Bach (2331 m), geht anschließend noch kurz eben weiter und erklimmt dann in vielen Serpentinen den steilen, grasbewachsenen Südhang des Zepbichler Horns (200 Höhenmeter). Nach einer kurzen Querung eines sehr steilen Schrofenhanges erreicht der Steig schließlich auf 2712 m Höhe den von Pfelders zur zerstörten Zwickauer Hütte führenden Weg. Die Schutzhütte stand etwa 270 m höher am Planferner und diente vor allem als Stützpunkt für die Besteigung des Seelenkogels.

Auf dem Hüttenweg geht es nun über teils sehr steile Hänge in vielen Serpentinen hinab nach Pfelders, womit der Ausgangspunkt erreicht und die Rundtour geschlossen ist.

Der Weg kann — besonders nach Wiedererrichtung der Zwickauer Hütte — auch gut in umgekehrter Richtung gemacht werden, wobei dieselbe Gesamtzeit gilt.

Gehzeiten

Aufstieg (Pfelders—Stettiner Hütte): 4 Std.
Höhenweg (Stettiner Hütte—ehem. Zwickauer Hütte): 4 Std.
Abstieg (ehem. Zwickauer Hütte—Pfelders): 2 Std.

Wanderkarten

Kompaß, Bl. 53 (Meran); Freytag-Berndt, Bl. 45 (Bozen-Meran und Umgebung; 1 : 100.000).

14. Zwickauer Hütte—Rauhes Joch (2400—2900 m)

Schon 1950 nannte Eduard Sternbach diese hochalpine Weganlage einen vergessenen Höhenweg. Seither hat sich daran nichts geändert, im Gegenteil, seit der Zerstörung der Zwickauer Hütte am Planferner nördlich oberhalb Pfelders im Jahre 1967 wurde der Weg noch einsamer, obwohl es sich um eine der landschaftlich großartigsten Weganlagen Südtirols handelt. Der Höhenweg verband ursprünglich die Zwickauer Hütte im Pfelderer Tal mit der Essener Hütte im Seewertal. Da die Essener Hütte jedoch bald nach dem Ersten Weltkrieg ein Raub der Flammen und dann nicht mehr wiederaufgebaut wurde, fehlte dem Höhenweg der notwendige Stützpunkt, was hauptsächlich zu seinem Verfall beigetragen hat. Da jedoch der Bereich dieses Weges durch den Bau der Timmelsjochstraße näher an das Verkehrsnetz gerückt ist und der Wiederaufbau der Zwickauer Hütte vorgesehen ist, wäre es eine überaus dankenswerte Aufgabe für den Alpenverein, den Höhenweg zwischen der Zwickauer Hütte und dem Rauhen Joch wieder instand zu setzen, auf der Seewertalseite neu zu trassieren und die Markierung zu erneuern.

Die rund 12 km lange Weganlage wurde 1905 in Zusammenarbeit der DuÖAV-Sektionen Essen und Zwickau erbaut und führte durch die steilen, felsdurchsetzten Grasflanken in prächtiger Querung hoch über dem Pfelderer Tal zum Rauhen Joch, stieg jenseits kurz ab und lief durch die Kare unter dem dreiteiligen Seewerferner nahezu eben durch zur Essener Hütte. Bis zum Rauhen Joch ist der Weg größtenteils noch einigermaßen gut erhalten, nur kurz vor dem Joch ist er so vermurt, daß eine heikle Umgehung der Stelle notwendig ist. Auf der Seewertaler Seite fehlt der Weg zunächst vollends, später ist er teilweise noch zu erkennen. Da die Essener Hütte schon früh ausfiel, wurde zwar vom Rauhen Joch ein direkter, wegloser Abstiegsverlauf ins innerste Seewertal markiert, die Bezeichnungen sind heute aber verblaßt. Somit kann die Begehung dieses langen Überganges nur selbständigen, erfahrenen Bergsteigern geraten werden. Aus diesem Grunde wird, solange keine Besserung der Verhältnisse eintritt, von einer genauen Wegbeschreibung in diesem Buche abgesehen.

D) STUBAIER ALPEN

15. Magdeburger Hütte—Tribulaunhütte (2400—2900 m; Bild S. 33)

Der auch als *kleiner Pflerscher Höhenweg* bekannte Weg ist die westliche Fortsetzung des berühmten (großen) Pflerscher Höhenweges; er verbindet die Magdeburger Hütte mit der Tribulaunhütte. Dieser hochalpine, große Höhenunterschiede überwindende Weg ist vor allem geologisch interessant, führt er doch von der vergletscherten „Urgesteinszone" im hintersten Pflerschtal mitten in die eisfreien, mit senkrechten Wänden und bizarren Felstürmen aufragenden Dolomitberge der Tribulaungruppe. Neben der weitreichenden Aussicht sind die beiden hübschen Bergseen bei den Schutzhütten (Stuben- und Sandessee; vgl. hiezu Menara-Rampold: „Südtiroler Bergseen") ein besonderer Reiz dieses Weges. Allerdings handelt es sich hier nicht um einen Höhenweg im üblichen Sinne, sondern um eine kraftraubende, nur erfahrenen Alpinisten zu empfehlende Überschreitung. Die Schlüsselstelle des Weges, ein etwa 200 Meter langes waagrechtes Band unter der Weißwandspitze, kann — besonders bei Schneelage oder Vereisung — ein ernstes Problem darstellen und den Einsatz von Seil, Pickel und Steigeisen erfordern; Schwindelfreiheit ist hier unbedingte Voraussetzung. Für den richtig ausgerüsteten, gehtüchtigen Bergsteiger aber, der den genannten Schwierigkeiten gewachsen ist, stellt dieser Weg ein einzigartiges, in seiner landschaftlichen Schönheit fast den Pflerscher Höhenweg übertreffendes Erlebnis dar.

Empfohlener Wegverlauf

Von Innerpflersch (1245 m) auf Nr. 6 talein (ein Stück Fahrweg), am Weiler Stein vorbei und auf gutem Saumweg hinauf zur Magdeburger Hütte (auch Schneespitzhütte; 2423 m; 80 Schlafplätze; Sommerbewirtschaftung), die in prächtiger Lage unter der vergletscherten Schneespitze am kleinen Stubensee steht.

Von der Hütte geht es auf Steig Nr. 7 ostwärts zunächst kurz hinab, dann unter den von der Schafkampspitze herabziehenden Felsen über Geröll und Schrofen empor in den sogenannten Schneesumpf, einer weiten Karmulde, und hinauf zum Ansatz der auffallenden, aus Triasdolomit aufgebauten Weißwandspitze. Von hier kann in ½ Std. auf einem Steig unschwierig der Gipfel (3016 m) erstiegen werden. An der waagrechten, scharf abgesetzten Kontaktlinie zwischen Schiefer und Dolomit (2870 m) führt der Steig (weiterhin Mark. 7) über ein breites, teilweise abschüssiges Band (hier die einleitend erwähnten Schwierigkeiten) durch die senkrechte SO-Wand der Weißwandspitze bis zu ihrem Ostgrat, überschreitet hierauf den breiten Aufbau des Hohen Zahn (2925 m) und steigt dann zunächst über dessen O-Grat, später durch einen breiten Geröllkessel zur italienischen Tribulaunhütte (2368 m; 40 Schlafplätze, Sommerbewirtschaftung) am Sandessee ab.

Für den Abstieg nach Innerpflersch gibt es nun zwei Möglichkeiten: entweder auf dem breiten Saumweg Nr. 8, der in gleichmäßigem, angenehmem Gefälle hinabführt, oder auf dem schmalen, bedeutend steileren, aber etwas kürzeren Steig Nr. 7.

Gehzeiten

Aufstieg (Innerpflersch—Magdeburger Hütte): 3 Std.
Höhenweg (Magdeburger Hütte—Tribulaunhütte): 3—4 Std.
Abstieg (Tribulaunhütte—Innerpflersch): 2 bzw. 1½ Std.

Kombinationsmöglichkeit

Dieser Höhenweg läßt sich gut zu einer Zweitagestour (mit Nächtigung in der Tribulaunhütte) ausdehnen, indem man ihn mit der Begehung des Pflerscher Höhenweges (siehe dort, in umgekehrter Richtung; gleiche Gehzeit) verbindet. Für den Abstieg vom Portjoch sind knapp 2 Std. zu rechnen.

Wanderkarten

Kompaß, Bl. 44 (Sterzing); Freytag-Berndt, Bl. 24 (Stubaier Alpen; 1 : 100.000).

16. Pflerscher Höhenweg (2100—2400 m; Bild S. 35)

Großartige, äußerst kühn angelegte Weganlage, die auf einer durchschnittlichen Höhe von 2200 m die gesamte, mit sehr steilen Felswänden ins Pflerschtal abfallende, aus Triasdolomit aufgebaute Tribulaungruppe durchquert. Der in den zwanziger Jahren erbaute Höhenweg, der während des Zweiten Weltkrieges und der politischen Unruhen in den sechziger Jahren aufgrund der militärischen Besetzung der Grenzgebiete zeitweilig unbegangen und dem Verfall preisgegeben war, wurde in letzter Zeit vom Alpenverein wieder neu instandgesetzt, an gefährlichen Stellen versichert sowie neu markiert; er trägt die Nr. 32/A und hat seinen Ausgangspunkt am Portjoch, dem Übergang vom Pflerschtal zu dem auf österreichischer Seite liegenden Obernberger See. Der Steig durchquert steile Wandfluchten, läuft um Felsrippen und Grate herum, durchzieht tief eingeschnittene, oft schneegefüllte Gräben und führt zuletzt unter den senkrechten Felsmauern des Pflerscher Tribulaun entlang, bis er am schönen Sandessee endet, neben dem die Tribulaunhütte steht. Neben

den gewaltigen Hochgebirgsbildern und der großartigen Fernsicht ist vor allem die Flora zu rühmen, die hier an der Kontaktzone zwischen Kalk und Schiefer, fern allen touristischen Massenzustroms, einen seltenen Artenreichtum entwickelt hat.
Trotz der guten Versicherungen ist der 8 km lange Felsenweg eine echt alpine Sache, die Trittsicherheit und Schwindelfreiheit erfordert, daneben auch — wegen des langen An- und Abstieges — gute Kondition. Während es am Portjoch und entlang des Weges keinen alpinen Stützpunkt gibt (bei unverläßlicher Witterung guten Wetterschutz mitnehmen!), ist die Tribulaunhütte gut bewirtschaftet. — Anseilen entlang des Weges ist für einigermaßen Geübte nicht erforderlich, ein Eispickel kann beim Queren von (meist hartgefrorenen) Schneerinnen gute Dienste leisten.

Empfohlener Wegverlauf

Von der Eisenbahnhaltestelle Ast in Außerpflersch (1177 m) auf dem breiten, in vielen Serpentinen emporführenden Militärweg (Mark. 32/A) zu dem zwischen der Tribulaungruppe und dem flachen Kamm der Brenner-Senke eingeschnittenen Portjoch (2110 m; italienisch-österreichische Staatsgrenze).
Auf gutem Steig nun nahezu eben an der Südseite des Kammes hinüber zum Gamsleitenkopf, weiter (immer mit Nr. 32/A) zum Eisenplattenkopf und durch das Hochkar der Wildgrube (2225 m); hier steht eine Hirtenhütte, und es besteht die Möglichkeit, auf einem Hirtensteig nach Innerpflersch abzusteigen. Vom karg begrasten Kar weiter über die sogenannte Salzgufel hinaus zum Brandeck (2304 m), einem vorspringenden Punkt unter der Rotspitze. Hier beeindruckender Blick auf die kühne Felsgestalt des Pflerscher Tribulaun (3096 m). Der Höhenweg quert nach dem Brandeck zunächst steile Felsflanken und führt dann in kurzem Abstieg in den breiten, wilden Ghog-Graben, ein steiles Kar, in dem oft Schnee liegt (2153 m; Kreuzung mit dem von Innerpflersch zur Schneetalscharte hinaufführenden Weg Nr. 32). Jenseits des Grabens durch das sogen. Broateis unter Felswänden bis auf 2087 m nur mäßig steil hinab und beim Messner-Graben unter der zerschrundenen SO-Flanke des Tribulaun Anschluß an den von Pflersch zur Tribulaunhütte führenden Steig Nr. 7. Nun entweder auf diesem Steig direkt hinab nach Innerpflersch, oder, weit lohnender, leicht ansteigend am Fuße der mauerglatten, mächtigen Tribulaun-Südwand zu einer Geländeschulter und über Dolomitgeröll zur Hütte (2368 m; 40 Schlafplätze, Sommerbewirtschaftung), die unmittelbar unter dem Tribulaun in einem großen Geröllkessel neben dem wildschönen Sandessee liegt.
Für den Abstieg nach Innerpflersch (1245 m; Bushaltestelle) gibt es zwei Möglichkeiten: a) die oben erwähnte Nr. 7, ein schmaler, sehr steiler Steig, der aber durch eine herrliche Bergflora führt (Türkenbund, Frauenschuh, Edelweiß usw.), oder b) den breiten, mit vielen Serpentinen in sehr angenehmem Gefälle hinabführenden Saumweg Nr. 8.

Gehzeiten

Aufstieg (Ast—Portjoch): 3 Std.
Höhenweg (Portjoch—Tribulaunhütte): 4—5 Std.
Abstieg (Hütte—Innerpflersch): 1½ Std. auf Nr. 7, 2 Std. auf Nr. 8.

Wanderkarten

Kompaß, Bl. 44 (Sterzing); Freytag-Berndt, Bl. 24 (Stubaier Alpen; 1 : 100.000).

17. Ridnauner Höhenweg (1860—2300 m; Bild S. 37)

Diese 8 km lange Höhenwanderung auf einem größtenteils guten, markierten Almsteig führt vom Roßkopf, dem Hausberg von Sterzing, hoch über dem Ridnauntal südseitig unter den Dolomitenzacken der Telfer Weißen und der Urgesteinspyramide der Wetterspitze durch zur Prischeralm im hinteren Ridnaun. Überaus weitreichende Aussicht gegen Süden und Osten (Zillertaler, Dolomiten, Sarntaler Alpen), beeindruckende Tiefblicke auf die Wälder und Dörfer von Ridnaun, ein kleiner hübscher See am Weg und vor allem der Blick auf die Gletscherwelt der zentralen Stubaier Alpen (Botzer, Sonklar, Zuckerhütl, Pfaff und Freiger) sind die besonderen Reize des Weges.
Man befindet sich auf diesem Höhenweg in einer sehr einsam gebliebenen Gegend, zumal er in den meisten Wanderkarten nicht verzeichnet ist und folglich auch entsprechend weniger begangen wird. Der Steig weist keinerlei nennenswerte Schwierigkeiten auf, nur in seinem mittleren Teil, wo er sich für kurze Strecken fast ganz verliert, achte man genau auf die Markierung, ebenso dort, wo andere Almsteige abzweigen.
Von der Alpenvereinssektion Sterzing ist der Ausbau und die Verlängerung des Weges bis zur neuerdings wieder als Schutzhaus bewirtschafteten Teplitzer Hütte geplant, eine überaus dankbare Aufgabe, durch die eine der längsten und schönsten alpinen Weganlagen im Bereich von Sterzing entstehen würde.

Empfohlener Wegverlauf

Von Sterzing (950 m) entweder auf schönem, schattigem Waldweg Nr. 23 in 3 Std. oder auf Nr. 19 größtenteils über Wiesen, an den Bauernhöfen von Raminges vorbei, in 2½ Std. oder

aber mit der Seilbahn zum Roßkopf, dem bekannten Skigebiet mit der Roßkopfhütte (1860 m) und dem neuen, 1975 erbauten „Sterzingerhaus" des Alpenvereins Südtirol (1930 m) als angenehmen Stützpunkten.
Von hier auf breitem Weg westwärts um den Südrücken des Roßkopf herum und auf dem ehemaligen Erzweg, anfangs mit Nr. 23, später mit 23/A markiert, an den Hütten der Kuhalm und der Ochsenalm vorbei eben durch bis zu einer breiten, von mehreren Wasserläufen durchzogenen Mulde unter den Telfer Weißen (an der östlichen Seite der Mulde noch zahlreiche Spuren des ehem. Bergbaus). Hier verläßt man den zunächst eben zu einem Wetterkreuz führenden und dann nach Ridnaun absteigenden Weg und steigt, markierten Steigspuren folgend (Nr. 23/B), über den westlichen Begrenzungsrücken der Mulde kurz an, bis ein schwacher Steig unterhalb eines weithin sichtbaren Steinmannes einen steilen Geröllhang quert, über eine Hangterrasse leicht bis auf 2300 m ansteigt und dann zur breiten Bucht mit der Seewe-Alm und dem gleichnamigen kleinen See absteigt (2210 m). Der bisher stellenweise sehr schwache Steig wird nach der Seewe-Alm wieder besser, führt leicht ansteigend zu einem Wetterkreuz, quert die steilen, von mehreren Gräben durchzogenen Südwesthänge der Wetterspitze teilweise weglos über lockeren Schutt und erreicht, im letzten Teil kurz absteigend, die erst im letzten Augenblick sichtbaren Steinhütten der Prischeralm (2160 m).
Von der Alm führt ein guter, mit Nr. 27 markierter Almweg über schöne Bergwiesen und durch steilen Wald hinab zum Weiler Maiern im hintersten Ridnauntal (1378 m; Busverbindung mit Sterzing).

Gehzeiten

Anstieg (Sterzing—Roßkopf): 2½—3 Std. (oder Seilbahn).
Höhenweg (Roßkopf—Prischeralm): 4 Std.
Abstieg (Prischeralm—Maiern): 1½ Std.

Wanderkarten

Kompaß, Bl. 44 (Sterzing); Freytag-Berndt, Bl. 24 (Stubaier Alpen; 1 : 100.000).

18. Jaufenpaß—Übelsee (2000—2400 m; Bild S. 39)

Zwischen dem schroffen, felsigen Gipfel der Kleinen Kreuzspitze (2518 m) im Westen und der Jaufenspitze (2481 m) im Osten erstreckt sich ein langer, sanfter Höhenrücken, die Jaufensenke, in dessen östlichem Teil der Jaufenpaß mit der von Sterzing nach St. Leonhard führenden Autostraße eingeschnitten ist. Über diesen Höhenzug, der die eigentlichen Gipfel der Stubaier Alpen mit den Sarntaler Alpen verbindet und ein Wandergebiet von großer landschaftlicher Schönheit darstellt, verläuft unser Höhenweg hoch über dem Ratschingstal im Norden und dem mittleren Passeiertal im Süden. In seinem Mittelteil, wo der gute, markierte Almweg durch die steile Südflanke des Kammes nahezu eben entlang führt, steht in prächtiger, aussichtsreicher Lage die hübsche, 1969 erbaute Flecknerhütte; im Westabschnitt folgt der Wegverlauf der Kammhöhe, wobei der überaus schön gelegene Aussichtspunkt der Gleitner Spitze (auch Schlotterjoch) mühelos überschritten wird. End- und landschaftlicher Höhepunkt dieser ungemein lohnenden Überschreitung sind die sagenumwobenen Übelseen (vgl. Menara-Rampold: „Südtiroler Bergseen"), in geheimnisvoller Felsszenerie unter der dunklen Kleinen Kreuzspitze gelegen. Wohl führt der Steig teilweise durch sehr steile Gras- und Schrofenhänge, und man kann, wenn man vom Weg abkommt, in sehr heikles, ausgesetztes Gelände geraten, doch für den einigermaßen geübten Wanderer gibt es keine Schwierigkeiten irgendwelcher Natur.

Empfohlener Wegverlauf

Von der Ortschaft Ratschings im gleichnamigen Tal (1260 m; Asphaltstraße von Sterzing, Bushaltestelle) auf gutem Weg (die Markierung Nr. 13 wurde vor einigen Jahren leider aufgelassen) südwärts durch Wald hinauf zur Kalcher Alm (1840 m) und weiter über Bergweiden zum Jaufenhaus an der Paßstraße (großer Berggasthof, 1993 m).
Vom Jaufenhaus wenige Minuten der Straße nach bis zur nächsten (Links-) Kehre (2032 m). Der eigentliche Höhenweg beginnt erst hier; er führt als unmarkierter, aber breiter Saumpfad an der Nordseite des Bergrückens mit herrlichem Blick auf die Fels- und Eisgipfel der zentralen Stubaier Alpen entlang und erreicht bei einigen kleinen Schmelzwasserbecken die Kammsenke „Am Rinner" (2031 m), einen alten, in früheren Zeiten viel begangenen Übergang von Nord nach Süd. Nun auf Steigspuren kurz südwärts und auf einem breiten Güterweg zur privaten Flecknerhütte (2100 m; Sommerbewirtschaftung); 1 Std. ab Jaufenhaus. Von der Hütte auf Nr. 12/A zunächst auf breitem Weg, später auf schmalem, aber gutem Steig fast eben durch die steilen, begrasten Südflanken der Flecknerspitze (2331 m) und des Saxners (2358 m) zum Gleitner Joch (2249 m; nach einem Weiler im Passeiertal benannt), einer früher ebenfalls häufig überschrittenen, breiten Einsattelung im Kamm. Nun auf Steigspuren über den kurzen Kammrücken unschwierig hinauf zur Gleitner Spitze (2390 m; herrlicher Rundblick) und jenseits hinab zum breiten Schlattacher

Joch (2283 m; auch ein alter Übergang). Hier könnte man die Höhenwanderung beenden und gleich absteigen, doch lohnt sich unbedingt der kurze Abstecher zu den Übelseen: an der Südseite des Kammes auf einem schwachen Steig leicht aufwärts zum kleinen Scheiblsee und dem dahinter in einem tiefen Schutttrichter liegenden Großen Übelsee (2313 m).
Der Abstieg führt zunächst zurück zum Schlattacher Joch, dann nordseitig auf einem unmarkierten Almsteig über steinige Bergweiden hinab zu den Hütten der Inneren Vumbls-Alm (1907 m) und auf einem guten, aber ebenfalls unmarkierten Waldweg hinunter ins Innere Ratschingstal (1384 m). Auf einem Steg über den Talbach und auf dem Fahrweg in einer knappen Stunde talaus zum Ausgangspunkt.

Gehzeiten

Aufstieg (Ratschings—Jaufenhaus): 2 Std.
Höhenweg (Jaufenhaus—Übelsee): 3—4 Std.
Abstieg (Übelsee—Ratschings): 2 Std.

Varianten

Zur oben vorgeschlagenen Route lassen sich hinsichtlich des An- und Abstieges je nach Belieben und Fahrmöglichkeit verschiedene Varianten einschlagen, die jeder Wanderkarte leicht zu entnehmen sind. So zum Beispiel Auffahrt von St. Leonhard zum Jaufenpaß und Abstieg vom Übelsee über Stuls oder Gleiten, oder Benützung des Sesselliftes von Ratschings zur Waldalm. Ebenso kann, falls der Jaufenpaß mit dem eigenen Fahrzeug erreicht wurde, nach Begehung des Höhenweges der Rückweg über die Kammhöhe genommen werden, wobei die wenig ausgeprägten Gipfel direkt überschritten werden.

Wanderkarten

Kompaß, Bl. 44 (Sterzing): Freytag-Berndt, Bl. 45 (Bozen—Meran und Umgebung) oder Bl. 24 (Stubaier Alpen; beide 1 : 100.000).

E) SARNTALER ALPEN

19. Meraner Hütte—Vöraner Alm (2000 m; Bild S. 51)

Landschaftlich großartige Wanderung über blühende Hochalmen auf dem sanften Kamm, der vom übererschlossenen Skigebiet „Meran 2000“ bis zum Auenjoch zieht. Man weiß bei diesem Höhenweg nicht, was mehr zu rühmen wäre — die herrliche Alpenflora, die vom weißen Enzian über Alpenazalee, Anemone, Soldanelle und viele andere Arten bis zur Alpenrose reicht, oder die Rundsicht auf Sarntaler Berge, Dolomiten, Eggentaler Berge, Lagoraikette, Bozner Unterland, Brenta, Adamello, Ortlergruppe und Ötztaler Alpen. In kleinen Almmulden halten sich bis in den Sommer hinein oft sehr hübsche kleine Schmelzwasserseen, in denen sich die schroffen Felsgestalten des Ifinger und der Verdinser Plattenspitze spiegeln. Abgesehen von einem neuzeitlichen Drahtzaun, der den Höhenweg ein Stück begleitet, ist dieses Gebiet von der grauenhaften Meraner Skierschließung völlig unberührt geblieben.
Der rund 8 km lange, gut markierte Höhenweg endet bei der schönen, in prächtiger Lage gelegenen Vöraner Alm, von wo ein schöner, schattiger Waldweg nach Hafling hinabführt. Von dort bringt eine Seilbahn zurück ins Tal. Die in Bau befindliche Autostraße ist derzeit (Frühjahr 1977) noch nicht fertiggestellt.

Empfohlener Wegverlauf

Von Vernaun bei Meran mit der Ifinger-Seilbahn und dem anschließenden Gondellift zur Kirchsteiger Alm im Skigebiet „Meran 2000“ und von dort in wenigen Minuten zum gemütlichen, schönen Schutzhaus des Südtiroler Alpenvereins (Meraner Hütte, auch Hermann-Gritsch-Haus genannt; 1960 m).
Vom Schutzhaus auf breitem Weg Nr. 4 zu einer kleinen Kammsenke mit einem Gatter (hier zweigt die nach Sarnthein hinabführende Nr. 3 ab). Der weiterhin mit Nr. 4 markierte Steig quert zunächst die steilen, schrofigen Osthänge des Kammes, erreicht aber bald die Höhe und führt in angenehmer Almwanderung, das Kreuzjöchl (1980 m) und die stumpfe Erhebung der Maiser Rast (2026 m) überschreitend, zum breiten, begrasten Kreuzjoch, den höchsten Punkt der ganzen Tour (2084 m). Östlich davon, auf der Kühseite, steht an aussichtsreicher Stelle ein großes Bergkreuz. Am Kreuzjoch verliert sich der Steig, und die Nr. 4 steigt über einen steilen Blockhang (Schwarze Wand genannt) zum Auenjoch ab. Wir folgen jedoch nicht dieser Markierung, sondern halten uns rechts und wandern weglos über einen flachen Almrücken südwestwärts zum Vöraner Joch hinaus und von dort auf gutem Steig Nr. 2 (der vom Auenjoch herkommt) zur Vöraner Alm hinab (1875 m).

Von der Alm auf dem nun guten Weg (weiterhin Nr. 2) durch Wald hinab zur Wurzeralm (Achtung auf die Markierung!), weiter hinab zu der umzäunten Wiese der Haisrainer Alm, die man nordseitig umgeht, dann noch ein gutes Stück durch Wald und zuletzt über Wiesen hinab nach Hafling (1290 m). Von hier auf der Fahrstraße hinaus zur Bergstation der Seilbahn und von dort mit dieser hinab nach Obermais.

Gehzeiten

Höhenweg (Meraner Hütte—Vöraner Alm): 2½ Std.
Abstieg (Vöraner Alm—Hafling): 1½ Std.

Wanderkarten

Kompaß, Bl. 53 (Meran); Freytag-Berndt, Bl. 45 (1 : 100.000) und S 1 (1 : 50.000).

20. Gebirgsjägersteig (2100—2670 m; Bild S. 53)

Dieser alpine, 7 km lange Höhenweg durchläuft hoch über dem Sarntal die steilen Osthänge des sich zwischen Ifinger und Hirzer mit einer Reihe sehr schroffer Felsgipfel aufbauenden Mittelteiles des Sarntaler Westkammes. Ausgangs- und Endpunkt sind die durch Seilbahnanlagen aller Art erschlossenen Skisportgebiete „Meran 2000" und Tallner Alm. Dazwischen aber, zwischen dem Missensteinjoch und der Hirzerscharte, durchwandert man auf dem gut markierten und in seiner südlichen Hälfte auch gut ausgeprägten Steig eine überaus einsame, unangetastete Bergwelt. Die Aussicht reicht an klaren Tagen, über den Sarntaler Ostkamm hinweg, auf die Berge der ganzen östlichen Landeshälfte von den eisgekrönten Hochgipfeln der Zillertaler Alpen im Norden bis zu Rosengarten und Latemar im Süden. Landschaftlicher Höhepunkt des Weges ist der tiefblaue Kratzberger See, hinter dem im Norden die spitze Felspyramide des Sarntaler Weißhorns kühn aufragt. Da der Steig teilweise durch sehr steile Schutt- und Felshänge und im letzten Teil steil und mühsam über die Hirzerscharte führt, ist für seine Begehung Trittsicherheit und etwas Bergerfahrung erforderlich (bei der Variante fällt die Überschreitung der Hirzerscharte allerdings weg); außerdem ist im nördlichen Teil die Orientierung — besonders bei Nebel — nicht ganz einfach, da sich hier der Steig verliert; man achte darum genau auf die Markierung!

Empfohlener Wegverlauf

Von Vernaun bei Meran mit der Seilbahn „Meran 2000" hinauf zum Piffinger Köpfl und mit dem anschließenden Gondellift weiter zur Kirchsteiger Alm (1945 m; in der Nähe das schöne „Hermann-Gritsch-Haus", auch Meraner Hütte, des Alpenvereins Südtirol).
Von der Bergstation des Gondelliftes nun auf gutem Steig Nr. 3/4 über Wiesen in 20 Min. nordseitig hinauf in das weite Missensteiner Joch (2122 m), das einen Übergang ins Sarntal vermittelt (am Joch ein schöner Schalenstein).
Vom Joch zieht der breite Höhenweg mit Nr. 4 durch steile Schutthänge eben durch in einer Stunde zum schönen Kratzberger See (2119 m). Weiter auf dem guten Steig (weiterhin Mark. 4) mit der oben erwähnten Fernsicht und eindrucksvollem Tiefblick ins Sarntal, einmal einen wilden Graben überquerend, eben durch zu einem kleinen Sattel unter dem Kratzberg (hier erstmals Blick auf den Hirzer). Dann durch steile Felsen ein kurzes Stück hinab, worauf der Steig wieder leicht ansteigend einen steinigen Almrücken mit einer Heuhütte erreicht. Hier verliert sich der Steig, die gute Markierung führt in die weite Mulde der Anteranalpe mit einem kleinen See (2108 m) hinab und steigt dann über steinige Grashänge sehr steil und mühsam zur Hirzerscharte (2678 m) hinauf (3 Std. ab Kirchsteiger Alm). Von der Scharte aus kann gut der Hirzer bestiegen werden.
Von der Scharte westseitig auf Steig Nr. 4 steil hinab zur Tallner Alm und zum Gasthaus Klammeben an der Bergstation der Hirzer-Seilbahn (1980 m), die nach Saltaus im äußeren Passeiertal (490 m, Bushaltestelle) hinabbringt. Mit Bus zurück nach Meran und zum Ausgangspunkt Vernaun.

Gehzeit

Höhenweg (Kirchsteiger Alm—Tallner Alm): 4 Std.

Variante

Der Höhenweg ist als sehr schöne Rundtour auch vom Sarntal aus zu machen: Vom Weiler Aberstückl (1325 m; 10 km nördlich von Sarnthein; von der Talstraße kurze, schmale Fahrstraße zum westseitig etwas erhöht liegenden Dorf) auf breitem Weg Nr. 13 südwestlich durch Wiesen leicht ansteigend zu den Höfen Lahner und Windlahner (darunter wilde Murbrüche) und dann durch steilen Wald eben hinein zum Sagbach. Diesem entlang auf weiterhin gutem Weg hinan zur Waldgrenze und über steile Hänge zum Missensteiner Joch empor (2122 m, 2½ Std.). Von hier Begehung des Höhenweges (siehe empfohlener Wegverlauf) bis zur Anteranalm mit dem kleinen See. Hier zweigt rechts die Nr. 7 ab, die zu einer Almhütte und auf gutem Steig am gegenüberliegenden Steilhang nahezu eben über mehrere Gräben ostwärts zum Kirchberg, einer Kuppe mit Kreuz (1850 m), hinausführt und von dort durch eine von einem kleinen Bach durchzogene Waldschneise nach Aberstückl absteigt.

Gehzeiten
Anstieg (Aberstückl—Missensteinjoch): 2½ Std.
Höhenweg (Missensteinjoch—Anteranalm): 2 Std.
Abstieg (Anteranalm—Aberstückl): 1½ Std.

Wanderkarten
Kompaß, Bl. 53 (Meran); Freytag-Berndt, Bl. 45 (1 : 100.000) und S 1 (1 : 50.000).

21. Penser Höhenweg (2200—2560 m; Bild S. 43)

Westlich des Penser Joches erhebt sich mit dem Sarntaler Weißhorn (2705 m) eine der schönsten Berggestalten Südtirols, die wegen der verblüffenden Ähnlichkeit mit dem berühmten Schweizer Berg oft auch als „Sarntaler Matterhorn" bezeichnet wird. An der Westseite des Berges setzt sich der mit einer Reihe schroffer Felsgipfel besetzte Sarntaler Westkamm fort, gegen Osten, zum Penser Joch hin, streicht ein langer, mehrere stumpfe Erhebungen tragender Mittelgebirgskamm. Das von vier ausgeprägten Felsgraten getragene Weißhorn erhebt sich somit ungefähr in der Mitte unseres 9 km langen Höhenweges, der am Penser Joch beginnt, hoch über dem Ursprung der Talfer durch die Südseite des erwähnten Mittelgebirgskammes zieht, unter dem Weißhorn das in seinem Südgrat eingelagerte Gröllerjoch überscheitet und sich jenseits desselben bis zum Wannser Joch, dem Übergang vom hintersten Sarntal ins Passeirer Waltental, fortsetzt. Der östliche Teil des Höhenweges ist, da er auch den meistbenützten Weißhorn-Anstieg darstellt, gut markiert, der westliche Teil von der Oberbergalm bis zum Wannser Joch ist zur Zeit nicht bezeichnet. Es wäre eine dankbare Aufgabe für den Alpenverein, auch diesen Abschnitt zu markieren, zumal der Weg, der den bequemsten Anstieg zum Wannser Joch darstellt, noch relativ gut erhalten ist. Die gesamte Höhenwanderung, die im ganzen zwar unschwierig ist, aber doch etwas Trittsicherheit und Bergerfahrung erfordert, ist reich an landschaftlich großartigen Bildern: neben den hübschen kleinen Bergseen (Penser-Joch-See, Steinwandseen) entlang des Weges beeindruckt besonders, im Ostteil des Weges, die edle Berggestalt des Weißhorns, das vom Gröllerjoch in unschwieriger, kurzer Kletterei von jedem trittsicheren und schwindelfreien Bergsteiger erstiegen werden kann.

Empfohlener Wegverlauf
Vom Penser Joch (2214 m; hierher Linienbus) auf breitem, ebenem Weg Nr. 12/A westwärts zum hübschen kleinen Penser-Joch-See (auch Astner Lacke). Hier nicht dem unteren Weg nach, sondern auf einem schwachen Steig in Serpentinen hinauf zum begrünten, breiten Kammrücken, dem man kurz folgt. Der Steig verläßt bald die Kammhöhe und quert eben durch die steile Südflanke des Rötenecker, einer stumpfen Erhebung (2441 m), und gelangt in ein blockerfülltes Tälchen mit den glasklaren, kleinen Weißhornseen (auch Steinwandseen; 2320 m). Von den Seen allmählich stärker über Blockwerk und Schutt ansteigend, erreicht man bald das breite Gröllerjoch (2557 m; ab Penser Joch 2 Std.). — Die Markierung 12/A führt, einem schmalen Steiglein folgend, durch sehr steile Felsen in ½ Std. zum Gipfel des Weißhorn. — Jenseits des Gröllerjoches geht unser Höhenweg (Mark. 9) weglos über anfangs steiles Geröll hinab zu einer Almhütte (2144 m; in der Kompaß-Karte mit Oberbergalm angegeben), bei der man auf den unmarkierten, aber guten Weg trifft, der zum Wannser Joch führt. Der Weg steigt zunächst kurz an und leitet dann fast eben durch die Südflanke der Ötschspitze hinaus zu dem zwischen dieser und der Alpenspitze eingelagerten Joch (2248 m).
Vom Wannser Joch nun auf einem schwachen Steig (Mark. 8) über eine felsige Stufe steil hinab zu den Hütten der Oberbergalm (1794 m; in der Kompaß-Karte nicht benannt) und auf breitem Weg Nr. 8/9, an den Piefank-Höfen vorbei, hinaus zu der an der Sarner Talstraße gelegenen Ortschaft Weißenbach (1338 m). Von hier mit dem Bus (nur im Sommer) zurück zum Penser Joch.

Gehzeiten
Höhenweg (Penser Joch—Wannser Joch): 4 Std.
Abstieg (Wannser Joch—Weißenbach): 2 Std.

Varianten
a) Der letzte unmarkierte Teil des Höhenweges (Almhütte—Wannser Joch) kann notfalls auch weggelassen werden. In diesem Fall steigt man von der Almhütte westlich unter dem Gröllerjoch auf dem guten Weg Nr. 9 direkt zur Oberbergalm ab, wo man den vom Wannser Joch kommenden Steig Nr. 8 erreicht (Abkürzung der Gesamtgehzeit knapp 1 Std.).
b) Wer die notwendige Fahrmöglichkeit besitzt, kann vom Wannser Joch auch nordseitig auf Weg Nr. 14 durch das Wannser Tal in 1½ Std. nach Innerwalten (1436 m; an der Passeirer Seite der Jaufenstraße gelegen) absteigen.

Wanderkarten
Kompaß, Bl. 56 (Brixen); Freytag-Berndt, Bl. 45 (Bozen-Meran und Umgebung; 1 :100.000).

22. Penser Joch—Puntleider See (2160—2420 m; Bild S. 41)

Eine echt alpine Wanderung, die uns vom Penser Joch zunächst über grasbewachsene, aussichtsreiche Höhen, dann in eine helle, sich unter der Tatschspitze (2526 m) ausbreitende Granitwildnis und zum Schluß im Abstieg zum schönen Puntleider See führt.
Die Tour sollte nur bei verläßlicher Witterung unternommen werden, da ein guter Teil über felsiges, wegloses und derzeit nur sehr dürftig markiertes Gelände führt, in dem plötzlich einfallender Nebel ein sich Zurechtfinden gänzlich unmöglich machen kann, besonders was das Auffinden des richtigen Kammüberganges zur Eisacktaler Seite hin anlangt. Davon aber abgesehen, weist die gesamte Überschreitung keinerlei Schwierigkeiten auf und kann von jedem mit gutem Schuhwerk und etwas Bergerfahrung ausgerüsteten Wanderer unternommen werden. Dabei besteht die Möglichkeit, den Gipfel der wegen ihrer einmaligen Aussicht berühmten Tatschspitze ohne allzugroßen Kraft- und Zeitverlust „mitzunehmen".

Empfohlener Wegverlauf

Obwohl im Sommer zum Penser Joch, dem Straßenübergang von Sterzing ins Sarntal, ein Linien-Omnibus verkehrt, sei hier, wegen seiner landschaftlichen Schönheit, auch der Fußweg von Stilfes herauf beschrieben:
Von der Eisenbahnhaltestelle Freienfeld auf der Straße hinüber zum Dorf Stilfes (962 m) und auf gutem Waldweg Nr. 15 mit Kreuzwegstationen in 2 Std. hinauf zum Weiler Egg (1498 m). Nun entweder auf Weg Nr. 15 zur Penser-Joch-Straße hinauf und auf ihr zum Penser Joch, oder — schöner — ohne Markierung auf breitem Weg durch Wiesen an mehreren alten Berghöfen vorbei eben durch zum Droterhof (1456 m; Kapelle). Auf dem guten Weg nur leicht ansteigend weiter talein zum Bach (Egger Obertal) und diesem entlang hinan zur Waldgrenze. Auf dem Almsteig weiter, mehrere Bäche überschreitend, zur Hütte der Schweizer-Alm (1934 m) und zuletzt steil hinauf zum Penser Joch mit dem Berggasthaus „Alpenrosenhof" (2214 m).
Von der Paßhöhe auf der Straße an der Sarntaler Seite kurz hinab zur Hütte der Penser Alm (2158 m; Wegzeiger). Nun von der Straße ab und auf einem zuerst nur schwach ausgeprägten, später aber besser werdenden Steig (gut mit Nr. 14/A markiert) südwärts hinauf bis unter die Kuppe des Astenberges (2361 m), der nicht direkt überschritten, sondern westseitig umgangen wird. Der Steig führt dann, steile Grashänge querend, eben durch zum Kamm, überquert diesen und zieht etwas ausgesetzt durch die sehr steile, felsige Ostflanke des Niedeck (2306 m), das sich durch besonders schöne Aussicht auf die Zillertaler Alpen auszeichnet. Nach dem Niedeck folgt man der Kammhöhe und erreicht den Fuß der Tatschspitze, deren Gipfel, der guten Markierung folgend, in 1 Std. unschwierig erstiegen werden kann. Unsere Höhenweg-Route quert von hier an weglos (eine verblaßte Nr. 14/A weist die Richtung) den teilweise begrasten Südwesthang der Tatschspitze zum steinigen Kessel der Seebergalm mit einem verlandeten kleinen See (2272 m). Nun stärker ansteigend südöstlich kurz hinauf und in gleicher Richtung über steiniges, flacheres Gelände zur Kammhöhe, die etwas südlich der flachen Senke des Puntleider Jöchls (2420 m; in den Wanderkarten nicht verzeichnet) überschritten wird. Hier endet der eigentliche Höhenweg. Jenseits südostwärts über eine flache Terrasse und auf einem undeutlichen Steig durch eine kurze, steile Felsrinne hinab in weniger steiles Gelände, und ziemlich gerade, zuletzt durch Wald, hinab zum Puntleider See (1848 m; 1 Std. von der Kammhöhe). Vom See führt ein guter Waldsteig (Nr. 14) nordwärts fast eben hinüber zur kleinen Puntleider Alm (1777 m; hübsche Almhütte) und dann steil durch Wald hinab zu den teilweise verlassenen Höfen von Puntleid (neuerdings durch Forststraße erschlossen) und weiter hinunter nach Graßstein im Eisacktal (844 m; Personenzughaltestelle). Von hier mit dem Zug zurück nach Freienfeld oder Sterzing.

Gehzeiten

Anstieg (Freienfeld—Penser Joch): 4 Std. (oder mit Linienbus ab Sterzing).
Höhenweg (Penser Joch—Puntleider Jöchl): 2½ Std.
Abstieg (Puntleider Jöchl—Graßstein): 2½ Std.

Wanderkarten

Kompaß, Bl. 44 (Sterzing); Freytag-Berndt, Bl. 45 (Bozen-Meran und Umgebung 1 : 100.000).

23. Flaggerscharte—Schalderer Scharte (2200—2500 m; Bild S. 45)

Bei diesem 6 km langen Höhenweg handelt es sich, einschließlich des An- und Abstieges, um eine lange Rundtour, die von Nord nach Süd den mittleren, gebirgigen Teil des Sarntaler Ostkammes durchquert. Mit Ausgang bei der seit 1975 nach jahrelanger Schließung wieder bewirtschafteten Marburg-Siegener-Hütte (Flaggerschartenhütte), zieht der sehr gut markierte, aber größtenteils weglose Übergang hoch über dem Durnholzer See westlich unter Jakobsspitze, Liffelspitze und Schrotthorn über steinige Bergweiden und Kare bis zur Schalderer Scharte, dem Übergang von Schalders nach Durnholz. Mit dem Aufstieg durch das Seebachtal vom Durnholzer See aus und dem Abstieg wieder dorthin durch das Großalpental, ergibt dieser Höhenweg eine landschaftlich überaus lohnende Wanderung in einem wenig besuchten, ursprünglichen Berggebiet. Das Fehlen eines richtigen, durchgehenden Steiges erfordert etwas Orientierungsvermögen und gute Sicht, weshalb die Tour nur bei verläßlicher Witterung unternommen werden sollte.

Empfohlener Wegverlauf

Vom Durnholzer See (1540 m; Busverkehr) im gleichnamigen Sarntaler Seitenast, auf Weg Nr. 16 (ein Stück für Privatfahrzeuge gesperrte Forststraße) nordöstlich durch das schöne Seebachtal, an hübschen Almen vorbei, hinauf in die nördlich der Jakobsspitze eingeschnittene Flaggerscharte (2436 m), in deren unmittelbarer Nähe auf Eisacktaler Seite die Marburg-Siegener-Hütte (2481 m; 30 Schlafplätze, Sommerbew.) neben dem schönen Flaggersee steht.

Von diesem Anstiegsweg zweigt der Höhenweg wenige Minuten unter der Scharte südlich ab (Hinweis auf einem Felsblock). Der teilweise nur schwache oder überhaupt nicht vorhandene, aber sehr gut mit Nr. 13 markierte Steig quert zunächst sehr steile Schutt- und Schrofenhänge und erreicht, zuletzt kurz stark ansteigend, das Tellerjoch (2533 m) in dem kurzen, von der Jakobsspitze westlich abzweigenden Seitenkamm. Ausblick auf Stubaier und Ötztaler Alpen, auf die Schalderer Berge mit dem Weiterweg, dahinter Langkofel- und Rosengartengruppe, Tiefblick auf den Durnholzer See. Vom Joch kurz über einen begrasten Rücken hinab, dann links ab (auf Markierung achten!) und weiter durch weglose Kare mehr oder weniger eben durch, über große Schieferblöcke, steinige Almböden, über vom Hauptkamm herabstreichende Gratrippen. Unter der Pfannenscharte eine frische Quelle, etwas tiefer eine Almhütte. Bald darauf wieder Blick auf den Durnholzer See. Ab nun steigt der hier wieder teilweise vorhandene Steig leicht ab, führt zwischen Alpenrosen und einzelnen Latschen durch und erreicht den von der Schalderer Scharte herabführenden Weg. In der Nähe ein hübscher kleiner Almsee (2187 m).

Der gute Abstiegsweg Nr. 4 trifft bald auf den von der Fortschellscharte herabführenden Weg Nr. 5 und geht nun teilweise eben an Almen vorbei und durch schönen Zirbenwald zu einigen Bauernhöfen. Ab hier auf der Forststraße oder auf einem abkürzenden Waldsteig hinunter zum Durnholzer See und zurück zum Ausgangspunkt.

Gehzeiten

Anstieg (Durnholzer See—Flaggerscharte): 3 Std.
Höhenweg (Flaggerscharte—Schalderer Scharte): 3½ Std.
Abstieg (Schalderer Scharte—Durnholzer See): 2 Std.

Wanderkarten

Kompaß, Bl. 56 (Brixen); Freytag-Berndt, Bl. 45 (Bozen-Meran und Umgebung) oder Bl. 16 (Westliche Dolomiten; beide 1 : 100.000).

24. Radlsee—Klausener Hütte (2000—2200 m; Bild S. 47)

Ein prächtiger, hoch über dem Eisacktal in aussichtsreicher Lage über Almen und Wiesen führender Höhenweg von 6 km Länge. Er verbindet das am vielbesuchten Radlsee liegende Schutzhaus des Südtiroler Alpenvereins mit der oberhalb Latzfons an der Waldgrenze gelegenen Klausener Hütte. Der Steig ist gut mit der Nr. 8 markiert und größtenteils gut ausgeprägt; nur in seinem mittleren Teil verliert sich der Pfad auf den ausgedehnten Hochweiden, weshalb hier gut auf die Markierungszeichen zu achten ist. Der gesamte Weg weist keinerlei Schwierigkeiten auf und setzt folglich, außer etwas Ausdauer, keine besonderen alpinen Fähigkeiten voraus. Es handelt sich um einen ausgesprochenen Wanderweg, der beherrscht wird vom Anblick der hoch über dem Mittelgebirge des Eisacktales aufragenden Zinnen und Türme der Dolomiten: Peitlerkofel, Geislerspitzen, Langkofel, Pelmo, Sellastock, Marmolata, Rosengarten, Latemar und Eggentaler Berge. Für gute Geher ist die im folgenden beschriebene Rundtour zwar ohne weiteres an einem Tage zu bewältigen, doch kann die Nächtigung auf einer der beiden Schutzhütten wegen des langen An- und Abstieges sehr empfohlen werden.

Empfohlener Wegverlauf

Von Feldthurns westlich über dem Untereisacktal (851 m; Busverbindung mit Brixen und Klausen) der asphaltierten Straße folgend (teilweise auf Abkürzungen, Mark. 18) hinauf zum Weiler Schnauders (1030 m), weiter über den Schnauderer Bach zu den obersten Berghöfen und auf gutem Weg (weiterhin Nr. 18) durch den Wald in langer, aber schöner und nur mäßig steiler Wanderung hinauf zu einem Wegkreuz (1837 m; hier Einmündung der von Brixen heraufkommenden Nr. 8). Nun ziemlich steil gerade hinauf zur Waldgrenze und zum Radlseehaus (2257 m; 35 Schlafplätze, Sommerbew.).

Vom schönen Radlsee nun auf dem mit Nr. 8/10 markierten Weg ostwärts eben durch, um den von der Königsangerspitze herabziehenden Südrücken, wo die Nr. 10 nach Verdings links abzweigt, herum und in aussichtsreicher Wanderung, immer der Nr. 8 folgend, über die weiten Latzfonser Almen, teilweise an langen Steinwällen, die als Abzäunung dienen, entlang, bis man eine nicht sehr deutliche Teilung des Weges erreicht: Die Nr. 8 führt leicht absteigend direkt hinab zur Klausener Hütte, die 8/A geht über Wiesen und durch einen dichten Latschenbestand eben weiter und erreicht einen kleinen Sattel mit ein paar Almhütten im Südgrat der Lorenzispitze (2025 m). Wegen des eindrucksvollen Blicks zu der auf hohem Grat stehenden Kirche zum

Latzfonser Kreuz mit dem Hospiz, lohnt sich der kurze Umweg hierher. Vom Sattel dann in wenigen Minuten auf breitem Weg hinunter zur Klausener Hütte (1919 m; 42 Schlafplätze, Sommerbewirtschaftung).

Von der Hütte auf größtenteils breitem Weg Nr. 17 mit Kreuzwegstationen (bei Abzweigungen achte man genau auf die Nr. 17) in langer, aber sehr lohnender Wanderung durch blühende Bergwiesen und Waldstreifen hinab nach Schnauders und zurück nach Feldthurns.

G e h z e i t e n
Anstieg (Feldthurns-Radlseehaus): 4 Std.
Höhenweg (Radlseehaus—Klausener Hütte): 2½ Std.
Abstieg (Klausener Hütte—Feldthurns): 2 Std.

V a r i a n t e n
Wer es sich hinsichtlich der Anfahrt so einrichten kann, daß er nicht zum Ausgangspunkt zurück muß, kann sowohl für den An- als auch für den Abstieg verschiedene andere, teilweise kürzere Wege wählen, die aus den Wanderkarten gut zu entnehmen sind. Da die Klausener Hütte auch oft von Autos erreicht wird, bietet sich dort nicht selten die Gelegenheit, mitgenommen zu werden. — Außerdem ist die Rundtour auch gut in umgekehrter Richtung durchzuführen.

W a n d e r k a r t e n
Kompaß, Bl. 56 (Brixen); Freytag-Berndt, Bl. 45 oder Bl. 16 (1 : 100.000) sowie Bl. S 1 (1 : 50.000).

25. Rittner Horn—Latzfonser Kreuz (2050—2300 m; Bild S. 49)

Eine der längsten und aussichtsreichsten Almwanderungen Südtirols, die vom Rittner Horn, der südlichsten Erhebung des Sarntaler Ostkammes, bis zu den eigentlichen Bergen in seinem Mittelteil führt und bei dem auf fast 2300 m hoch gelegenen Heiligtum Latzfonser Kreuz endet. Dabei werden die ausgedehnten Almen von Barbian und Villanders überquert, die hinsichtlich ihrer Aussicht und Abgeschiedenheit die gegenüberliegende, viel berühmtere Seiser Alm sogar übertreffen. Der 12 km lange Weg führt öfters über sehr sumpfige Stellen, ist aber im übrigen gut zu finden und, soweit in dem baum- und steinlosen Gelände möglich, gut markiert. Unweit des Weges steht in einer aussichtsreichen Scharte nördlich des Villanderers die kleine weiße Kapelle „Am Toten", unweit davon liegt der düstere Totensee (auch Seebergsee) — beide eines kurzen Abstechers würdig. Etwas weiter unterhalb des Weges die bewirtschaftete Stöflhütte, besonders bei Schlechtwetter ein angenehmer Stützpunkt. Wegen ihrer Länge erfordert diese Tour eine gewisse Ausdauer und, wegen der sumpfigen Stellen, gute Schuhausrüstung.

E m p f o h l e n e r W e g v e r l a u f
Vom Weiler Oberinn am Ritten (1300 m; mit Linienbus von Bozen zu erreichen) auf Weg Nr. 4 (teilweise parallel mit Fahrweg) nordwärts über Wiesen leicht ansteigend zum Sattel des Roßwagen (1702 m). Weiter auf Nr. 4, am Obergrünwaldhof vorbei, hinauf zur Kapelle „Auf der Schön" unter der Kuppe der Schwarzseespitze (Bergstation eines 1975 erbauten Sessellifts von Pemmern herauf), dann eben durch zum Unterhornhaus (2044 m; neu ausgebauter Gastbetrieb) und hinauf zum Schutzhaus auf dem höchsten Punkt des Rittner Horns (2260 m; 25 Schlafplätze, Telefon). Großartige Rundsicht!

Vom Haus auf Steig Nr. 1/3/7 nordwestlich kurz hinab zu den Wiesen und auf breitem Weg einem langen Steinwall folgend über die breite Almkuppe des Sattelberges (2160 m) zur breiten Senke des Gasteiger Sattels (2057 m; Wegkreuzung: links Nr. 3 zur Sarner Scharte, rechts Nr. 7 nach Villanders). Nun auf Wiesensteig Nr. 1 geradeaus weiter über sumpfiges Gelände, dann über einen flachen Rücken kurz hinab zu den wieder sumpfigen Moos-Wiesen (wo die westlich zur Kapelle „Am Toten" hinaufführende Nr. 6 abzweigt; 15 Min.) und immer mit Nr. 1 ganz leicht ansteigend weiter zu einer Wegkreuzung mit einem Bildstock (rechts etwas tiefer die Stöflhütte, 2057 m, Sommerbewirtschaftung; 10 Min.). Unser Höhenweg Nr. 1 führt nun über den breiten Kammrücken der Jocherer Alm zum Jocherer Berg (2390 m), der ostseitig umgangen wird, und bald darauf, eine Hangmulde ausgehend, zum Latzfonser Kreuz mit der kleinen Kirche. Daneben das Schutzhaus (2300 m; 45 Schlafplätze, Sommerbew.).

Von hier auf breitem Weg Nr. 17 östlich in 40 Min. hinab zur Klausener Hütte (1919 m; Sommerbewirtschaftung, 42 Schlafplätze), von wo aus ein fahrbarer, mit Nr. 2 markierter Güterweg (Mitfahrgelegenheit nicht selten) in 1½ Std. nach Latzfons (1160 m; Busverbindung mit Feldthurns und Klausen) hinabführt.

G e h z e i t e n
Anstieg (Oberinn—Rittner Horn): 2½ Std.
Höhenweg (Rittner Horn—Latzfonser Kreuz): 4 Std.
Abstieg (Latzfonser Kreuz—Latzfons): 2½ Std.

W a n d e r k a r t e n
Kompaß, Bl. 54 (Bozen) und Bl. 56 (Brixen); Freytag-Berndt, Bl. 45 (1:100.000 und S 1 (1:50.000).

F) ZILLERTALER ALPEN

26. Hühnerspiel—Zirog (1700—2100 m; Bild S. 55)

Dieser wenig bekannte Höhenweg durchzieht die steilen, von der schmalen Talfurche des obersten Eisacktales zum Tuxer Kamm hinaufziehenden Hänge. Es handelt sich um einen gut markierten 5 km langen Steig, der größtenteils durch schönen, lichten Lärchenwald knapp an der Waldgrenze führend, die durch Sessellifts erschlossenen Wintersportgebiete von Hühnerspiel oberhalb Gossensaß und Zirog oberhalb Brennerbad verbindet. Neben der großartigen Schönheit der bis heute unangetastet gebliebenen Bergnatur genießt man an Stellen, wo der Weg die Almregion erreicht oder der Wald Lichtungen aufweist, schöne Ausblicke auf die Kalkberge der Tribulaungruppe und deren teilweise vergletscherte Nachbarn; gegen Norden sieht man weit in die Täler und Berge Nordtirols. Direkt über dem Weg steigen schroffe, wilde Schieferflanken auf, die zwischen der Daxalm und Zirog mit den bizarren Felsgebilden der „Kapuziner“ gipfeln. Da sich der Steig an einigen Stellen fast ganz verliert und auch mehrmals mit anderen Steigen kreuzt, achte man genau auf die Markierung! Obwohl er größtenteils gefahrlos ist, erfordert er — besonders in der Nähe der Daxalm — doch ein gewisses Mindestmaß an Trittsicherheit.

Empfohlener Wegverlauf

Von Gossensaß (1098 m) entweder mit dem Sessellift, oder zu Fuß auf gutem, mit Nr. 22 markiertem Waldweg zur Hühnerspielhütte (1868 m; Gastwirtschaft). — Wer genügend Zeit hat, sollte es sich nicht entgehen lassen, mit dem oberen Sessellift einen Abstecher auf den äußerst aussichtsreichen Hühnerspielgipfel (2749 m) zu machen.
Der Höhenweg beginnt direkt bei der Hütte und führt nordwärts, schöne Ausblicke gewährend, eben durch zum sogenannten Schartl, dem einzigen Durchstieg vom hier steil abbrechenden Hühnerspielrücken zur Talmulde mit der Daxalm. Vom Schartl führt der Steig wenige Minuten steil hinab zu einer Wegteilung mit Hinweisschild (ein Weg steigt weiter zur Hütte der Daxalm ab) und quert dann unter Felswänden einen steilen, von Lärchen bestandenen Schutthang hinüber zu den Hochweiden der Daxalm mit den Mauerresten einer ehemaligen Almhütte. Nun kurz steil hinab und dann wieder leicht ansteigend unter senkrechten Felspfeilern durch Wald weiter, worauf sich der Steig langsam verliert; hier achte man genau auf die Markierung! Nach Überschreiten eines grünen, von schönen Berglärchen bestandenen Sattels wird der Steig wieder besser, sinkt kurz ab und führt dann eben weiter zum Hubertusplatz, einer Waldblöße mit einem großen Felsblock. Etwas unterhalb im Wald eine starke, zur Rast einladende Quelle. Nach dem Hubertusplatz geht es durch dichten Fichtenwald wieder leicht abwärts, der Steig wird zu einem breiten Weg und erreicht das Berggasthaus Zirog (1762 m), das in prächtiger Lage mitten auf weiten Almböden liegt.
Nun auf schönem Waldweg Nr. 4 (der Sessellift ist im Sommer außer Betrieb) an der Badalm vorbei, hinab nach Brennerbad (1326 m; Eisenbahn-Haltestelle) und mit dem Zug zurück nach Gossensaß.

Gehzeiten

Aufstieg (Gossensaß—Hühnerspiel): 2½ Std. (auch Sessellift).
Höhenweg (Hühnerspiel—Zirog): 2 Std.
Abstieg (Zirog—Brennerbad): 1 Std.

Wanderkarten

Kompaß, Bl. 44 (Sterzing); Freytag-Berndt, Bl. 15 (Zillertaler Alpen; 1 : 100.000).

27. Landshuter Höhenweg (2200—2700 m; Bild S. 57)

Der hier beschriebene Weg ist der östlichste, bequemste und am besten ausgebaute Teil jener gewaltigen Weganlage, die um die Jahrhundertwende von der Sektion Landshut des DuÖAV gebaut wurde und, von Sterzing ausgehend, den ganzen westlichen Teil des Tuxer Kammes über Hühnerspiel, Wolfendorn, Wildseespitze und Landshuter Hütte bis zum Pfitscher Joch überschritt und den Namen Landshuter Weg trug. Heute ist von diesem großartigen Höhenweg nur mehr der Abschnitt Landshuter Hütte—Pfitscher Joch noch gut erhalten und markiert. Dieser Teil aber stellt mit seinem langen An- und Abstieg immer noch eine volle Tages-Rundtour und eine Höhenwanderung allerersten Ranges dar, die uns in die erhabene, ernste Hochgebirgswelt der Zillertaler Alpen führt, wobei der Blick auf die Hängegletscher des Hochferner-Massivs besonders eindrucksvoll ist. Stützpunkte am Beginn und Ende des Weges sind die auf hohem Grat in überaus schöner Lage stehende Landshuter Hütte und das teilweise neu erbaute Pfitscher-Joch-Haus. Der 7,5 km lange, sehr breite und sogar stellenweise gepflasterte Höhenweg (auch als *Pfitscher Höhenweg* bekannt) weist zwar keinerlei Schwierigkeiten auf, erfordert aber gute alpine Kleidung und etwas Gehtüchtigkeit. Ausgesetzte Stellen oder Orientierungsprobleme gibt es nicht. Obwohl die im folgenden beschriebene Rundtour gut auch an einem Tage zu bewältigen ist, empfiehlt sich doch — vor allem wegen des sehr langen Aufstieges — die Nächtigung in der Landshuter Hütte.

Empfohlener Wegverlauf
Vom Weiler Platz im Pfitschtal (1430 m; Bushaltestelle) nordseitig (Wegzeiger) auf gutem Weg Nr. 3/A in vielen Serpentinen teilweise ziemlich steil gerade hinauf zur Landshuter Hütte am Wildseejoch (2693 m; mitten durch die Hütte läuft die italienisch-österreichische Staatsgrenze, nur der österreichische Teil der Hütte ist im Sommer bewirtschaftet; 25 Schlafplätze). Das Betreten des Grenzgebietes von italienischer Seite aus ist gestattet, es besteht aber Ausweispflicht. Dies gilt auch für das Pfitscher Joch.
Der mit Nr. 3 markierte Höhenweg zieht von der Landshuter Hütte durchwegs leicht absteigend durch weite, steile Geröllhänge unter dem Kraxentrager (2998 m) ostwärts, überquert auf Quote 2382 m einen herabziehenden Felsgrat, geht dann in weitem Bogen ein großes, felsdurchsetztes Karbecken aus und zieht dann, teils leicht absinkend, unter den wuchtigen Felswänden der Hohen Wand (3287 m) und der Grawand hinaus zum Pfitscher Joch (2248 m) mit den gleichnamigen Seen und dem neuen privaten Schutzhaus (Sommerbewirtschaftung, 30 Betten; hierher Militärstraße von Pfitsch herauf).

Vom Joch nun auf einem Steig (weiterhin Nr. 3), mehrmals die Militärstraße überquerend oder ihr kurz folgend, in schöner Wanderung hinab zum kleinen Weiler Stein (1525 m; Gasthaus; 1½ Std.) im hintersten Pfitschtal, auf der Schotterstraße talaus (2,5 km) nach St. Jakob (Bushaltestelle) und weiter nach Platz (weitere 1½ km).

Gehzeiten
Aufstieg (Platz—Landshuter Hütte): 3½ Std.
Höhenweg (Landshuter Hütte—Pfitscher Joch): 2½ Std.
Abstieg (Pfitscher Joch—Platz): 2½ Std.

Wanderkarten
Kompaß, Bl. 44 (Sterzing); Freytag-Berndt, Bl. 15 (Zillertaler Alpen; 1 : 100.000).

28. Brixner Hütte—Wilder See (2300—2800 m)

Der schöne Übergang von der neuen Brixner Hütte des Alpenvereins Südtirol durch das weite Karbecken der sogenannten Pfanne und das anschließende, schutterfüllte Rauhtal zur gleichnamigen Scharte mit dem jenseitigen Abstieg zum Wilden See, einem der großartigsten, größten und tiefsten Bergseen Südtirols, ist der kürzeste und in gewisser Hinsicht schönste Teil jenes von den AVS-Sektionen Brixen, Bruneck und Sterzing erbauten Pfunderer Höhenweges, der die gesamte Pfunderer Gruppe von Sterzing nach Bruneck durchquert. Die mehrtägige, hohe Jöcher überquerende Überschreitung ist ein hochalpin zu nennendes Unternehmen, das nur sehr ausdauernden, erfahrenen Bergwanderern vorbehalten bleibt.
Der hier behandelte Abschnitt ergibt mit dem Aufstieg zur hübschen, sehr gut der Landschaft angepaßten Brixner Hütte und dem Abstieg über die grünen Weiten der Labisebenalm eine überaus lohnende, alpine Rundtour im Herzen der einsamen, ernsten Pfunderer Bergwelt. Die ganze Runde weist keine Schwierigkeiten auf, doch verlangt sie, wegen des hohen Überganges über die Rauhtalscharte (hier oft im Hochsommer noch Schnee) etwas Bergerfahrung. Für gute Geher empfiehlt sich von der Scharte aus die Besteigung über steile Schrofen der Wilden Kreuzspitze (1 Stunde), dem mit 3135 m höchsten Gipfel der Pfunderer Gruppe.

Empfohlener Wegverlauf
Von Vals (1354 m; hierher Straße von Mühlbach) auf für Privatverkehr offener Asphaltstraße talein und hinauf zum hübschen Almdorf Fane (1739 m; kurz vorher großer Parkplatz). Von der Alm nun auf gutem Weg Nr. 17 durch die sogenannte Klamm, eine wilde Felsschlucht, und immer geradeaus über schöne Bergweiden hinauf zur 1973 neu erbauten Brixner Hütte (2300 m; 25 Schlafplätze, Sommerbewirtschaftung).
Von der Hütte auf Steig Nr. 17 nordwärts in das weite Becken der sogenannten Pfanne, dann in einem großen Linksbogen nur leicht ansteigend (Nr. 18/20) über steinige Grasböden zum düsteren Rauhtal und südwestlich über Schutt und oft Schnee stärker ansteigend hinauf in die zwischen Wilde Kreuzspitze (rechts) und Blickenspitze (links, 2985 m) eingelagerte Rauhtalscharte (2811 m; ab Brixner Hütte 2 Std.). Jenseits auf Steig Nr. 20 unter der Westwand der Blickenspitze nur mäßig absteigend in prächtiger Wanderung über dem großen Wilden See (vgl. hiezu Menara/Rampold, Südtiroler Bergseen) bis zu seinem Abfluß (2538 m).
Vom See nun auf gutem Steig Nr. 18/20 zunächst steil, dann flacher, durch herrliche Bergwiesen hinab zur Labisebenalm (2138 m) und dem Seebach entlang hinaus zur Klamm, wo man auf den Aufstiegsweg zur Brixner Hütte trifft. Auf diesem wieder zurück zum Ausgangspunkt Fane-Alm.

Gehzeiten
Aufstieg (Fane-Alm—Brixner Hütte): 1½ Std.
Höhenweg (Brixner H.—Rauhtalscharte—Wilder See): 2½ Std.
Abstieg (Wilder See—Fane-Alm): 1½ Std.

Wanderkarten
Kompaß, Bl. 44 (Sterzing); Freytag-Berndt, Bl. 15 (Zillertaler Alpen).

29. Tiefrastenhütte—Sambock (2200—2500 m; Bild S. 59)

Der in den letzten Jahrzehnten fast in Vergessenheit geratene, 12 km lange Höhenweg wurde im Zuge der Erbauung der Tiefrastenhütte und der Trassierung des neuen Pfunderer Höhenweges (Sterzing—Bruneck) von den AVS-Sektionen Brixen und Bruneck neu markiert und somit gut begehbar gemacht. Dieser Weg sowie der neue Stützpunkt an der Stelle der ehemaligen Fritz-Walde-Hütte am Tiefrastensee werden so wieder mehr das Interesse der Bergsteiger für die zentrale Gruppe der Pfunderer Berge wecken. Ausgehend von der neuen Schutzhütte in dem von den schroffen Gipfeln der Grubbachgruppe umstandenen Kar weisen rot bemalte Pflöcke die Richtung über Almhänge zum Kleinen Tor, einer Einschartung im Kamm. Von diesem alten Übergang von Terenten ins Mühlwalder Tal führt der Höhenweg, teils als guter Steig, teils nur der neuen Markierung folgend, über den langen, sanften Ausläufer des Grubbachkammes, wobei in schöner Kammwanderung mit großartiger Aussicht auf die Zillertaler Alpen im Norden und die Dolomiten im Süden mehrere stumpfe Erhebungen größtenteils direkt überschritten werden, bis hinaus zum Sambock, einer schmalen, langgezogenen Erhebung hoch über Bruneck. Von dort wird nach Pfalzen abgestiegen, wo es eine Busverbindung mit dem Ausgangspunkt gibt.
Dieser sehr lange Höhenweg weist keinerlei technische Schwierigkeiten auf, erfordert aber Ausdauer und etwas Orientierungssinn. Dafür gehört er aber zu den landschaftlich schönsten und lohnendsten Überschreitungen in Südtirol.

Empfohlener Wegverlauf
Von Ast bei Terenten (1234 m; Busverbindung mit Vintl oder Bruneck) auf breitem Weg Nr. 23 durch das hübsche Winnebachtal nordwärts hinauf zur Huberalm (1912 m) und auf gutem Steig (weiterhin Nr. 23) über steile Wiesen weiter zu einer Heuhütte (2038 m). Noch ein kurzes Stück in der anschließenden breiten Talmulde weiter, bis wo der Höhenweg rechts abzweigt. Man kann hier (Wegzeiger) schon die Höhenwanderung beginnen, doch empfiehlt sich wegen der schönen Lage ein Abstecher zu der wenig höher liegenden neuen Tiefrastenhütte am schönen, gleichnamigen Bergsee (Hütte im Sommer bewirtschaftet; 40 Schlafplätze; 2312 m).
Von der vorerwähnten Abzweigung nun ostwärts neuen roten Holzpflöcken weglos folgend unter den steilen Flanken der Kempspitze leicht ansteigend durch und über eine breite Almmulde, zuletzt auf gutem Steig, hinauf ins Kleine Tor (2374 m) mit hübschem Wegkreuz. Hier schöner Blick auf die Gletscher des Zillertaler Hauptkammes und Tiefblick auf das Mühlwalder Tal. Nun an der Nordseite auf dem ins Tal führenden Weg kurz hinab und auf schmalem Steig (gut rotweiß markiert) quer durch die Nordflanke des Mutenock (2484 m) zu einem Sattel. Von hier meist weglos der Markierung folgend immer mehr oder weniger direkt über den begrasten Kammverlauf weiter. Die nur wenig ausgeprägten Erhebungen (Hohe Spitze, 2403 m; Zwölferspitze, 2351 m; Putzenhöhe, 2438 m; Perntaler Spitze, 2450 m) werden meist ohne große Mühe überschritten. Kurz vor dem Windeck, dem letzten Gipfel des Kammes (2418 m) biegt man südwärts ab und erreicht über einen recht schroffen, aber unschwierigen Grat das Gipfelkreuz des Sambock (2396 m).
Von dort über den langen Rücken auf Nr. 66 südwärts hinab zu einer Almhütte an der Waldgrenze und auf gutem Weg durch schönen Wald (stets mit Nr. 66) hinab zum Berggasthaus „Kofl" auf 1487 m. Von hier teils auf Abkürzungen, teils entlang der Schotterstraße über ausgedehnte Wiesen hinab nach Pfalzen (1022 m) und mit dem Linienbus zurück zum Ausgangspunkt Ast bei Terenten.

Gehzeiten
Anstieg (Ast/Terenten—Tiefrastenhütte): 3 Std.
Höhenweg (Tiefrastenhütte—Sambock): 5—6 Std.
Abstieg (Sambock—Pfalzen): 2 Std.

Wanderkarten
Kompaß, Bl. 82 (Tauferer-Ahrntal); Freytag-Berndt, Bl. 15 (Zillertaler Alpen; 1 : 100.000).

30. Edelrauthütte—Chemnitzer Hütte (2400 m; Bild S. 61)

Dieser dreistündige Höhenweg, der unter dem zweiteiligen Nevesferner (der in der Kompaßkarte als mittlerer ist der westliche Nevesferner und der dort als westlicher angeführte ist der Mutenockferner) die zum Nevesstausee im hintersten Lappach-Mühlwalder Tal herabziehenden Fels- und

Geröllhänge quert und die Edelrauthütte im Eisbruggjoch mit der Chemnitzer Hütte am Nevesjoch verbindet, ist eines der besterhaltenen Teilstücke jener gewaltigen, um die Jahrhundertwende von den hüttenbesitzenden Sektionen des DuÖAV angelegten und heute in einigen Teilen aufgelassenen Weganlage, die von Sterzing ausgehend, bis auf eine längere Unterbrechung im Ahrntal zwischen der Schwarzensteinhütte und dem Waldnersee, den gesamten Zillertaler Hauptkamm durchquerend bis zur Birnlücke im Scheitel des Ahrntales führte. Der hier vorgestellte, rund 8 km lange Weg ist gut markiert und instandgehalten; sogar die ursprüngliche Pflasterung ist teilweise noch gut erhalten. Lediglich an der Stelle, wo zur Zeit der Erbauung noch die Zunge des östlichen Nevesferners über den Weg herabreichte und inzwischen aber zurückgegangen ist, verliert sich der Weg auf dem Moränenschutt für eine kurze Strecke.
Abgesehen von einem zur Zeit der Schneeschmelze recht heikel zu überquerenden Bach und einigen Stellen, an denen der größtenteils ebene Weg sehr steile Hänge quert oder sich auf der genannten Gletschermoräne verliert und folglich etwas Vorsicht und Konzentration verlangt, ist der Höhenweg völlig unschwierig zu begehen. Der Weg vermittelt beeindruckende Nahblicke auf die Gletscher und auf die kühne Felsgestalt des Turnerkamp sowie eine überaus umfassende Fernsicht, die von den Rieserfernern bis weit in die Dolomiten hineinreicht.

Empfohlener Wegverlauf

Vom Westufer des Neves-Stausees (1865 m; hierher private Werkstraße von Lappach; Durchfahrt auf eigene Gefahr! Zu Fuß 1 Std.) auf gutem Steig Nr. 26 westwärts durch das kleine Pfeifholder Tal hinauf zur kleinen Edelrauthütte (2545 m; Sommerbewirtschaftung; 20 Schlafplätze) im Eisbruggjoch. Von hier sehr lohnend ein Abstecher zum nahen, westlich etwas tiefer liegenden, prächtigen Eisbruggsee.
Der Höhenweg führt, gut mit Nr. 1 markiert, in Richtung Osten nahezu eben durch steile, begraste Hänge, überquert unter kleinen Wasserfällen mehrere Bäche, durchmißt, gut mit breiten Granitplatten ausgelegt, die sogenannten Wasserböden und erreicht dann, nach einem kurzen Ab- und Aufstieg, das breite Moränenbecken unter dem Nevesferner, der sich vom Großen Möseler herabzieht. Hier verliert sich der Weg für ein Stück, die Markierung weist aber gut die Richtung über die Moränen, bis der Weg, wieder gut ausgebaut, leicht absteigend bei der stattlichen Chemnitzer Hütte endet (2416 m; 40 Schlafplätze; Sommerbew.).
Von der Hütte nun auf breitem Saumweg Nr. 24 westwärts über die Nevesalm zunächst nur leicht, später stärker absteigend zurück zum Stausee.

Gehzeiten

Aufstieg (Neves-Stausee—Edelrauthütte): 2 Std.
Höhenweg (Edelrauthütte—Chemnitzer Hütte): 3 Std.
Abstieg (Chemnitzer Hütte—Neves-Stausee): 1 Std.
Begehung in umgekehrter Richtung: in etwa gleicher Gesamtgehzeit.

Wanderkarten

Kompaß, Bl. 82 (Tauferer-Ahrntal); Freytag-Berndt, Bl. 15 (Zillertaler Alpen; 1 : 100.000).

31. Kellerbauer-Weg (2300—2400 m; Bild S. 63)

Dieser von der damaligen Sektion Chemnitz des DuÖAV nach der Übernahme der Nevesjochhütte im Jahre 1894 (Umbenennung in Chemnitzer Hütte) erbaute und nach dem Sektionsvorstand Prof. Kellerbauer benannte Höhenweg überschreitet den gesamten Schaflahnerkamm, der sich zwischen dem Lappach-Mühlwalder Tal und dem Weißenbachtal erhebt. Ursprünglich verband die großartige Weganlage die Sonklarhütte unterm Speikboden am östlichen Kammende mit der Chemnitzer Hütte. Heute ist die Sonklarhütte jedoch gänzlich verfallen. Dafür entstand unweit davon ein großes Skigebiet (Michlreiß), dessen Liftanlagen das Erreichen des Höhenweges bedeutend erleichtern. Im östlichen Teil, dort wo der Kamm noch sanftere Formen aufweist, führt der Weg meist direkt über die größtenteils begraste Kammhöhe, im westlichen Teil, wo sich mehrere schroffe Berggipfel erheben, weicht der Weg dem Gratverlauf aus und quert steile Geröll- und Felshänge an der Nordseite, wobei er am schönen, in einem tiefen Becken gelegenen Tristensee (in den Karten auch Tiefentaler See) vorbeiführt. Der überaus aussichtsreiche, 12 km lange Höhenweg ist durchwegs gut markiert und unschwierig, seine Länge erfordert aber Ausdauer und Bergerfahrung.

Empfohlener Wegverlauf

Von Sand in Taufers kurz auf der Ahrner Straße talein bis zur Talstation des Michlreiß-Liftes (Bushaltestelle) und mit den beiden Korblifts über den Weiler Michlreiß hinauf zur Inneren Michlreißer Alm (1975 m; Restaurant; der Lift ist nur während der Sommersaison verläßlich in Betrieb). Von der Alm steigt der gute Weg Nr. 27 südwärts in Serpentinen unter der felsigen Ostflanke des Speikbodens hinauf in einen flachen, begrasten Sattel (2380 m; ab Lift 1 Std.).
Nun zunächst durch den Südhang des Speikbodens am Standort der ehemaligen Sonklarhütte vorbei, und dann immer mehr oder weniger über die Kammhöhe in großartiger Gratwanderung bis

zum Gornerjoch (2277 m; Wegkreuz), einem Übergang von Mühlbach nach Weißenbach (Abstieg auf gutem Weg in eines der beiden Täler möglich). Noch kurz am Südhang weiter und dann erreicht man das Wurmtaler Jöchl (2288 m; auch hier ein Wegkreuz). Von nun an zieht der Weg auf der dem Weißenbachtal zugekehrten NO-Seite unter Zinsnock, Ringelstein und Tristenspitze durch steile Felsflanken, mehrere Gratrippen umgehend, zum prachtvollen Tristensee (2344 m) und über weite Blockkare weiter zur Chemnitzer Hütte (2416 m; 40 Schlafplätze; Sommerwirtschaft) im Nevesjoch.
Von der Hütte nun auf gutem Weg Nr. 24 westwärts hinab zum Neves-Stausee (1856 m) und auf der Schotterstraße weiter nach Lappach (1436 m; Busverbindung mit Sand in Taufers).

Gehzeiten
Aufstieg (Inn. Michlreißer Alm—Speikboden): 1 Std.
Höhenweg (Speikboden—Chemnitzer Hütte): 4—5 Std.
Abstieg (Chemnitzer Hütte—Lappach): 1½ Std.

Wanderkarten
Kompaß, Bl. 82 (Tauferer-Ahrntal); Freytag-Berndt, Bl. 15 (Zillertaler Alpen; 1 : 100.000).

32. Stabeler-Weg (2300—2900 m)

Eine 15 km lange Weganlage im Ahrntal, die von der Chemnitzer Hütte bis zu der auf hohem Grat in fast 3000 m Höhe stehenden Schwarzensteinhütte führt. Der Weg durchzieht einen beachtlichen Teil der Südflanken des Zillertaler Hauptkammes. Mit teilweise nicht unbedeutenden Höhenunterschieden überwindet der Steig oft in vielen Serpentinen einige von der Kammhöhe herabstreichende schroffe Felsgrate. Diese hochalpine Weganlage wurde im Sommer 1976/77 von der AVS-Sektion Sand i. T. sehr gut ausgebaut und markiert und nach dem hervorragenden Bergsteiger Johann Niederwieser aus Sand i. T., genannt Stabeler Hansl (1853—1902), benannt. Der Höhenweg kann nunmehr jedem erfahrenen Bergwanderer empfohlen werden. Gute Kondition ist aber Voraussetzung.

Empfohlener Wegverlauf
Von Weißenbach im gleichnamigen Ahrntaler Seitental (1385 m; Busverbindung mit Luttach) auf gutem Weg Nr. 24 nordwestlich durch das Trottertal hinauf und ab der Mittleren Göge (Alm) westlich über schöne Bergweiden zur Chemnitzer Hütte am Nevesjoch (2416 m; 45 Schlafplätze, Sommerbewirtschaftung).
Wer will, kann sich das letzte Stück (20 Min.) zur Hütte sparen und bereits bei der Stieralm (2325 m) den Höhenweg einschlagen. Der gut mit Nr. 24/A markierte Weg führt nordostwärts nur leicht auf und ab zu einem sumpfigen Boden (Mooser Flecke, 2307 m), dann steil hinauf zur Gelenkscharte (2724 m) in dem von der V. Hornspitze herabziehenden Kamm, jenseits bis auf 2450 m hinab und in das sog. Sandrain und in Serpentinen wieder empor in das engeingeschnittene Schwarzenbachtörl in dem von der I. Hornspitze abzweigenden Kamm (2559 m); dann nahezu eben durch die grüne Bucht des obersten Schwarzenbachtales, erneut hinauf bis auf 2704 m (sog. Törla, Scharte im Schwarzenstein-Südgrat) und jenseits schließlich hinab zu dem von Luttach zur Schwarzensteinhütte führenden Weg (2620 m). Hier endet der eigentliche Höhenweg. Wer will, kann in knapp 1 Std. auf versichertem Steig zur Schwarzensteinhütte (2922 m, 35 Schlafplätze, Sommerbew.) ansteigen, es kann aber auch gleich abgestiegen werden.
Der Abstieg durch das schöne Rotbachtal nach Luttach (962 m) ist zwar lang, der mit Nr. 23 markierte Weg aber gut und landschaftlich sehr schön.

Gehzeiten
Aufstieg (Weißenbach—Chemnitzer Hütte): 3 Std.
Höhenweg (Chemnitzer Hütte—Schwarzensteinhütte): 5—6 Std.
Abstieg (Schwarzensteinhütte—Luttach): 3 Std.

Wanderkarten
Kompaß, Bl. 82 (Tauferer-Ahrntal); Freytag-Berndt, Bl. 15 (Zillertaler Alpen; 1 : 100.000).

33. Lausitzer Weg (2400—2700 m; Bild S. 65)

Diese großartige, von der damaligen Sektion Lausitz des DuÖAV erbaute Weganlage von über 15 km Länge beginnt unter dem Hundskehljoch (Übergang von St. Peter in Ahrn ins Zillertal) am prächtig gelegenen Waldnersee (2559 m), durchzieht hoch über dem hintersten Ahrntal in einmaliger Querung die steilen Geröll- und Felsflanken des östlichsten Teiles des Zillertaler Hauptkammes und endet an der Birnlücke im Scheitel des Ahrntales. Vom Höhenweg aus besonders großartiger Blick auf den vergletscherten Südteil der Venedigergruppe mit Dreiherrenspitze und Rötspitze. Das einzige Schutzhaus entlang des Weges, die stattliche Neugersdorfer Hütte (auch Krimmler-Tauern-Hütte), ist unbewirtschaftet.
Der Weg war in den letzten Jahrzehnten stark vernachlässigt worden und auf weite Strecken verfallen; in den letzten Jahren wurde er jedoch markiert und an verschiedenen Stellen instand gesetzt, so daß er heute wieder einigermaßen gut zu begehen ist, Bergerfahrung vorausgesetzt. Hin-

zu kommt, daß seit Sommer 1976 auch die Birnlückenhütte wieder bewirtschaftet ist und somit — die Neugersdorfer Hütte und auch das Trinksteinhaus bleiben geschlossen — der in seiner ganzen Länge fast nur in einer Zweitagestour zu bewältigende Weg einen wichtigen Stützpunkt zurückerhalten hat. Dank der guten, markierten Wegverbindungen mit dem Tal läßt sich die gewaltige Höhentour um ein oder zwei Drittel abkürzen, wobei entweder das innerste östliche Stück von der Neugersdorfer Hütte zur Birnlücke oder das westliche Drittel vom Waldnersee zum Heilig-Geist-Jöchl als abgeschlossene Tagestouren zu bevorzugen sind; der mittlere Teil ist weniger lohnend. Bezüglich der Bewirtschaftung der Schutzhütten ist es ratsam, sich vor dem Aufstieg sicherheitshalber im Tal zu erkundigen.

Empfohlener Wegverlauf

Von Prettau in Ahrn (1476 m) entweder auf einer für Privatverkehr gesperrten Forststraße, oder auf gutem Waldweg hinauf zur Moaralm (auch Wieserhütte; 1988 m; 2 Std.). Von da nordwestwärts auf Steigspuren zu einem felsigen Rücken und über ihn zum großen, schönen Waldnersee (2338 m).

Vom See nun teilweise pfadlos nach rechts (nordöstlich) über steinige Almböden kurz hinauf zum felsigen Südabfall des Sauwipfels und wieder rechtshaltend eben durch zum Fuß des unvermittelt steil aufstrebenden Rauchkofel-Südostgrates (2400 m), wo man auf den ursprünglichen, vom Hundskehljoch herführenden Lausitzer Weg trifft. Auf dem weiterhin mit Nr. 13 gut markierten und hier auch besser ausgeprägten Höhenweg ostwärts leicht ansteigend weiter durch die weite Geröllmulde des Marchsteinkars und auf einem Absatz (2700 m) um einen steilen Felsvorsprung herum. Kurz über Felsen hinab und fast eben über Geröll in die nächste Karmulde (2 Std. ab Waldnersee). Hier trifft man in Höhe 2522 m auf den guten, mit Nr. 15 markierten Saumweg, der vom Heilig-Geist-Jöchl nach Kasern hinabführt (1½ Std.). Der Höhenweg geht das Kar nahezu eben aus, überquert mit kurzem Abstieg den von der Windbachspitze herabziehenden Gratrücken, durchläuft ein weiteres Kar (Schüttal), überschreitet die felsige Schüttalschneid auf 2400 Meter (ab hier Blickverbindung mit der Birnlücke), erreicht dann leicht ansteigend den vom breiten Sattel des Krimmler Tauern nach Heilig Geist hinabführenden Saumweg (2 Std.) und bald darauf die Neugersdorfer Hütte (2568 m; das Schutzhaus bleibt wahrscheinlich auch weiterhin unbewirtschaftet). Vom Schutzhaus leicht abwärts um die schwach ausgeprägte Taurschneide herum und durch eine seichte Karmulde zur schroffen, gezackten Pfaffenschneide, die über die sogenannte »Teufelsstiege« überwunden wird. Wieder durch einen blockerfüllten Kessel und — evtl. nach einem kurzen Abstecher zur Birnlücke — hinunter zur Birnlückenhütte (2440 m; seit 1976 wieder bewirtschaftet), wo der Höhenweg endet.

Von hier auf dem guten Talweg (Nr. 13), zunächst steil abwärts, dann aber teilweise sogar eben der Ahr entlang immer talauswärts zum Trinksteinhaus (ab 1978 Bewirtschaftung geplant; 1671 Meter), weiter auf der Fahrstraße nach Heilig Geist (1619 m) und nach Kasern (1595 m). Von hier Busverbindung mit Prettau.

Gehzeiten

Anstieg (Prettau—Waldnersee): 3½ Std.
Höhenweg:
1. Teil (Waldnersee—Hl.-Geist-Jöchl): 2½ Std.
2. Teil (Hl.-Geist-Jöchl—Neugersdorfer H.): 2½ Std.
3. Teil (Neugersdorfer H.—Birnlückenhütte): 2½ Std.
Abstieg (Birnlückenhütte—Kasern): 2 Std.

Wanderkarten

Kompaß, Bl. 82 (Tauferer-Ahrntal); Freytag-Berndt, Bl. 15 (Zillertaler Alpen; 1 : 100.000).

G) DURRECK- UND RIESERFERNERGRUPPE

34. Almweg von Rein (1950—2200 m; Bild S. 69)

Dieser wenig bekannte, 5 km lange Höhenweg durchzieht nahezu eben in dem schmalen Almstreifen zwischen Wald- und Felsregion die von Rein zu den Hochgipfeln der Durreckgruppe (Moosstock, Durreck, Hirbernock) westseitig hinaufziehenden Hänge. Der landschaftlich und floristisch überaus lohnende, gut markierte Weg zweigt bei den sogenannten Lobiserschupfen, zehn aneinandergereihten Heuhütten, von dem von Rein nach Ahornach führenden Fußweg ab und zieht mit herrlicher Aussicht auf die Eiswelt der Rieserferner im Osten und auf die schroffen Felsgipfel im Talschluß des Knuttentales, an den Sennhütten der Mittermayer-, Moosmayer- und Hirberalm vorbei, bis zur Durraalm, dem nördlichen Endpunkt der Höhenwanderung. Von hier bringt ein guter Weg zum Ausgangspunkt Rein zurück. Die ganze mit 4 Std. Gesamtgehzeit relativ kurze Rundtour ist auch ungeübten Wanderern sehr zu empfehlen.

Empfohlener Wegverlauf

Von Rein im gleichnamigen, bei Sand in Taufers abzweigenden Seitental (1595 m; Bushaltestelle) auf gutem Steig (Schild „Ahornach“ beim Gasthaus „Berger“) westlich zunächst kurz durch schö-

nen Lärchenwald und dann über Wiesen auf Nr. 10 (nicht Nr. 1 wie in manchen Karten) hinauf zu einem hübschen Almboden mit den zehn Lobiserschupfen (1960 m).
Hier scharf rechts ab (links geht es weiter nach Ahornach) und auf schmalem Wiesensteig Nr. 1/A zur Hütte der Mittermayeralm (1990 m), weiter auf gutem Weg leicht ansteigend zur schönen Moosmayeralm (2069 m), dann fast eben zum ansehnlichen, schutzhüttenähnlichen Steinbau der Hirberalm (2096 m) und in langer Wanderung, mehrere Bäche überschreitend, zu einer einfachen Hirtenhütte (2211 m). Von da nun leicht abwärts zur schönen, knapp oberhalb der Waldgrenze gelegenen Durraalm (2096 m), wo der Höhenweg in den über die Weiße Wand ins Ahrntal führenden „Fuldaer Weg" einmündet.
Von hier auf gutem, mit Nr. 1 markiertem Saumweg durch schönen Zirbenwald hinab zur Knuttentalstraße und auf dieser (2 km) zurück nach Rein.

Gehzeiten
Anstieg (Rein—Lobiserschupfen): 1 Std.
Höhenweg (Lobiserschupfen—Durraalm): 2 Std.
Abstieg (Durraalm—Rein): 1 Std.

Wanderkarten
Kompaß, Bl. 82 (Tauferer-Ahrntal); Freytag-Berndt, Bl. 15 (Zillertaler Alpen; 1 : 100.000).

35. Kofleralm—Ursprungalm (2200—2400 m)

Dieser alte, mit der Nr. 8/A bezeichnete Almweg durchzieht die das Bachertal (östliches Seitental von Rein) nordseitig flankierenden Hänge, die sich über der scharf an einem langgezogenen Felsriegel abgesetzten Waldgrenze mit teilweise sanften Almböden zu den Gipfeln des hier unvergletscherten nördlichen Teiles der Rieserfernergruppe hinanziehen. Diese Hänge bilden mehrere kleine Taleinbuchtungen, in denen eine ganze Reihe von Bergseen, darunter die bekannten Koflerseen, die Eisgipfel der gegenüberliegenden Talseite (Hochgall, Schneebiger Nock usw.) widerspiegeln. Der landschaftlich einmalige Höhenweg verbindet die Kofleralm über dem äußeren Bachertal mit der Ursprungalm in dessen nördlichem Hintergrund und stellt hier den Anschluß an den bekannten Arthur-Hartdegen-Weg her. Die 4 km lange Almwanderung kann auch weniger geübten Bergwanderern ohne weiteres empfohlen werden.

Empfohlener Wegverlauf
Von Rein (1595 m; hierher Straße von Sand in Taufers) zunächst auf der Schotterstraße ins Knuttental ein Stück hinein, dann nach rechts auf Nr. 8/A über den Knuttenbach (breite Brücke) zum Ebnerhof und durch Wald hinauf zu der in einer schönen Waldrodung gelegenen Unteren Kofleralm (2034 m). Nun nach rechts (weiterhin Nr. 8/A) durch schönen Zirbenwald leicht ansteigend zu einem Bildstöckl an der Baumgrenze und zu der von einem langen Steinwall umzäunten Oberen Kofleralm (2192 m; hier zweigt die Nr. 9/A ab und führt in ½ Std. zum Koflersee hinauf; Abstecher dorthin sehr lohnend!).
Unser Höhenweg zieht nun (stets Nr. 8/A) über schrofige Almhänge ganz leicht ansteigend und zwei Bäche übersetzend zur kleinen Brunner-Almhütte (2322 m) und weiter unter der Bärenluegwand durch, wieder über einige Wasserläufe, in durchwegs ebener Wanderung mit prächtigen Ausblicken auf die Eiswelt der Rieserferner zur Ursprungalm (2387 m).
Von der Almhütte nun östlich über Bergweiden kurz hinab und auf dem rechts absteigenden Almweg durch das kleine Ursprungtal durch Wald hinab zur Goldlahn-(auch Fischt-)Alm und auf dem guten Weg durch das Bachertal in ebener Wanderung hinaus nach Rein.

Gehzeiten
Aufstieg (Rein—Ob. Kofleralm): 2 Std.
Höhenweg (Ob. Kofleralm—Ursprungalm): 1½ Std.
Abstieg (Ursprungalm—Rein): 2 Std.

Wanderkarten
Kompaß, Bl. 82 (Tauferer-Ahrntal); Freytag-Berndt, Bl. 15 (1 : 100.000) und S 3 (1 : 50.000).

36. Kofleralm—Klammlsee (2200—2850 m)

Markierte, aber streckenweise weglose Überschreitung des sich in dem Winkel zwischen Knuttental und Bachertal erhebenden eisfreien Nordteil der Rieserfernergruppe. Dieses schöne, aus vielen nur wenig ausgeprägten Felsgipfeln und Gratzügen, zwischen denen weite Kare mit vielen Bergseen eingebettet sind, aufgebaute Gebirge gehört trotz seiner Schönheit — wie viele im Schatten berühmter naher Berge stehende Gebiete — zu den wenig bekannten und nur selten besuchten Berggruppen Südtirols. Aber gerade diese Abgeschiedenheit und Ursprünglichkeit verdienten es, wenn der hier beschriebene, 6 km lange Weg gut ausgebaut und somit dieses Gebiet mehr in das Blickfeld des Bergwanderers gerückt würde. Im derzeitigen Zustand kann die Höhenwanderung trotz der Markierung nur bergerfahrenen, trittsicheren Berggehern mit Orientierungssinn angeraten werden.

Empfohlener Wegverlauf

Von Rein (1595 m; hierher Straße von Sand in Taufers) kurz auf der Knuttentalstraße hinein, nach rechts über den Bach (breite Brücke) zum Ebnerhof und auf gutem Waldweg Nr. 8/A zur Unteren (2034 m) und zur Oberen Kofleralm (2192 m).
Von hier auf mit Nr. 9/A markierten Steigspuren nördlich im breiten Talbecken zwischen Stutennock (2737 m; links) und Brunnerleitenspitze (2802 m; rechts) über Hochweiden hinauf zum Unteren (2412 m) und Oberen Koflersee (2439 m). Kurz darauf Wegteilung (links geht es auf Nr. 9 über einen Sattel und durch das Sossental nach Rein). Die Nr. 9/A führt nach rechts (nordöstlich) über weite, schrofige Grashänge hinauf in das zwischen Bärenluegspitze (2960 m; rechts) und Sosseneck (2950 m) eingelagerte Joch (2848 m; 2 Std. ab Kofleralm). Nun jenseits linkshaltend über Schrofen und Schutt hinab zu einem Felsköpfl und nach rechts zum oberen (2514 m) der beiden kleinen Seebecken. Nordwärts weiter über steinige Grasböden hinab zu den Bäumen und auf einem guten Steig in Serpentinen hinunter zur Schotterstraße, die man etwas unterhalb des Klammlsees (2243 m) erreicht.
Auf dieser Schotterstraße westlich durch das kurze Klammltal hinab zur Knuttenalm und durch das 5 km lange Knuttental hinaus nach Rein.

Gehzeiten

Aufstieg (Rein—Obere Kofleralm): 2 Std.
Höhenweg (Ob. Kofleralm—Klammlsee): 3 Std.
Abstieg (Klammlsee—Rein): 2 Std.

Wanderkarten

Kompaß, Bl. 82 (Tauferer-Ahrntal); Freytag-Berndt, Bl. 15 (Zillertaler Alpen; 1 : 100.000).

37. Arthur-Hartdegen-Weg (2300—2400 m; Bild S. 67)

Die von der DuÖAV-Sektion Kassel kurz nach der Jahrhundertwende als Gipfelanstieg zum Lenkstein für die damals viel durchgeführte Überschreitung zur Barmer Hütte erbaute Weganlage gehört heute mit zu den schönsten und bekanntesten Höhenwegen im Bereich des Ahrntales. Gewaltig überragt vom Hochgall und seinen Trabanten, umrundet der Weg nahezu eben, die weiten Moränen des Rieserferners querend, den Talschluß des kleinen, von Rein ostseitig abzweigenden Bachertales.
Der bei der Kasseler Hütte beginnende 5 km lange Höhenweg wurde, da er teilweise dem Verfall entgegen ging, 1976 von der AVS-Sektion Taufers neu instand gesetzt und markiert, so daß er heute von jedem Bergwanderer relativ gefahrlos begangen werden kann. Obwohl der Höhenweg selbst verhältnismäßig kurz ist, ergibt die gesamte Runde mit dem Aufstieg zur Kasseler Hütte und dem langen Abstieg von der Ursprungsalm durch das Bachertal eine überaus lohnende Tagestour, die doch etwas Ausdauer verlangt. Dank dem guten Zustand der Wege und der neuen Markierung gibt es keine Orientierungsschwierigkeiten.

Empfohlener Wegverlauf

Von Rein (1595 m; Busverbindung mit Sand in Taufers) auf Nr. 1 (Wegzeiger) ostwärts über die Wiesen im Talgrund und auf dem guten Saumweg an der orographisch linken Seite des Bachertales durch schönen Wald in gleichmäßiger Steigung zur unteren Terner Alm (1874 m), weiter zur Eppacher Alm (2041 m) und hinauf zu der schon von weitem sichtbaren großen Kasseler Hütte (auch Hochgall- oder Rieserfernerhütte; 2274 m; Sommerbew.; 75 Schlafplätze).
Von der Hütte nun auf dem die Nr. 8 tragenden Arthur-Hartdegen-Weg unter der mächtigen Nordwand des Hochgall (3435 m) über Moränen quer durch ein weites Becken, wobei mehrere Bäche überschritten werden, dann unter den Felswänden des wuchtigen Riesernocks durch und um einen weit vorspringenden Gratrücken herum. Nun quer durch die Nordflanke des Riesernocks weiter, worauf der Weg bis auf 2380 m ansteigt und sich dann teilt (rechts geht der Hartdegen-Weg hinauf zum Gipfel des Lenkstein, 3236 m).
Unser Weg bleibt links und steigt kurz ab, überquert auf einem Steg den vom Lenksteinferner kommenden Ursprungbach und führt dann, die Hütte der Ursprungalm rechts etwas erhöht liegen lassend, durch das kurze, steile Ursprungtal durch Wald hinab ins flache Bachertal und durch dieses, zunächst orogr. links, später rechts vom breiten Bach, hinaus nach Rein, unserem Ausgangsort.

Gehzeiten

Anstieg (Rein—Kasseler Hütte): 2½ Std.
Höhenweg (Kasseler Hütte—Ursprungalm): 2 Std.
Abstieg (Ursprungalm—Rein): 2 Std.

Wanderkarten

Kompaß, Bl. 82 (Tauferer-Ahrntal); Freytag-Berndt, Bl. 15 (1 : 100.000) und S 3 (1 : 50.000).

38. Über den Rammelsteinkamm (2200—2500 m)

Dieser Höhenweg ist eine landschaftlich überaus reizvolle, 8 km lange Kammwanderung über jenen südlichen Ausläufer der Rieserfernergruppe, der sich zwischen dem Antholzer Tal im Osten und dem hoch gelegenen Wielental im Westen erhebt. Dieser sanfte Höhenzug, der in seinem Südteil die weiten Bergweiden der Aschbacher Alm trägt, in seinem mittleren Abschnitt sich aber zur kleinen spitzen Felsgestalt des Rammelsteins erhebt, wird von Nord nach Süd überschritten, womit die Tour gleichzeitig eine lohnende Gipfelbesteigung einschließt. Die prächtige Wanderung über den teils ausgeprägten, aber unschwierigen, teils breiten, begrasten Kamm, gewährt eine überwältigende Schau nach Süden auf die gesamten Dolomiten. Der Wegverlauf ist nur im Südteil des Kammes markiert — die Bezeichnungen wurden hauptsächlich als Anstiege auf den Rammelstein angelegt —, im wenig begangenen und weithin unbekannten Nordteil fehlen sowohl Weg als auch Markierung. Trotzdem gibt es dort keinerlei Orientierungsprobleme, da der einzuschlagende Wegverlauf über die Kammhöhe klar vorgezeichnet ist. Die Anlage eines richtigen Höhenweges über den ganzen Bergzug wäre eine sehr dankbare Aufgabe für den Alpenverein.

Empfohlener Wegverlauf

Ausgangs- und Endpunkt für unsere Rundwanderung ist der Ort Oberwielenbach (1355 m), der von Percha mit dem Auto zu erreichen ist. Vom Dorf geht es in langer, schöner Wanderung auf breitem Güterweg (Mark. Nr. 1, 6; 7 km) nordöstlich durch das waldreiche, einsame Wielental dem Bach entlang hinein und an der Unteren Haidacher Alm (1883 m) vorbei zur gleichnamigen Oberen Alm (2089 m). Nun auf gutem Steig Nr. 1 hinauf zum ehemaligen Haidacher See, der heute nur mehr aus einer breiten, sumpfigen Wiesenfläche (Unterer Boden genannt; 2213 m) besteht. Hier wenden wir uns scharf nach rechts (ostwärts) und steigen weglos über Grashänge einem Bach folgend hinauf in die zwischen Hochhorn (2704 m, links) und Sattelleite (2533 m, rechts) eingelagerte Sattelscharte (2460 m), wo unsere Gratwanderung beginnt.

Von der Scharte nun südwärts über den Felsgrat hinauf zum breiten Gipfel der Sattelleite (2533 m), jenseits über den langen, leicht absinkenden Gratrücken und auf dem breiten Wiesenkamm über die kleine Erhebung der Reingrube (2352 m) zum felsigen Nordgrat des Rammelsteins (ab hier Markierung) und unschwierig hinauf zum Gipfel (2483 m). Südlich über den zunehmend breiter und flacher werdenden Grasrücken (Aschbacher Alm) auf schwachem Steig Nr. 6 hinaus zur Kuppe Hochnoll (2231 m; in den Karten auch Hochnall) und kurz hinab zur Hütte der Thaler-(auch Genner-)Alm (1975 m).

Von hier auf der orogr. rechten Seite eines Bachgrabens auf mit Nr. 6 markiertem Steig durch den Finsterwald hinab nach Oberwielenbach.

Gehzeiten

Aufstieg (Oberwielenbach—Sattelscharte): 3½ Std.
Höhenweg (Sattelscharte—Thaleralm): 4 Std.
Abstieg (Thaleralm—Oberwielenbach): 1½ Std.

Wanderkarten

Kompaß, Bl. 82 (Tauferer-Ahrntal) und 57 (Bruneck-Toblach); Freytag-Berndt, Bl. 15 (1 : 100.000) und S 1 (1 : 50.000).

H) HELMZUG UND ÖSTLICHE DOLOMITEN

39. Kreuzbergpaß—Helm (2400—2700 m; Bild S. 71)

Landschaftlich großartige, sehr lange Wanderung über den Karnischen Kamm, der das Sextental ostseitig begrenzt. Der markierte Höhensteig führt in leichtem Auf und Ab stets über den Kammverlauf, über den die ital.-österr. Staatsgrenze verläuft. Durch die freie, zentrale Lage des langen Höhenzuges eröffnet der Weg sowohl prachtvolle Nahblicke auf die schroffen Kalkberge der Sextener Dolomiten wie auch umfassende Fernsichten beinahe über die gesamte Bergwelt Süd- und Osttirols und an klaren Tagen noch weit darüber hinaus. Da im Ersten Weltkrieg über diesen Kamm die Frontlinie verlief, finden sich viele meist noch gut erhaltene und oft auch markierte Militärwege, die einerseits den Höhenweg bilden und andererseits mehrmals ins Sextental hinabführen; damit ist auch eine beliebige Abkürzung des Höhenweges möglich. Auf der Kammhöhe befindet sich als angenehmer Stützpunkt die Viktor-Hinterberger-Hütte, die zwar auf österreichischem Boden steht, aber dank der in letzter Zeit gelockerten Grenzbestimmungen auch von italienischer Seite aus betreten werden darf. Auf Verlangen evtl. anwesender Grenzpolizei besteht allerdings Ausweispflicht.

Der Höhenweg weist keinerlei Schwierigkeiten auf, seine Länge und der manchmal etwas undeutliche Wegverlauf verlangen jedoch Ausdauer und ein Mindestmaß an Orientierungsvermögen, vor allem bei Nebel.

Empfohlener Wegverlauf

Vom Kreuzbergpaß (1636 m; mehrere Hotels, Omnibusverbindung mit Sexten) ostseitig auf breitem, mit Nr. 13 markiertem Weg zunächst durch Wiesen, dann durch Wald hinauf zur prächtigen weiten Nemesalm (1877 m; einfache Gastwirtschaft; 1 Std.). Nun auf dem Weg über die nordseitigen Almhänge des kleinen Grenzbachtales hinan zu einer kleinen Hütte (2022 m) und in Serpentinen über einen Steilhang gerade hinauf. Dann in einer leicht ansteigenden Querung der schrofigen Rasenhänge zum Silvella-Sattel (2325 m), der in dem zum Knieberg herabziehenden Rücken eingelagert ist, und an der Südseite dieses Rückens (stets Militärweg), zuletzt in steilen Serpentinen, hinauf in den flachen Westlichen Obstanser Sattel mit einer Finanzkaserne (2533 m; aus den Wanderkarten nicht zu entnehmen); prächtiger Blick auf den ansehnlichen Obstanser See mit der gleichnamigen Schutzhütte (2304 m).

Hier beginnt der eigentliche Höhenweg und folgt auf seiner ganzen Länge der Kammlinie, wobei die rund 2500 m hohen, nicht besonders ausgeprägten Gipfel (Schöntalhöhe, Hollbruckerspitze, Hornischeck und Hochgruben) meist direkt überschritten werden. Obwohl auch auf der italienischen Seite ein Steig verläuft, führt der richtige Höhenweg, mit Nr. 1 markiert und vom ÖAV instandgehalten, auf der österreichischen Seite; weiße Grenzsteine markieren den Grenzverlauf. Nach etwa 4 Std. (ab Finanzkaserne) erreicht man die 1936 vom DuÖAV erbaute Viktor-Hinterberger-Hütte (2418 m; schöner Holzbau mit 20 Schlafplätzen; Sommerbew.) in der Kammsenke zwischen Hochgruben und Füllhorn. Von der Hütte dann auf gutem Steig, das Füllhorn westseitig umgehend, zu einem weiteren Sattel (2356 m) und leicht ansteigend hinan zum Gipfel des Helm mit der kleinen Helmhütte (2433 m; von der DuÖAV-Sektion Sillian erbaut, nach der Grenzziehung von der ital. Finanzwache besetzt, heute verlassen). Hier hat man das Ende des Höhenweges und den hervorragendsten Aussichtspunkt der 10 km langen Wanderung erreicht.

Vom Helm nun auf gutem Steig (zuerst Nr. 4, dann 4/A) über den langen Südwestrücken ziemlich gerade hinab nach Sexten (1317 m).

Gehzeiten

Anstieg (Kreuzbergpaß—Westl. Obstanser Sattel): 2½ Std.
Höhenweg (W. Obstanser Sattel—Helm): 5 Std.
Abstieg (Helm—Sexten): 2 Std.

Wanderkarten

Kompaß, Bl. 58 (Sextener Dolomiten); Freytag-Berndt, Bl. 17 (Östliche Dolomiten; 1 : 100.000).

40. Rotwandwiesen—Kreuzbergpaß (1700—2000 m; Bild S. 73)

Landschaftlich überaus schöner Höhenweg, der gegenüber anderen berühmten Wegen nur wenig bekannt ist; und dies ganz zu Unrecht. Der gute Steig ist frisch markiert und stellt keinerlei Probleme technischer oder orientierungsmäßiger Art. Er zieht teils an, teils oberhalb der Waldgrenze am Fuße der gewaltigen, teilweise senkrechten Felsabstürze der Sextener Rotwand, des Neuners und des Papernkofels nahezu eben von den Rotwandwiesen zum Kreuzbergpaß. Die Begehung des schönen Weges kann auch wenig geübten Bergwanderern ohne weiteres empfohlen werden, zumal der Anstieg mittels Gondellift und der Rückweg mit dem Auto bewältigt werden können und sich somit die Tour auf den 6 Kilometer langen Höhenweg ohne die sonst oft recht mühsamen An- und Abstiegswege beschränkt. Vom Weg schöne Ausblicke nach NO auf den Karnischen Kamm und nach Norden auf die Eisgipfel der Rieserfernergruppe.

Empfohlener Wegverlauf

Mit dem Korblift (Talstation am Eingang ins Fischleintal) in 15 Min. zu den in letzter Zeit für den Skisport erschlossenen Rotwandwiesen an der Nordseite der Sextener Rotwand; hier zwei gute Gastbetriebe (1925 m).

Der kurz mit Nr. 15, dann mit 15/A neu und gut markierte Steig durchquert zunächst die flache Rodung der Rotwandwiesen, dann kurz lichten Wald und zieht anschließend unter den Ostabstürzen der einleitend genannten Berge teils über weite Schuttkare, teils durch schönen schütteren Bergwald bis zu dem vom Papernkofel zum Kreuzbergpaß hinabziehenden Rücken, der noch viele Spuren aus dem Ersten Weltkrieg trägt. Man folgt kurz diesem Kamm und erreicht bald die Bergstation eines Skilifts, worauf ein kurzer Abstieg der Skipiste entlang über Wiesen zum Kreuzbergpaß hinabführt (am Paß mehrere Hotels, Bushaltestelle; 1636 m).

Von hier mit dem Linienbus oder anderer Fahrgelegenheit zum Ausgangspunkt Moos zurück.

Gehzeit

Höhenweg (Rotwandwiesen—Kreuzbergpaß): 2½ Std.

Wanderkarten

Kompaß, Bl. 58 (Sextener Dolomiten); Freytag-Berndt, Bl. 17 (1 : 100.000) und S 3 (1 : 50.000).

41. Alpinisteig (2400—2700 m; Bild S. 77)

Mit Abstand der kühnste, großartigste und auch schwierigste Höhenweg der Südtiroler Dolomiten. Die 5 km lange, sehr hochalpine Weganlage umrundet, schneegefüllte Schluchten, senkrechte Felswände und abschüssige Schuttbänder querend, teilweise ungemein ausgesetzt den vielgipfeligen, schroffen Aufbau des Elfer-Stockes in den Sextener Dolomiten. Die CAI-Sektion Padua nutzte die während des Ersten Weltkrieges im Westen von den österreichischen und im Osten von den italienischen (Alpini-)Soldaten angelegten Frontwege, um daraus einen Höhensteig für den Tourismus zu machen. Die vorhandenen Wegstrecken wurden miteinander verbunden, schwierige oder gefährliche Stellen gut versichert und man gab der somit entstandenen Anlage den Namen „Strada degli Alpini“ („Alpiniweg“).
Obwohl dieser inzwischen zur Berühmtheit unter den Höhenwegen gewordene Steig zu den meistbesuchten seiner Art zählt, ist und bleibt seine Begehung trotz der Versicherungen eine ausgesprochen alpine Unternehmung. Trittsicherheit, absolute Schwindelfreiheit, Bergerfahrung und eine gute Ausrüstung sind unbedingte Voraussetzung. Ein Eispickel sollte wegen der oft hartgefrorenen Schneepassagen nicht fehlen, Ungeübte und Kinder sollten auf jeden Fall ans Seil genommen werden!

Empfohlener Wegverlauf

Von Moos im Sextental auf der südlich abzweigenden Straße ins Fischleintal bis zum Hotel „Dolomitenhof“ (1454 m; großer Parkplatz) und auf der für den Privatverkehr gesperrten Straße hinein (1,8 km) zur kleinen Talschlußhütte (1540 m; einfacher Gastbetrieb) im hintersten Talboden. Von hier nach rechts kurz auf dem zur Dreizinnenhütte führenden Weg Nr. 102/103 hinauf bis zur Wegteilung. Hier links (östlich) ab und unter den Felsabstürzen des Einserkofels auf gutem Weg Nr. 103 hoch über dem kleinen Bacherntal hinauf zu der gegenüber dem Zwölfer in prächtiger Lage stehenden Zsigmondyhütte (2235 m; 80 Schlafplätze, Sommerbewirtschaftung).
Von der Hütte auf gutem Steig Nr. 101/103 unter den gewaltigen Wänden des Zwölfers über ein weites Kar südostwärts leicht ansteigend gegen das Giralbajoch bis zum kleinen Eissee (2326 m). Nun auf dem Steig 101 links ab, ostwärts über den breiten Hochleist und durch den breiten, „Inneres Loch“ genannten Geröllkessel. Am weit vorspringenden Eck des Zsigmondykofels verläßt der Steig das Kar, durchquert auf dem breiten Salvezza-Band (Seilgeländer) in luftiger Höhe die senkrechten Felswände, umrundet, kühn in die Felsen gesprengt, eine tief eingeschnittene, in ihrem Grund schneegefüllte Schlucht und überquert nach einem seilgesicherten Stück um eine Wand herum die breite Schneerinne des „Inneren Loches“. Nun geht es auf einem ausgesetzten, versicherten Band um den gewaltigen Elferturm herum und dann auf dem nun weniger ausgesetzten Steig über eine abschüssige Schuttrampe in langer, stetig ansteigender Querung durch die ganze Westwand des Elfers bis zur aussichtsreichen Elferscharte im Nordgrat des Berges (2650 m). — Bei Unbegehbarkeit der nun folgenden, noch heikleren Wegstrecke warnt ein unbedingt ernst zu nehmender Hinweis (Tafel: „Zur Sentinellascharte gesperrt“) vor dem Weitergehen, und man steigt auf einem Steig, der weiter unten auf den normalen Abstieg trifft, steil aber unschwierig ab. — Der weitere Verlauf des Alpinisteiges bis zur Sentinellascharte führt von der Elferscharte (weiterhin Nr. 101) durch die steilen Nordabstürze des Elfers. Durch Seilgeländer gut versichert, geht der Weg über Holzbrücken, überwindet eine Steilstufe mittels einer hohen Eisenleiter, überquert — der schattigen Lage entsprechend — meist vereiste, heikle Rinnen und steigt zuletzt durch eine manchmal schneegefüllte Schlucht zur Sentinellascharte hinauf (2717 m), wo der Alpinisteig sein östliches Ende findet. Die hier stehende, von den österreichischen Soldaten „betende Moidl“ getaufte Felssäule wurde von den Italienern „Sentinella“ (Wachtposten) genannt, woher die Scharte den Namen erhielt. Die deutsche Bezeichnung, Anderteralpenscharte, ist heute kaum mehr gebräuchlich.
Der Abstieg führt nordwärts auf Nr. 124 über ein langes und steiles Kar (meist Schneelage) hinab zu einer Wegteilung: rechts geht es auf Nr. 100 zu den Rotwandwiesen; unser Weg 124 führt links zunächst über Bergweiden und später durch Wald zum Ausgangspunkt, dem Dolomitenhof hinab.

Gehzeiten

Aufstieg (Dolomitenhof—Zsigmondyhütte): 2½ Std.
Alpinisteig (Zsigmondyhütte—Sentinellascharte): 3½ Std.
Abstieg (Sentinellascharte—Dolomitenhof): 2 Std.

Wanderkarten

Kompaß, Bl. 58 (Sextener Dolomiten); Freytag-Berndt, Bl. 17 (1 : 100.000) und S 3 (1 : 50.000).

42. Zsigmondyhütte—Dreizinnenhütte (2200—2500 m; Bild S. 75)

Der landschaftlich überaus großartige Höhenweg verbindet die Zsigmondyhütte mit der Dreizinnenhütte und ermöglicht damit eine schöne Rundtour mit Aufstieg durch das Bacherntal und Ab-

stieg durch das Altensteintal. Der 5 km lange, teilweise von den Hochgebirgstruppen des Ersten Weltkrieges angelegte Weg ist gut markiert und besitzt mit der kleinen Büllelejochhütte auf Halbweg einen angenehmen Zwischenstützpunkt. Im Gegensatz zum nahen Alpinisteig ist dieser Höhenweg ein ausgesprochener Wanderweg, der keinerlei Schwierigkeiten aufweist und folglich von jedem einigermaßen gehgewohnten Wanderer leicht begangen werden kann. Die Wanderung wird zunächst vom gewaltigen, mit ungeheuren Wänden in die Höhe ragenden Zwölferkofel (3094 m) beherrscht, später dann vom Paternkofel, der im Ersten Weltkrieg durch den Heldentod des großen Bergführers Sepp Innerkofler Berühmtheit erlangt hat. Bei der Dreizinnenhütte angelangt, öffnet sich der Prachtblick auf die grandiosen Nordwände der Drei Zinnen. Sehr hübsch entlang des Weges die Bödenseen. Wie überall in diesem Gebiet, stößt man auch hier immer wieder auf viele Reste des großen Hochgebirgskrieges 1914—18.
Dieser Höhenweg kann eine willkommene Alternative zum Alpinisteig bilden, falls dieser aus irgendwelchen Gründen nicht begehbar sein sollte.

Empfohlener Wegverlauf

Von der Talschlußhütte im Fischleintal (1540 m; hierher vom Hotel „Dolomitenhof" in ½ Std. auf der für Privatverkehr gesperrten Talstraße) rechts auf Nr. 102/103 kurz hinauf ins Altensteintal bis zu einer Wegteilung mit Hinweisschildern (gerade weiter zur Dreizinnenhütte). Hier links ab, auf gutem Saumweg Nr. 103 über den Bach und hoch über dem engen, steilen Talgrund des Bacherntales hinauf zur Zsigmondyhütte (2235 m; 80 Schlafplätze; Sommerbewirtschaftung). Von der Hütte Prachtblick auf den Elferstock und den Zwölfer.
Von der Zsigmondyhütte nun auf dem mit Nr. 101 gut markierten Höhenweg über Karrenfelder teilweise leicht ansteigend westwärts unter der wuchtigen Zwölfer-Nordwand durch zum Oberbachernjoch und nach rechts auf altem Kriegsweg zum Büllelejoch mit der gleichnamigen kleinen Schutzhütte (2528 m; Sommerbewirtschaftung). Auf dem breiten Weg eben weiter zur nahen Forcella di Cengia (2522 m) und nordseitig ein Stück über ein steiles Kar hinunter, worauf der Steig wieder eben wird, und in schöner Wanderung mit Blick auf die Bödenseen und die Dreischusterspitze über die steilen, weiten Schuttströme am Nordfuß der zackigen Bödenknoten zum Toblinger Riedel mit der großen Dreizinnenhütte (2438 m; 180 Schlafplätze, Sommerbew.) führt.
Von der Hütte nun auf gutem, mit Nr. 102 markiertem Weg nordostwärts über die Bödenalm mit den beiden oberen Seen und anschließend durch das wildschöne Altensteintal, das im Süden vom gewaltigen Aufbau des Einserkofels überragt wird, hinab zur Talschlußhütte im Fischleintal.

Gehzeiten

Aufstieg (Talschlußhütte—Zsigmondyhütte): 2 Std.
Höhenweg (Zsigmondyhütte—Dreizinnenhütte): 2 Std.
Abstieg (Dreizinnenhütte—Talschlußhütte): 1½ Std.

Wanderkarten

Kompaß, Bl. 58 (Sextener Dolomiten); Freytag-Berndt, Bl. 17 (1 : 100.000) und S 3 (1 : 50.000).

43. Dreizinnenrunde (2100—2450 m)

Dieser lange Höhenweg, mit Ausgang von der Dreizinnenhütte, umrundet die wohl berühmteste Berggruppe der Dolomiten, die drei scharfkantigen Felsklötze der Drei Zinnen. Dabei führt der gute, markierte Weg unter den Westabstürzen des besonders im Ersten Weltkrieg durch den Heldentod Sepp Innerkoflers beim Alleinangriff auf eine italienische Stellung auf dem Gipfel bekannt gewordenen Paternkofels durch zum Paternsattel, zieht dann auf einem bis vor kurzem auch von Autos befahrenen Militärsträßchen (heute gesperrt) unter den steilen, hier nur wenig markanten Südflanken der Drei Zinnen eben zu der hotelmäßigen Auronzohütte an der Forcella Longeres, führt auf gutem Steig weiter zur Forcella Col di Mezzo in dem von den Drei Zinnen westwärts ziehenden Kammrücken und dann über die weite, nur spärlich begraste Lange Alpe mit den kleinen Zinnenseen unter den Nordwänden der Drei Zinnen durch zurück zur Dreizinnenhütte. Der fast 10 km lange Höhenweg ist so ungefährlich wie unschwierig, er kann bedenkenlos jedem Bergwanderer empfohlen werden. Er vermittelt unvergeßliche Einblicke in die weltberühmten, mauerglatten, gelbroten, mit gewaltigen Felsdächern überhängenden Nordwände der Drei Zinnen, und allein das Zusehen, wie sich die Kletterer ihren Weg durch diese Wände suchen, ist schon ein einzigartiges Erlebnis.

Empfohlener Wegverlauf

Vom Hotel „Dolomitenhof" im Fischleintal in Sexten auf der für Privatverkehr gesperrten Talstraße in ½ Std. zur kleinen Talschlußhütte im Fischleinboden (1540 m). Von hier auf gutem Weg Nr. 102 durch das wildschöne Altensteintal am Fuß der Einserkofel-Nordwand südwestlich hinauf zur Bödenalm mit den zwei oberen Bödenseen und bald darauf zur großen Dreizinnenhütte am Toblinger Riedel (2438 m; 180 Schlafplätze, Sommerbewirtschaftung). Schon hier beeindruckender Blick in die Zinnen-Nordwände.

Vom Schutzhaus auf gutem Steig südlich kurz hinab und auf Nr. 101 größtenteils eben über die Schuttkare am Fuße der Paternkofel-Westwand in schöner Wanderung zu dem zwischen Kleinster Zinne (rechts) und Paßportenkopf (links) eingelagerten Paternsattel (2457 m), dann südwärts zunächst kurz abwärts zur Lavaredohütte (2390 m; Sommerbewirtschaftung) mit kleiner Kapelle aus dem Ersten Weltkrieg und auf der ebenfalls aus diesem Krieg stammenden, heute für Autoverkehr glücklicherweise gesperrten Schotterstraße eben unter den grauen Südfelsen der Drei Zinnen durch zur großen Auronzohütte (2320 m; 90 Schlafplätze, ganzjährig bewirtschaftet; ab Dreizinnenhütte 1½ Std.; von hier 7,5 km lange Mautstraße nach Misurina). Vom Berggasthaus auf gutem Steig westwärts über Grashänge und Geröll eben zur Forcella Col di Mezzo (2315 m), dann nordwärts auf Steig Nr. 105 über Schutt zum begrasten Col di Mezzo und an einer kleinen Hütte vorbei hinab zu den drei kleinen, landschaftlich sehr schön gelegenen Zinnenseen. Auf dem Steig über die kargen, steinigen Schafweiden der Langen Alpe nordöstlich eben weiter, einen kurzen Hang hinab, über den grünen, ebenen Rienzboden (2175 m) und in mäßig steilem Gegenanstieg zurück zur Dreizinnenhütte.
Abstieg wie Aufstieg durch das Altensteintal zum Fischleinboden.

Gehzeiten
Aufstieg (Fischleinboden—Dreizinnenhütte): 2½ Std.
Höhenweg (Dreizinnenhütte—Auronzohütte—Dreizinnenhütte): 4 Std.
Abstieg (Dreizinnenhütte—Fischleinboden): 1½ Std.

Wanderkarten
Kompaß, Bl. 58 (Sextener Dolomiten); Freytag-Berndt, Bl. 17 (1 : 100.000) und S 3 (1 : 50.000).

44. Roßalm—Plätzwiese (2000—2300 m; Bild S. 79)

Landschaftlich großartiger Höhenweg, der gut markiert ohne größere Höhenunterschiede die gesamte Nordseite des gewaltigen Gaislstockes, jenes eigenständigen, zu den Pragser Dolomiten gehörenden Bergmassivs, hoch über dem Talschluß von Altprags, in prächtiger Lage durchquert. Das kleine Hochtal von Altprags steht touristisch im Schatten des westlichen Talarmes von Neuprags mit dem berühmten Pragser Wildsee, weshalb unser Höhenweg relativ wenig begangen und weithin unbekannt ist, wie auch die 3148 m hohe, mit beeindruckenden Felswänden aufragende Hohe Gaisl selbst wegen ihrer schwierigen Ersteigbarkeit selten und nur von erfahrenen Felskletterern Besuch erhält.
Der 7 km lange Höhenweg verbindet die am Aufstieg von Brückele zur Egerer Hütte befindliche Roßalm mit dem weiten, zwischen Hohe Gaisl und Dürrenstein eingelagerten Almsattel der Plätzwiese. Der Weg weist keine nennenswerte Schwierigkeiten auf, erfordert aber trotzdem eine gewisse Trittsicherheit und Bergerfahrung.
Herrliche Aussicht nach Norden auf den vergletscherten Alpenhauptkamm, nach Osten auf die Sextener Dolomiten, vor allem Zwölfer und Drei Zinnen. Von der Plätzwiese Prachtblick auf die Cristallo-Gruppe.

Empfohlener Wegverlauf
Vom Hotel Brückele im Talschluß des östlichen Pragser Seitenastes (1491 m; hierher gute Straße von Bad Altprags) auf der Schotterstraße über einen weiten Almboden kurz talein. Bei der Wegteilung nicht nach links über den Bach (zur Plätzwiese), sondern rechts (westlich) weiter bis zum Ende der Schotterstraße. Hier abermals Wegteilung (rechts hinauf zum Großen Roßkofl, Nr. 30). Auf dem Weg Nr. 4 links weiter, über die große Schutthalde der Roßlahn hinan, in Kehren über einen Steilhang empor und längs dem vermurten Kaserbach, zuletzt durch einen Waldbestand, hinauf zur Hütte der Roßalm (2164 m).
Etwas unterhalb der Hütte zweigt links (südl.) unser mit Nr. 3 markierter Höhenweg ab. Er steigt zunächst leicht über Rasenböden an, quert dann unter der Kleinen Gaisl (2857 m) ein weites Kar und umrundet auf schmalem, ausgesetztem Steig einen vom Gaisele hinabziehenden Felsgrat (2257 m). Nun wieder durch ein großes Kar, dann um den Nordrücken der Schlechtgaisl herum und unter der gewaltigen, von einer Eisrinne durchzogenen Nordostwand der Hohen Gaisl in langer, gerader Querung durch ein weiteres, ausgedehntes Kar. Über die Gumpalpe leicht absteigend zu einer Quellmulde an der Waldgrenze und teils durch Zirbenbestände, teils über Wiesenböden hinab zur hübschen Almhütte der Plätzwiese (1993 m; einfache Gastwirtschaft; in der Nähe die häßlichen Ruinen des 1955 abgebrannten Hotels). — Von hier lohnend und unschwierig auf Steig Nr. 40 in 1½ Std. die Besteigung des prächtigen, aussichtsreichen Dürrensteins (2839 m) möglich.
Von der Plätzwiese auf Nr. 37 der Schotterstraße entlang, teilweise auf Abkürzungen, nordwärts durch schönen Bergwald hinab zum Hotel Brückele, unserem Ausgangspunkt.

Gehzeiten
Aufstieg (Hotel Brückele—Roßalm): 2 Std.
Höhenweg (Roßalm—Plätzwiese): 3 Std.
Abstieg (Plätzwiese—Hotel Brückele): 1 Std.

Wanderkarten
Kompaß, Bl. 57 (Bruneck-Toblach); Freytag-Berndt, Bl. 17 (1 : 100.000) und S 3 (1 : 50.000).

45. Fosses-Sennes-Runde (2000—2300 m; Bild S. 81)

Großartige, etwa 10 km lange Rundwanderung über die ausgedehnten Schafalmen von Fosses und Sennes, vorbei an den schönen Fossesseen sowie an der Egerer, Sennes- und Fodara-Vedla-Hütte. Das hügelige Hochplateau, das nach Süden hin offen ist und steil zu der Quelle des Boite im Val Salata abbricht, wird im Westen vom Piz Sella di Sennes, im Norden vom Pragser Seekofel und im Südosten vom mächtigen Bergmassiv der Hohen Gaisl umrahmt. Die Zugänge in dieses von Murmeltieren, Gemsen und Schafen bevölkerte Almreich sind sowohl von der Pragser Seite her wie auch aus dem Rautal lang und beschwerlich. Deshalb wählen wir für unsere Tour das von der Straße nach Cortina abzweigende Tal von Campo Croce als Ausgangs- und Endpunkt. Der gesamte Weg ist gut markiert und völlig unschwierig. Das verzweigte Wegnetz (teilweise für Privatverkehr gesperrte Fahrwege) verlangt bei den verschiedenen Abzweigungen etwas Orientierungssinn und — besonders bei nebliger Sicht — erhöhte Aufmerksamkeit.

Empfohlener Wegverlauf
Von der Straße Toblach—Cortina zweigt kurz nach Ospitale an einer großen Straßenwendung in der Nähe von Peutelstein eine schmale Asphaltstraße nördlich ab und bringt durch das Campo-Croce-Tal (3½ km) zum Almwirtshaus Ra Stua (1695 m). Auf dem gesperrten Fahrweg nun in schöner Wanderung eben talein bis zum weiten Wiesenboden von Campo Croce (1758 m) und hier auf Nr. 26 rechts ab. Der Steig führt durch einen steilen Latschenhang hinauf und erreicht auf 2100 m in der Nähe des Rotwandsees (Lago Remeda rossa) den Rand der Hochfläche von Fosses.

Der Höhensteig (weiterhin Nr. 26) zieht nun in nördlicher Richtung über steinige Almböden größtenteils eben durch, am Rotwandsee und am Kleinen Fossessee vorbei zum schilfumrahmten Großen Fossessee (2139 m). Kurz nach dem See Wegteilung (rechts zur Forcella di Cocodain). Hier links immer noch mit der Nr. 26 über steinige Rasenböden weiter und sanft ansteigend zur Egerer Hütte (2300 m; auch Seekofelhütte; 35 Schlafplätze, Sommerbewirtschaftung). — Bei genügend Zeit sollte hier die Gelegenheit der unschwierigen, einstündigen Besteigung des Seekofels (2810 m) nicht versäumt werden! Die Aussicht von seinem Gipfel ist einmalig, besonders eindrucksvoll der Tiefblick auf den Pragser Wildsee unter der Nordwand des Berges.

Von der Schutzhütte nun auf dem Zubringerweg etwa 15 Min. westwärts, dann bei der zweiten Abzweigung rechts ab und auf gutem Steig über welliges Almgelände hinüber zu den Almhütten von Sennes mit der Schutzhütte (2116 m; 40 Schlafplätze, Sommerbewirtschaftung). — Hier hat man die Möglichkeit, die Runde vorzeitig abzubrechen und auf gutem Güterweg durch das Val Salata zum Ausgangspunkt zurückzukehren.

Unser Höhenweg führt, teilweise einem Fahrweg folgend, über Almböden und kurz durch Zirbenwald südwärts und endet bei den Hütten von Fodara Vedla (1966 m; Wirtschaft mit 12 Betten; Sommerbew.; Neubau geplant).

Von der Hütte auf breitem Fahrweg Nr. 9 ostwärts über einen kleinen Sattel zu einem kleinen See und teilweise durch Latschenbestände in vielen Serpentinen hinab zum Wiesenboden Campo Croce. Auf der Schotterstraße zurück nach Ra Stua, unserem Ausgangspunkt.

Gehzeiten
Aufstieg (Ra Stua—Rotwandsee): 1½ Std.
Höhenweg (Rotwandsee—Fodara Vedla): 3 Std.
Abstieg (Fodara Vedla—Ra Stua): 1 Std.

Wanderkarten
Kompaß, Bl. 57 (Bruneck-Toblach); Freytag-Berndt, Bl. 17 (1 : 100.000) und S 3 (1 : 50.000).

46. Fanes-Höhenweg (2100—2600 m; Bild S. 83)

Der Kreuzkofelstock ist eine der eigenartigsten Berggestalten der Dolomiten. Er besteht aus einem gewaltigen bogenförmigen Felskamm, der einen nach Südosten hin offenen Halbkreis bildet. An der Außenseite brechen tausend Meter hohe Felswände senkrecht in die darunterliegenden Wälder ab. An der Innenseite dieses Kammbogens liegt ein riesiges Felsbecken, das in spärlich begrasten und im unteren Teil schütter bewaldeten Wellen und Stufen vom Kamm ins Paròntal und zur Alm Klein-Fanes mit dem Grünsee herabzieht. Durch diesen sagenumwobenen, einmaligen Felskessel führt unser Weg vom Antonijoch, der Scharte am östlichen Ende des Kammes, bis zum Kreuzkofeljoch an seinem westlichen Auslauf. Der landschaftlich einmalige Höhenweg, der nur wenig begangen wird, ist markiert und weist keine Schwierigkeiten auf. Der Abstieg allerdings vom Kreuzkofeljoch nach Heiligkreuz verlangt Trittsicherheit und Schwindelfreiheit. Der 7 km lange Höhenweg ergibt mit dem Anstieg von Spessa und dem langen Abstieg über den Wallfahrtsort Heiligkreuz wieder dorthin zurück eine großartige Tages-Rundtour. Die Stützpunkte Lavarella- und Faneshütte auf der Alm Klein-Fanes und das Heiligkreuz-Hospiz direkt unter der Heiligkreuzkofel-Westwand bieten willkommene Rast- und Einkehrmöglichkeit.

Empfohlener Wegverlauf

Von Wengen (1353 m; hierher Asphaltstraße von Pederoa im Gadertal) durch das gleichnamige kleine Tal auf der Schotterstraße weiter zum Weiler Spessa mit dem Gasthaus Miribung (1544 m). Von hier nun zunächst auf einem Güterweg, dann auf Weg Nr. 13 durch das Tälchen mäßig steil hinan zur Waldgrenze und zunehmend steiler durch den weiten, oft schneegefüllten Geröllkessel mühsam hinauf ins Fanesjoch (auch Antonijoch, 2466 m) zwischen Neuner rechts und Antonispitze links.

Vom Joch nun an der Südseite auf dem weiterhin gut mit Nr. 13 markierten, guten Weg gleichmäßig über steinige Almböden hinab bis auf 2150 m, wo wenige Minuten oberhalb der Lavarellahütte (2042 m; 30 Schlafplätze; Sommerbewirtschaftung; 10 Min. entfernt die große Faneshütte) der Steig Nr. 7 (Markierung derzeit blaß, aber ausreichend), der den Höhenweg darstellt, rechts abzweigt. Nun zunächst bis auf 2350 m leicht ansteigend hinan und dann mit großartigem Rundblick über die weiten Karrenfelder nahezu eben in sehr schöner Wanderung südwestwärts unter dem markanten, eigenartigen Felsbau des Zehners durch bis zu einer Wegteilung (links auf Nr. 12 über den Lavarellasattel nach Stern im Gadertal). Unsere Nr. 7 bleibt rechts und führt über schrofige Böden allmählich leicht ansteigend zum Kreuzkofeljoch (2609 m). Von hier die unschwierige Besteigung des Heiligkreuzkofels (2908 m) über den Südgrat in 1 Std. sehr lohnend!

Vom Joch nun schräg nach rechts auf teilweise versichertem Steig über Bänder und Schrofen durch die steile Felsflanke hinab und dann über Geröll und durch Krummholz zur Wallfahrtskirche Heiligkreuz mit dem Schutzhaus (Heiligkreuz-Hospiz; 2045 m; 30 Betten, Sommerbewirtschaftung; ab Joch knapp 1 Std.). Von hier nun nicht gerade hinab, sondern nordwärts auf dem guten, mit Nr. 15 nach Spessa zurückführenden Weg mit Kreuzwegstationen. Zuerst geht es fast eben zur Wiesenkuppe Col de Trames und dann leicht abwärts zu den sumpfigen weiten Armentarawiesen (1838 m). Hier scharf rechts ab (nicht auf dem Fahrweg geradeaus!) und, immer der Nr. 15 und den Kreuzwegtafeln folgend, zunächst über die Wiesen, später durchwegs durch schönen Wald teilweise eben, teilweise leicht abwärts in langer Wanderung zurück zum Ausgangsort Spessa. — Die Rundwanderung ist in umgekehrter Richtung weniger zu empfehlen.

Gehzeiten

Aufstieg (Spessa—Fanesjoch): 2½ Std.
Höhenweg (Fanesjoch—Kreuzkofeljoch): 2½ Std.
Abstieg (Kreuzkofeljoch—Spessa): 2 Std.

Wanderkarten

Kompaß, Bl. 57 (Bruneck-Toblach); Freytag-Berndt, Bl. 17 (1 : 100.000) und S 3 (1 : 50.000).

47. Campolongopaß—Collalt (1900—2100 m; Bild S. 85)

Diese landschaftlich überaus reizvolle Wanderung überquert die weite Wiesenhochfläche im Gadertal, die sich zwischen Corvara im Westen und St. Kassian im Osten erhebt. Die welligen, baumlosen Weiten sind im Winter ein berühmtes Skigebiet mit dem großen Skikarussell von Corvara. Im Sommer aber ist die Hochfläche von Pralongià eine nur wenig bekannte, große, blühende Alm mit unzähligen Heuhütten, der Seiser Alm nicht unähnlich. Obwohl die Drähte der Schlepplifts das Landschaftsbild nicht gerade verschönern, ist unsere Höhenwanderung, umgeben von einer gewaltigen Dolomiten-Hochgebirgswelt, ein schönes Erlebnis. Nach Norden reicht der Blick bis zu den Gletschern des Alpenhauptkammes. Beste Zeit für diese Überschreitung ist der Hochsommer, wenn das kniehohe Almgras in voller Blüte steht. Schwierigkeiten irgendwelcher Art gibt es nicht, etwas Orientierungssinn kann aber trotzdem nicht schaden.

Empfohlener Wegverlauf

Von Corvara im Gadertal mit Linienbus zum Campolongopaß (1875 m).

Von hier kurz auf der Straße nordwärts hinab, dann rechts (östlich) ab und auf gutem Weg Nr. 3 teilweise durch schönen Zirbenwald nur ganz leicht ansteigend zum Incisa-Joch (1938 m), das von einem Fahrweg überquert wird. Nun auf breitem Weg Nr. 22 über Wiesen weiter zur Kuppe der Pralongià (2139 m; großes Gasthaus) mit Wegteilung (rechts Nr. 22 nach St. Kassian, links Nr. 24 nach Corvara). Nördlich nun in langer Wanderung über den Almrücken zur Kuppe des Biòk (Lift) und dann (immer Nr. 23) mit einer Linkswendung über weite Böden, im letzten Teil leicht abwärts, zur Kuppe des Collalt (1983 m).

Von da entweder mit dem Sessellift oder zu Fuß (20 Min.) hinab nach Corvara.

G e h z e i t
Höhenweg (Campolongo—Collalt): 3 Std.

W a n d e r k a r t e n
Kompaß, Bl. 59 (Sellagruppe-Marmolata); Freytag-Berndt, Bl. 16 und 17 (Westliche und Östliche Dolomiten; 1 : 100.000).

I) WESTLICHE DOLOMITEN UND DEREN AUSLÄUFER

48. Über die Lüsner Alm (1800—1900 m; Bild S. 87)

Die ausgedehnten Hochweiden der Lüsner Alm breiten sich auf dem Höhenzug aus, der sich zwischen dem Lüsental, dem unteren Pustertal und dem äußeren Gadertal erhebt. Dieser breite und nur wenig ausgeprägte Erhebungen tragende Kammrücken, der zusammen mit dem Plosestock die Lüsner Berge bildet und — geographisch gesehen — noch zu den Dolomiten gehört, ist eines der schönsten Wandergebiete nicht nur des Brixner Raumes, sondern ganz Südtirols. Durch die zentrale, freie Lage genießt man hier eine besonders weitreichende Rundsicht, die von den Sarntaler Alpen über Ötztaler, Stubaier und Zillertaler Alpen, Pfunderer Berge und Dolomiten bis zum Ortler reicht. Besonders eindrucksvoll erhebt sich am südlichen Ende des Höhenzuges der Peitlerkofel mit seiner gewaltigen Nordwand. Mehrere kleine Almseen und unzählige dunkle Heuhütten geben der blumenübersäten Almlandschaft besonderen Reiz. Zwar führt auch über diese Almen eine unschöne Forststraße, doch ist diese für Privatfahrzeuge gesperrt und beeinträchtigt die landschaftliche Schönheit nicht allzusehr. Mehrere Almhütten sind zu einfachen Gastwirtschaften umgewandelt, so daß auch dieses Gebiet seine alpinen Stützpunkte hat, was bei plötzlich eintretendem Schlechtwetter sehr angenehm sein kann. Der im folgenden beschriebene Weg ist völlig unschwierig und läßt viele Varianten zu, die allen Wanderkarten leicht entnommen werden können.

E m p f o h l e n e r W e g v e r l a u f
Von Lüsen (981 m) im gleichnamigen, bei Brixen abzweigenden Seitental mit der kleinen Personenseilbahn hinauf zu den Höfen von Lüsen-Berg (1461 m; zu Fuß auf Nr. 14 in 1½ Std.). Von der Seilbahn-Bergstation auf gutem Weg Nr. 14 gleich westwärts über den Bach und am Waldrand leicht ansteigend hinan zu einem Bauernhof, wo man die Lüsen mit Rodeneck verbindende Schotterstraße betritt. Ein Stück dieser Straße entlang weiter bis zu einem tiefen Graben. Hier rechts ab und über Wiesen nur leicht ansteigend hinan zur Roneralm (auch Runeralm; 1832 m; einfache Gastwirtschaft), wo die Höhenwanderung beginnt.
Von der Alm nun auf dem Forstweg zunächst kurz durch Wald und dann in langer, prächtiger Wanderung über die weiten Almflächen ostwärts zur Starkenfeldhütte (1936 m; Sommerbewirtsch.; 1 Std. ab Roneralm). Von der Hütte nun nicht mehr dem Güterweg nach, sondern weglos kurz hinab zum guten, ebenen Almweg, der an der Steineralm und an der Kaltbrunnalm vorbei zur Kreuzwiesenhütte führt (1925 m; Sommerbewirtsch.), wo die Höhenwanderung endet.
Von der Hütte auf dem Weg eben hinein zum Blitzbach und über die Gampillwiesen und durch schönen Wald auf Nr. 2 hinunter zum Weiler Flitt und zurück nach Lüsen.

G e h z e i t e n
Aufstieg (Lüsen-Berg—Roneralm): 1 Std.
Höhenweg (Roneralm—Kreuzwiesenhütte): 2½ Std.
Abstieg (Kreuzwiesenhütte—Lüsen): 1½ Std.

W a n d e r k a r t e n
Kompaß, Bl. 56 (Brixen); Freytag-Berndt, Bl. 16 (Westliche Dolomiten; 1 : 100.000).

49. Über die Raschötz (2000—2200 m; Bild S. 89)

Die Raschötz ist jener lange, nach Norden steil abbrechende, nach Süden mit weiten Alm- und Waldhängen absinkende Höhenzug, der als westlicher Ausläufer der Geislergruppe unter der Seceda ansetzt und zwischen Villnöß und Gröden bis zum Eisacktal vorführt. Mit prächtiger Aussicht (Ötztaler Alpen, Ortlergruppe, Hohe Tauern, Sarntaler Alpen, besonders schön die Seiser Alm mit der Langkofelgruppe und dem Sellastock, dahinter die Marmolata weit im Süden und die schlanken Geislerspitzen im Osten) zieht der gute Höhenweg von der kleinen Heiligkreuzkapelle am westlichsten Ende des Kammes zuerst an der Raschötzhütte vorbei über die Almböden der Außerraschötz zur Flitzer Scharte und oberhalb der Waldgrenze weiter über die Innerraschötz zur freundlichen Broglesalm. Der 7 km lange, unschwierige und gut markierte Höhenweg kann mühelos von Gröden mit dem Sessellift erreicht werden, der Abstieg führt von der Broglesalm durch das schöne Annatal zum Ausgangspunkt zurück. Beste Jahreszeit für diese Wanderung ist der Hochsommer, wenn die Almwiesen blühen. Geologisch sehr interessant und lehrreich sind die Aufschlüsse der Seceda-Westwand.

Empfohlener Wegverlauf
Von St. Ulrich in Gröden (1236 m) mit dem Raschötzlift nordseitig hinauf zur Außerraschötz (Restaurant bei der Bergstation, 2095 m; zu Fuß auf gutem Weg Nr. 7 in 2½ Std.). Von hier auf breitem Weg nur mäßig ansteigend westwärts in 20 Minuten zur Raschötzhütte (2165 m; 30 Schlafplätze, Sommerbewirtsch.) und weiter zur hübschen Wallfahrtskapelle Heiligkreuz (2199 m). Hier beginnt der obere und damit eigentliche Höhenweg (von der Bergstation führt auch ein unterer Weg direkt zur Flitzer Scharte; weniger lohnend). Unser Weg zieht, mit Nr. 31 markiert, in schöner, ebener Wanderung ostwärts über weite, sanfte Almböden zu einem herabziehenden Bergrücken, kurz durch Zirbenwald und die anschließende Hangmulde leicht abwärts ausgehend zur Flitzer Scharte mit Wegkreuz (2108 m; Übergang von Gröden nach Villnöß). Ab hier trägt der weiterhin ebene Weg die Nr. 35 und überquert im Anblick der beherrschenden Geislertürme die Almhänge der Innerraschötz bis zur Broglesscharte (2121 m), worauf ein kurzer Abstieg über Wiesen zur Brogleshütte führt (2045 m; Sommerbewirtsch., 18 Betten). Die schöne Alm liegt bereits auf der Villnösser Seite.
Von Brogles südwestlich auf gutem Weg Nr. 3 kurz hinauf zur südlichen Broglesscharte mit Kreuz und jenseits unter der urweltlichen Secedawand durch das prächtige Annatal (Mark. 3) meist in Bachnähe hinab nach St. Ulrich in Gröden.

Gehzeiten
Anstieg (Sessellift-Bergstation—Heiligkreuzkapelle): ½ Std.
Höhenweg (Heiligkreuzkapelle—Broglesalm): 2 Std.
Abstieg (Broglesalm—St. Ulrich): 2 Std.

Wanderkarten
Kompaß, Bl. 59 (Sellagruppe-Marmolata); Freytag-Berndt, Bl. 16 (Westliche Dolomiten; 1 : 100.000).

50. Adolf-Munkel-Weg (1850—2300 m; Bild S. 91)

Der um die Jahrhundertwende von der Sektion Dresden des DuÖAV angelegte und nach deren Gründer und langjährigem Vorstand, Justizrat Adolf Munkel, benannte Höhenweg von rund 6 km Länge durchquert an der Waldgrenze die gesamte Nordseite der mit senkrechten Felswänden und Türmen äußerst kühn aufragenden Geislergruppe. Der Weg stellt die Verbindung zwischen der bereits seit der Zeit der Wegerbauung als Schutzhütte bewirtschafteten Broglesalm und der Schlüterhütte im Scheitel des Villnößtales her. Er ist ein Teil der weitgespannten Weganlage, die von Lajen über Raschötz, Brogles, Schlüterhütte, Wasser- oder Roascharte und Regensburger Hütte die ganze Geislergruppe umrundet. Seitdem der Wegteil zwischen Tschantschenòn (in den Karten irrtümlich auch St. Zenon oder San Zenon) und der Gampenalm heute eine auch von Privatautos befahrene Schotterstraße geworden ist, wird der Munkelweg oft auch schon bei Tschantschenòn verlassen. Wegen der großartigen Lage der Schlüterhütte lohnt es sich aber doch, den gesamten Höhenweg zu gehen. Mit Recht wird der Weg als einer der schönsten in den Ostalpen genannt. Dies gilt sowohl was die große landschaftliche Schönheit anbelangt wie auch die vielfältige Flora, die weitreichende Aussicht auf die Gletscher des Tuxer Kammes, die gute Begehbarkeit und die interessanten geologischen Aufschlüsse, die den typischen Aufbau der Dolomiten vom Porphyrsokkel bis zum Schlerndolomit, aus dem die Geislerspitzen bestehen, zeigen. Der Höhenweg führt, gesäumt von der rostblättrigen und behaarten Alpenrose, teils durch prächtige Zirbenbestände, teils durch Fichten- und Lärchenwald, dann wieder über Almböden und Schuttkare, größtenteils eben durch, ist gut markiert und weist keinerlei Schwierigkeiten auf. Er stellt mit dem schönen Aufstieg zur Broglesalm und dem langen Rückweg von der Schlüterhütte nach St. Magdalena eine äußerst lohnende Tages-Rundtour dar.

Empfohlener Wegverlauf
Von St. Magdalena in Villnöß auf der Talstraße ca. 2 km talein, bis kurz nach der Brücke über den Klieferbach rechts (südl.) ein Fahrweg abzweigt (1439 m; Schild „Broglesalm"). Auf Nr. 28 zunächst diesem Fahrweg folgend, später auf gutem Steig dem Klieferbach entlang, hinauf zur Broglesalm mit der gemütlichen Gastwirtschaft (2045 m; Sommerbewirtsch., 24 Betten). — Wer den Fahrweg vermeiden will, dem sei folgender Geheimtip empfohlen: Bereits vor der Klieferbrücke rechts auf einem sehr kurzen Güterweg von der Talstraße rechts ab und nach dem Forstgarten auf einem sehr schönen, verborgenen Waldsteig an der orographisch linken Bachseite (keine Markierung) hinauf, bis man auf 1546 m den Weg Nr. 28 erreicht.
Von der Brogleshütte kurz auf dem Abstiegsweg zurück und auf dem östlich (rechts) abzweigenden Adolf-Munkel-Weg (Nr. 35; Wegzeiger) meist durch schönen Bergwald eben durch. Zunächst kommt man an der „Silberquelle" vorbei, später zweigen (Schilder) die Wege zur Gschnagenhart- und zur Glatschalm ab (Abstecher dorthin sehr empfehlenswert). Der Höhenweg erreicht zuweilen die Waldgrenze am Fuße riesiger Schuttströme, die sich zu den Fermedatürmen, zum Sass Rigais und zum Riesenzahn der Furchetta hinanziehen. Kurz unter der Alm Tschantschenòn erreicht der Höhenweg auf 1868 m den von St. Magdalena zur Schlüterhütte führenden Fahrweg

(hier die Möglichkeit, auf der Schotterstraße in 1½ Std. zur Klieferbrücke zurückzukehren). Von Tschantschenòn nun auf dem Fahrweg zunächst noch durch Wald, später über Bergweiden zur Jausenstation Gampenalm und leicht ansteigend hinauf zur Franz-Schlüter-Hütte (2301 m; 90 Schlafplätze, Sommerbewirtschaftung; ab Tschantschenòn 1½ Std.).
Von der Schutzhütte nun nicht auf dem zum Anstieg benützten Güterweg (wird ab Gampenalm nur zur Bewirtschaftung der Hütte befahren), sondern auf einem Wiesensteig westlich über einen Kammrücken in vielen Serpentinen hinab zur Gampenalm. Von hier, wieder den Fahrweg vermeidend, auf Nr. 32 über die weiten Gampenwiesen und kurz durch Wald hinab zum Tschantschenònbach, und diesem entlang hinaus zum Hotel Sass Rigais (1680 m). Nun über den Bach zur Zanser Alm auf der südlichen Talseite, dann ein Stück (ca. 15 Min.) auf dem Fahrweg (Nr. 33) durch den schönen Schwarzwald talaus, auf dem rechts abzweigenden Fußweg (weiterhin Nr. 33) hinab zum Bach und neben diesem sehr schön hinaus zur Klieferbrücke und zurück nach St. Magdalena.

Gehzeiten
Aufstieg (St. Magdalena—Broglesalm): 2 Std.
Höhenweg (Broglesalm—Schlüterhütte): 3½ Std.
Abstieg (Schlüterhütte—St. Magdalena): 1½ Std.

Wanderkarten
Kompaß, Bl. 56 (Brixen); Freytag-Berndt, Bl. 16 (Westliche Dolomiten; 1 : 100.000).

51. Schlüterhütte—Roascharte—Regensburger Hütte (2000—2600 m; Bild S. 93)

Großartige, lange Höhentour, die den gesamten Bergstock der Geislerspitzen umrundet. Nach dem dreistündigen Aufstieg von Villnöß zur Schlüterhütte durchquert der gute Höhenweg die zum Gadertal hin abfallende Ostseite der Geisler, erreicht nach kurzem Steilanstieg die Roascharte, an der östlich die Puezgruppe anschließt, und führt jenseits, auf der Grödner Seite, durch eine großartige Bergszenerie zur großen Regensburger Hütte hinab. Von dort heißt es dann über die steilen, aber herrlichen Blumenhänge der Cislesalpe zur Panascharte im Secedakamm aufsteigen, um dann durch eine wilde, sehr steile Felsschlucht wieder auf die Villnösser Seite und mit Abstieg durch das Broglestal zum Ausgangspunkt zurückzukehren. Die bedeutenden Höhenunterschiede sowie die sehr steilen und besonders bei Schneelage oder Vereisung recht heiklen Wegstellen an der Roa- und Panascharte sowie die Länge der Rundtour erfordern Bergerfahrung, Trittsicherheit und Ausdauer. Derjenige aber, der diese Voraussetzungen erfüllt, wird durch die überwältigenden Bergbilder dieser bizarren Dolomitenlandschaft für die Mühen reich belohnt. Daneben findet der botanisch Interessierte eine große Zahl herrlicher und seltener Bergblumen. Wer die ganze Rundtour in einem Tag bewältigen will und es nicht vorzieht, in einer der Schutzhütten zu nächtigen, dem sei dringend empfohlen, früh aufzubrechen, um nicht im heikelsten Stück, beim Abstieg von der Panascharte zur Broglesalm, von der Dunkelheit überrascht zu werden (für alle Fälle eine Taschenlampe mitnehmen!). Da die Wege gut markiert und mit Richtungsweisern versehen sind und überdies heute relativ viel begangen werden, bestehen keine Orientierungsschwierigkeiten. Neben der normalen Markierung trägt der Höhenweg von der Schlüterhütte bis zur Roascharte die Ziffer 2 in einem großen Dreieck, die Bezeichnung für den großen, von Brixen nach Feltre führenden Dolomiten-Höhenweg, der hier mit unserem Weg parallel läuft. Eine geringe Abkürzung der Tour bietet der Übergang über die Wasserscharte (2643 m), die nordwestl. der Roascharte eingeschnitten ist. In diesem Fall zweigt man kurz vor Erreichen der zur Roascharte führenden Schuttrinne in Höhe 2389 m auf Steig Nr. 13 rechts ab und gewinnt in steilen Serpentinen die Wasserscharte, um jenseits durch das Wassertal zur Regensburger Hütte abzusteigen.
Wer nicht ins Villnößtal zurück muß, kann von der Regensburger Hütte auf dem breiten Weg durch das Cislestal in 1½ Std. nach St. Christina in Gröden (1427 m) absteigen und erspart sich so die Überschreitung des Secedakammes.

Empfohlener Wegverlauf
Von St. Magdalena in Villnöß (1339 m) auf der Talstraße hinein, bis kurz nach Ranui (Kirchlein St. Johann) bei der Brücke über den Klieferbach der alte Fußweg Nr. 33 links abzweigt. Auf diesem schönen Weg auf der orogr. linken Seite des Caserilbaches und dann wieder auf der Schotterstraße talein zur Zanser Alm. Hier nach links über den Bach zum Hotel „Sass Rigais" (1680 m). Nun auf Weg Nr. 32 am orogr. rechten Ufer des Tschantschenònbaches weiter, dann links abzweigend einem Seitenbach entlang noch kurz durch Wald hinauf und über die weiten Gampenwiesen zur Gampenalm (2063 m; Gastwirtschaft). Nun entweder auf dem für Privatverkehr gesperrten Fahrweg (rechts) oder auf dem direkten, steileren Steig (links) hinauf zur Schlüterhütte (2301 m; 90 Schlafplätze, Sommerbew.).
Von der Hütte nun auf gutem Weg östlich in wenigen Minuten hinauf zum Kreuzkofeljoch (2344 m; auch Pomasattel) mit Wegzeiger „Regensburger Hütte". Schöner Blick auf die Kreuzkofelgruppe jenseits des Gadertales. Nun auf dem guten Steig Nr. 3 auf der Gadertaler Seite teils eben, teils

leicht aufwärts zum grünen Rücken des Sobutsch (2421 m) mit schönem Blick auf den Weiterweg, auf die mächtige Ostseite der Geislergruppe und die schroffe Nordseite der Puezspitzen. Der Weg fällt nun leicht ab und erreicht bald das Kreuzjoch (2294 m; schönes Wegkreuz), worauf er über Schutthänge zunächst eben, dann leicht ansteigend im Anblick des markanten Piz Duleda (2908 m; in älteren Werken irrtümlich als Westl. Puezspitze bezeichnet) und der senkrechten Nordwände der beiden Puezspitzen unter den Ostabstürzen der Geisler durch bis unter die Forcella de la Roa (Roascharte) führt. Durch eine schutt- und oft schneeerfüllte Rinne geht es kurz, aber steil hinauf in die enge Scharte (2616 m) und jenseits teils über grüne Böden, teils durch weite Geröllhalden immer auf Steig Nr. 3 hinab zur großen, neu ausgebauten Regensburger Hütte (auch Geislerhütte; 2039 m; 100 Schlafplätze, Sommerbewirtschaftung; 3 Std. ab Schlüterhütte). Vom Schutzhaus nun auf dem guten Steig Nr. 1 nordwestlich über die Bergwiesen der Cislesalpe an mehreren kleinen Almseen vorbei in 1½ Std. hinauf zur Panascharte im Secedakamm (2447 m). Von der Scharte nordseitig auf teilweise versichertem Steig Nr. 6 durch eine steile Felsschlucht hinab zur Broglesalm (2045 m; Gastbetrieb mit 18 Betten; Sommerbew.), auf gutem Weg Nr. 28 (zuletzt Forststraße) den Klieferbach entlang hinunter ins Tal und auf dem Fahrweg zurück nach St. Magdalena.

Gehzeiten

Anstieg (St. Magdalena—Schlüterhütte): 3 Std.
Höhenweg (Schlüterhütte—Panascharte): 5 Std.
Abstieg (Panascharte—St. Magdalena): 2 Std.

Wanderkarten

Kompaß, Bl. 56 (Brixen) und 59 (Sellagruppe-Marmolata); Freytag-Berndt, Bl. 16 (Westliche Dolomiten; 1 : 100.000).

52. Regensburger Hütte—Puezhütte (2000—2500 m; Bild S. 95)

Nach Erreichen der Regensburger Hütte und dem Aufstieg zur Forcella Forces de Sielles (Siellesscharte) führt der 4 km lange Höhenweg über die begraste Terrasse der Puezalm, die sich über steilen Felswänden an der Südseite der Puezspitzen ausbreitet, in schöner, aussichtsreicher Wanderung hoch über dem Langental eben durch zur Puezhütte. Die kleine, von der ehem. DuÖAV-Sektion Ladinia erbaute Hütte steht südlich unter dem Puezjoch, das die Puezspitzen mit der großartigen Gardenazza-Hochfläche verbindet. Neben der weitreichenden Aussicht nach Süden beeindruckt bei dieser Wanderung vor allem der Tiefblick in das einzigartige, von gewaltigen senkrechten Felswänden umfaßte Langental. Der Abstieg führt in dieses einsame Bergtal und durch es zurück ins Grödental, das man bei Wolkenstein erreicht. Die lange Rundtour ist im gesamten zwar gut markiert und unschwierig, sie erfordert aber Ausdauer und bei der Überschreitung der Siellesscharte Trittsicherheit. Der Höhenweg ist ein Teil jener großartigen Dolomiten-Überschreitung von Brixen nach Feltre, die als Markierung eine 2 in einem Dreieck trägt.

Empfohlener Wegverlauf

Von St. Christina in Gröden (1427 m) entweder auf dem guten Fußweg Nr. 1 (1½ Std.) oder mit dem Gondellift zum Col Raiser (2125 m) und auf Nr. 2 leicht abwärts in 15 Min. zur Regensburger Hütte (2039 m; 100 Schlafplätze, Sommerbewirtschaftung).

Vom großen Schutzhaus auf Steig Nr. 2/3 nordöstlich durch ein schutterfülltes Tälchen nur leicht ansteigend hinein bis zur Wegteilung (links Nr. 3 zur Roascharte). Rechts auf dem zunehmend steiler werdenden Steig Nr. 2 über Geröll und oft auch Schnee südöstlich (rechts) hinauf in die Siellesscharte (2512 m; 1½ Std. ab Regensburger Hütte). Nun zunächst nordwärts auf schmalem, teilweise versichertem Steig (weiterhin Nr. 2) über Bänder am Grat empor, dann über ein breites Band nach rechts und über Schrofen hinab auf einen ebenen Boden. Weiter absteigend auf dem guten Steig zu den kargen Almböden der Puezalpe (früher auch Puzalpe genannt) und, einen Graben ausgehend und um den Puezkofel (2723 m) herum, auf gutem Steig in schöner, unberührter Landschaft größtenteils eben zur Puezhütte (2475 m; 20 Schlafplätze; Sommerbewirtsch.).

Von der sauberen Schutzhütte nun südwärts auf gutem Steig Nr. 14 anfangs steil hinab ins hinterste Langental und durch dieses in schöner, langer Wanderung über Wiesen- und Waldböden, überragt von den lotrechten Felsmauern des Steviastockes und des Mont de Soura, auf gutem, breitem Weg talaus nach Wolkenstein (1567 m). Am Ausgang des Langentales unter der senkrechten Steviolawand die an den Felsen klebende Ruine Wolkenstein.

Gehzeiten

Aufstieg (St. Christina—Regensburger Hütte): 1½ Std. bzw. 15 Min.
Höhenweg (Regensburger Hütte—Puezhütte): 3½ Std.
Abstieg (Puezhütte—Wolkenstein): 2½ Std.

Wanderkarten

Kompaß, Bl. 59 (Sellagruppe-Marmolata); Freytag-Berndt, Bl. 16 (Westliche Dolomiten; 1 : 100.000).

53. Puezhütte—Gardenazzahütte (2000—2500 m; Bild S. 99)

Die Gardenazza ist ein gewaltiger, nach allen Seiten hin mit steilen Wänden abfallender Bergstock, der sich östlich der Geislergruppe zwischen dem Langental, einem Grödner Seitental, und dem hinteren Gadertal erhebt und eine weite Hochfläche trägt, die zu den eigenartigsten Dolomitenlandschaften zählt. Dieses sagenumwobene Hochplateau besteht aus einer blendendweißen Felswüste aus Hauptdolomit mit wenigen kleinen Graspolstern. In der Mitte dieser Felswüste erhebt sich die eigenartige, stumpfe Schuttpyramide des Col de la Soné (2634 m; früher auch Col dall'Assoné), was soviel wie Sonnenhügel heißt, an ihrem Südende der markante Sass Songher (2665 m) und am Nordrand ragen die Kuppen Montigela (2669 m), Ciampani (2670 m) und Col Toron (2479 m) auf. Die weiten Karrenböden der rund 8 km² großen Gardenazza-Hochfläche sind bis auf ein paar markierte Steigspuren völlig unerschlossen. Lediglich an ihrem Westrande (Puezhütte) und an ihrem Ostabfall (Gardenazzahütte) stehen zwei relativ wenig besuchte alpine Stützpunkte. Der hier vorgestellte Höhenweg verbindet diese beiden Hütten, wobei die weiße Gardenazza von West nach Ost in einmaliger Felsenwanderung überschritten wird. Ausgangspunkt ist Wolkenstein in Gröden, der Aufstieg führt durch das wilde Langental zur Puezhütte, Endpunkt der Tour ist Stern im Gadertal, zu dem man von der Gardenazzahütte absteigt. Der Höhenweg selbst ist unschwierig, da jedoch auf der Felswüste größtenteils der Steig fehlt, kann bei nebliger Sicht die Orientierung Schwierigkeiten bereiten. Man achte deshalb genau auf die normalerweise ausreichende Markierung, die vom Wirt der Puezhütte 1976 erneuert wurde.

Empfohlener Wegverlauf

Von Wolkenstein (1567 m; Bushaltestelle) nordöstlich durch das cañonartige, von steilen Felswänden umschlossene, einsame Langental (am Eingang die Ruine der Burg Wolkenstein, darunter das Hotel „Val Lunga") auf zunächst breitem Weg nahezu eben hinein, an zwei Bildstöcken vorbei, bis zu einem Wegkreuz mit Brunnen (1799 m; 1¼ Std. ab Wolkenstein). Hier verläßt man nach links den Talweg und steigt nordseitig auf dem guten Weg Nr. 4 in bequemem Aufstieg zur Terrasse der Puezalm auf, wo man den von der Regensburger Hütte kommenden Höhenweg erreicht. Auf diesem nun ostwärts eben um den Puezkofel herum zur Puezhütte (2475 m; 20 Schlafplätze, Sommerbewirtschaftung).

Von der Schutzhütte nun auf ebenem Weg Nr. 2 ostwärts etwa 10 Minuten weiter bis zu einer kleinen Talmulde. Hier mehrere Wegzeiger (die Nr. 2 führt südwärts weiter zum Grödner Joch). Unser Höhenweg zweigt links (östl.) ab und überquert die Hochfläche der Gardenazza. Der Wegverlauf ist — wie eingangs erwähnt — gut markiert und trägt die Nr. 15; zudem weisen anfangs Steigspuren die Richtung. Die beeindruckende ebene Wanderung unter dem Col de la Soné durch mit Blick nach Süden auf Ciampaiseekofel, Piz Boè und Marmolata, endet am 2544 m hoch gelegenen Gardenazzajoch, am Ostrand des Plateaus (1½ Std. ab Puezhütte). Hier Prachtblick auf die gesamte Kreuzkofelgruppe. Ab nun ist wieder ein guter Steig vorhanden (weiterhin Nr. 15, im letzten Stück Nr. 11), der mäßig steil zu der großen, von weitem sichtbaren, auf einem Wiesenboden (Gardenazza-Alm) am Waldrand stehenden Gardenazzahütte (2050 m; 30 Betten, Sommerbewirtschaftung) hinabführt.

Vom Schutzhaus auf Steig Nr. 11 zunächst durch eine steile, enge Schlucht und dann durch schönen Wald hinab nach Stern im Gadertal (1387 m; Busverbindung mit Wolkenstein über das Grödner Joch).

Gehzeiten

Aufstieg (Wolkenstein—Puezhütte): 3½ Std.
Höhenweg (Puezhütte—Gardenazzahütte): 2 Std.
Abstieg (Gardenazzahütte—Stern): 1 Std.

Wanderkarten

Kompaß, Bl. 59 (Sellagruppe-Marmolata); Freytag-Berndt, Bl. 16 (Westliche Dolomiten; 1 : 100.000).

54. Grödner Joch—Puezhütte (2100—2500 m; Bild S. 97)

Dieser einmalige, viel begangene Höhenweg überquert, nach Überschreitung des Cir- (früher schrieb man Tschier oder Tschir, ist heute aber zur ladinischen Schreibweise zurückgekehrt) und des Crespeinajoches die großartige Hochfläche von Crespeina de dite (innere Crespeina, im Unterschied zur äußeren, „de dora"), in der als landschaftlicher Höhepunkt der Wanderung der schöne, sagenumwobene Crespeinasee liegt. In der Fortsetzung überschreitet der Weg das Ciampaijoch und berührt darauf kurz den westlichen Teil der Gardenazza-Hochfläche, bevor er bei der Puezhütte endet. Der Höhenweg ist einerseits der östliche Abschnitt jener Markierung 2, die vom Grödner Joch über Puezhütte, Regensburger Hütte und Cuca-Sattel nach St. Ulrich führt, andererseits ein Teil der Dolomiten-Überschreitung, die, mit einer 2 in einem Dreieck bezeichnet, von Brixen nach Feltre

führt. Die Wanderung ist 7 km lang, weist keinerlei Schwierigkeiten auf und ihr Reiz liegt weniger in einer großartigen Aussicht, als vielmehr in der Eigenart und Schönheit der Landschaft, durch die sie führt. Ausgangspunkt ist das Grödner Joch, das von Wolkenstein in Gröden aus entweder mit dem Gondellift über Danterceppies oder mit dem Bus über die Dolomitenstraße erreicht werden kann; der Abstieg führt von der Puezhütte durch das Langental zurück nach Wolkenstein.
Als Variante kann auch Colfuschg auf der Gadertaler Seite als Ausgangspunkt gewählt werden, wobei beim Ciampaijoch nach 1½ Std. der Höhenweg verlassen und auf gutem Steig Nr. 4 in 1 Std., am größtenteils verlandeten Ciampacsee vorbei, nach Colfuschg wieder abgestiegen werden kann.

Empfohlener Wegverlauf

Vom Grödner Joch (2137 m; hierher von Wolkenstein mit Linienbus oder Danterceppies-Lift) auf der Gadertaler Seite (östl.) kurz der Straße nach hinab und auf dem links (nördl.) abzweigenden breiten Weg in wenigen Minuten zur Hütte der Ciralm. Nun auf Steig Nr. 2 über steinige Wiesen hinauf zum Südfuß der Cirspitzen und durch ein wildes, schönes Gewirr von Felsblöcken und -spitzen zum kleinen Cirjoch (2466 m). Jenseits kurz hinab, durch das Kar nördlich des Col Turònd eben durch (stets guter Steig Nr. 2) und kurz hinauf zum Creispeinajoch (2528 m) mit schönem Wegkreuz und häßlichem Drahtzaun. Vom Joch nordseitig in Serpentinen steil hinab und eben durch, am schönen Crespeinasee vorbei, über die weite, im Südosten von Ciampaiseekofel, Sass da Ciampac, Col Turònd und Mont de Soura umschlossenen, nach Nordwesten, gegen das Langental hin, offene Felsebene von Crespeina de dite in herrlicher Wanderung zum Ciampaijoch (2388 m; 1½ Std. ab Grödner Joch). Über das Joch kurz auf die Gadertaler Seite mit schönem Blick auf den Sass Songher und durch eine kleine Schlucht hinauf. Über den westlichen Teil der Gardenazza-Hochfläche nordwärts auf Steig Nr. 2 weiter zu einem Graben (hier beeindruckender Tiefblick ins Langental) und nach links zur Puezhütte (2475 m; 20 Schlafplätze, Sommerbewirtschaftung). Von hier nun südlich auf Weg Nr. 14 anfangs steil hinab ins hinterste Langental und über Wiesenböden, teilweise auch durch Wald, in schöner Wanderung unter gelbroten, senkrechten Felswänden durch das Langental, das interessanterweise keinen Talbach hat, durchwegs eben hinaus nach Wolkenstein (1567 m), unserem Ausgangsort der Rundtour.

Gehzeiten

Höhenweg (Grödner Joch—Puezhütte): 2½ Std.
Abstieg (Puezhütte—Wolkenstein): 2½ Std.

Wanderkarten

Kompaß, Bl. 59 (Sellagruppe-Marmolata); Freytag-Berndt, Bl. 16 (Westliche Dolomiten; 1 : 100.000).

55. Sellastock-Überschreitung (2900 m; Bild S. 107)

Zwischen Grödner Joch, Sellajoch, Pordoijoch und Campolongopaß ragt der gewaltige Sellastock auf, dessen Flächenausdehnung etwa fünfmal der der Langkofelgruppe entspricht. Das Massiv wird vom Val Lasties und dem wilden Mittagstal in zwei annähernd gleich große Hälften geteilt. Während der südöstliche Teil stark zerklüftet ist, bricht der nordwestliche von seinem breiten, flachen Hochplateau ringsum mit senkrechten, an der Nordseite von einem breiten Terrassenband durchzogenen Felswänden nahezu ungegliedert ab. Die Felsflucht zwischen dem Sellajoch und dem Grödner Joch ermöglicht auf ihrer ganzen Breite von 6 km nur einen, und zwar künstlichen Durchstieg zum Hochplateau: den um 1910 von der DuÖAV-Sektion Pößneck angelegten, überaus luftigen Klettersteig, der zum Piz Selva, dem westlichsten Punkt der Hochfläche bringt. So ermöglicht der Pößnecker Steig die großartige, 5 km lange West-Ost-Überschreitung über die fast 3000 m hoch gelegene, 3,5 km² große Felswüste „Le Mèsules" bis zur Boèhütte.
Der Abstieg führt dann durch die wilde Schlucht des berühmten Val de Mesdì (Mittagstal) nach Colfuschg hinab. Die hochalpine Tour erfordert, besonders beim Aufstieg, Bergerfahrung, Trittsicherheit und absolute Schwindelfreiheit. Ungeübte müssen am Pößnecker Klettersteig unbedingt angeseilt und gesichert werden! Auch der Abstieg durch das Mittagstal kann mitunter recht heikel sein, besonders bei Vereisung (Pickel ratsam).

Empfohlener Wegverlauf

Vom „Hotel Maria Flora" am Sellajoch (2218 m; Bushaltestelle) auf gutem Steig Nr. 649 unter den Nordwänden der Drei Sellatürme über begraste Hänge und Schutt ostwärts eben durch bis etwa 10 Min. nach dem Dritten Sellaturm. Hier beginnt bei einer dunklen, von einem Wasserfall begrenzten Wand auf 2290 m Höhe der berühmte Klettersteig. Es geht, guten Markierungen folgend, zunächst durch einen düsteren Kamin und dann über die 250 m hohe, senkrechte Felswand, die ursprünglich den IV. Schwierigkeitsgrad aufwies, heute aber durch gute Klammern, Eisenleitern und Drahtseile für schwindelfreie Geher gut gangbar ist, hinauf bis zu einer breiten, muldenartigen Schutterrasse. Nach deren Überquerung leitet der Klettersteig durch eine Felsschlucht und über Schrofen auf den Gipfel des Piz Selva (2941 m).

Von hier führt nun der weiterhin mit Nr. 649 markierte Steig, großartige Fernsicht gewährend, dem Nordwestrand der Hochfläche entlang über weite Karrenböden ohne größere Höhenunterschiede durch. Dabei können ohne viel Zeitverlust der Piz Gralba (2974 m), Piz Miara (2965 m), Piz Beguz (2972 m), Piz Rotic (2966 m) und der Mèsules (2994 m) unschwierig erstiegen werden. Nach etwa 1½ Std. überschreitet man die Gamsscharte (2919 m) und erreicht kurz darauf beim Pisciadùsattel (2908 m) den von der Pisciadùhütte heraufführenden Weg. Auf diesem (weiterhin Nr. 649) über Karrenböden südöstlich weiter und auf dem gesicherten Klettersteig (Koburger Weg) durch die Westwand des Zwischenkofels nahezu eben zur Boèhütte (früher Bamberger Hütte; 2871 m; 50 Schlafplätze, Sommerbewirtschaftung).
Von der Hütte auf Steig Nr. 651 nordöstlich durch das schutterfüllte, von senkrechten Wänden und Türmen gesäumte Val de Mesdì oft über eisige Schneereste in großartiger Felsszenerie hinab nach Colfuschg (1615 m; Bushaltestelle) an der Straße Corvara—Grödner Joch.

Gehzeiten
Anstieg (Sellajoch—Piz Selva): 3½ Std.
Höhenweg (Piz Selva—Boèhütte): 3 Std.
Abstieg (Boèhütte—Colfuschg): 2½ Std.

Wanderkarten
Kompaß, Bl. 59 (Sellagruppe-Marmolata); Freytag-Berndt, Bl. 16 (Westliche Dolomiten; 1 : 100.000).

56. Bindelweg (2000—2400 m; Bild S. 5)

Diese 13 km lange Weganlage, die von der Sektion Bamberg des DuÖAV auf Anregung ihres Vorstandes Dr. Karl Bindel erbaut und nach ihm benannt wurde, stellt die Verbindung zwischen dem Pordoijoch und dem Fedaia-Stausee am Fuße der Marmolata her. Dabei wird der dunkle, aus Eruptivgesteinen aufgebaute Padonkamm überschritten, der sich zwischen dem Sellastock im Norden und der Marmolata im Süden erhebt. Obwohl sich der berühmte, viel begangene Höhenweg bereits außerhalb Südtirols befindet, schien es zweckmäßig, ihn wegen seiner Beliebtheit (wie auch die beiden Brenta-Wege) dieser Übersicht über die Südtiroler Höhenwege anzuschließen. Der breite, ganz ungefährliche Weg trägt die Nr. 601, daneben auch eine 2 in einem großen Dreieck, die Bezeichnung für die große Dolomiten-Überschreitung von Brixen nach Feltre, die hier mit dem Bindelweg parallel läuft. Der große Reiz des Höhenweges liegt einmal in der Fremdartigkeit des Gebietes, das er durchläuft, zum anderen im überwältigenden Anblick der gewaltigen Marmolata mit ihren schimmernden Gletschern, darüber hinaus auch im großen Blumenreichtum und in der prächtigen Rundsicht.

Empfohlener Wegverlauf
Vom Pordoijoch (2242 m; Bushaltestelle) führt der Weg (Nr. 601) südwärts durch die Ostflanke des Sass Beccie (2538 m) hinauf zur Kammhöhe mit zwei Schutzhütten. Hier Blick auf Rosengarten und Langkofelgruppe. Nun an der Südseite des Padonzuges nahezu eben unter den stumpfen Erhebungen des Col del Cuc, der Cima Crode Larice und des klobigen Sasso Capello (alle um 2500 m) durch, am kleinen Schutzhaus Vial del Pan (so nennt sich ladinisch auch der Höhenweg) vorbei, bis zu einer Kammsenke, wo man einen schönen Blick ins Buchensteintal, zur Fanesgruppe und zur Tofana di Rozes hat. Weiter zu einer Schulter und in Kehren hinab zum Fedaia-Stausee mit zwei Schutzhäusern (2044 m; das ehemalige Bamberger Haus wurde im Ersten Weltkrieg zerstört). Ende des Bindelweges.
Von hier mit einer neuen Seilbahn nördlich hinauf zur Porta Vescovo (= Bischofstor; 2516 m) im Padonkamm und jenseits ebenfalls mit Seilbahn hinab nach Arabba in Buchenstein (Überschreitung zu Fuß auf Nr. 698 in 3½ Std.). Von Arabba (1605 m) mit dem Linienbus zurück auf das Pordoijoch.

Gehzeit
Höhenweg (Pordoijoch—Fedaia-See): 3 Std.

Wanderkarten
Kompaß, Bl. 59 (Sellagruppe-Marmolata); Freytag-Berndt, Bl. 16 (Westliche Dolomiten; 1 : 100.000).

57. Langkofel-Runde (2000—2700 m; Bild S. 103)

Der 3181 m hohe, über 2 km lange und über 1 km breite Langkofel ist einer der gewaltigsten und imposantesten Felskolosse der Dolomiten. Er bildet das nordöstliche Bollwerk der ganzen im wesentlichen aus Plattkofel, Grohmannspitze, Fünffingerspitze und eben dem Langkofel zusammengesetzten, hufeisenförmig angeordneten Gruppe. Der Langkofel hängt nur an der Langkofelscharte mit den anderen Bergen zusammen. Diese schmale, zwischen hohen Felswänden eingeschnittene Scharte, in der die kleine Toni-Demetz-Hütte steht, die mit einem Korblift vom Sellajochhaus mühelos erreicht werden kann, bildet den einzigen Zugang von Süden in das Langkofelkar, das Innere des Hufeisens, in dem unter der Langkofelkarspitze die stattliche Langkofelhütte steht.

Unser Höhenweg hat als Ausgangs- und Endpunkt das Sellajochhaus. Nach Überschreiten der Langkofelscharte führt der unschwierige, gut markierte Weg über das steile Schuttkar kurz steil hinab und umrundet dann, durchwegs fast in gleichbleibender Höhenlage, in großartiger Wanderung unter den 1000 m hohen Felswänden den ganzen Langkofel. An seiner Ostwand ging im Spätsommer 1976 ein gewaltiger, vermutlich durch das Erdbeben vom Mai desselben Jahres gelockerter Felssturz nieder, der einen Teil des Weges unter sich begrub und die Begehung in diesem Stück recht beschwerlich machte. Hier ist äußerste Vorsicht vor weiterem Steinschlag geboten! Zuletzt durchwandert der Weg die sogenannte Steinerne Stadt, einen alten, gewaltigen Bergsturz aus unzähligen von Zirben bestandenen Felsblöcken. Der rund 8 km lange Höhenweg weist — abgesehen von der erwähnten Bergsturzstelle — keinerlei Schwierigkeiten auf, erfordert jedoch etwas Bergerfahrung und Vorsicht.

Empfohlener Wegverlauf

Vom Sellajochhaus (2179 m; hotelmäßiges Schutzhaus des CAI; Bushaltestelle) an der Straße westlich unter dem Sellajoch mit dem Gondellift hinauf (zu Fuß auf Steig Nr. 525 in 1 Std.) in die zwischen Langkofel (rechts) und Fünffingerspitze (links) tief eingeschnittene Langkofelscharte mit der kleinen Toni-Demetz-Hütte (2679 m; 38 Schlafplätze, Sommerbew.).

Von der Scharte nordseitig auf Steig Nr. 525 (Markierung etwas blaß, Verirren jedoch unmöglich) über den auch im Hochsommer oft schneebedeckten Schutt des Langkofelkars in 30 Min. steil hinab zur großen, in prächtiger Bergumrahmung stehenden Langkofelhütte (2252 m; 50 Schlafplätze, Sommerbewirtschaftung). Auf gutem Steig rechtshaltend (Schild „Mont de Soura") hinab und mit einigen Serpentinen aus dem Langkofelkar heraus. Nun auf dem eben weiterziehenden Steig (Fr.-Stradal-Weg) mit Nr. 526 unter der gewaltigen Langkofel-Nordwestwand ostwärts durch und mit kurzem Aufstieg zum Ciaulongsattel (2123 m). Nun entweder rechts auf unmarkiertem Steiglein kurz durch einen Zirbenbestand und direkt unter der riesigen, senkrechten Nordwand (siehe Abbildung auf S. 103) des Langkofels über ein weites Schuttkar, oder dem markierten Weg folgend am nördlichen Waldrand zunächst leicht abwärts und dann durch ein kleines Wiesental mäßig ansteigend zu der in einem Sattel stehenden, von Drähten aller Art umgebenen Emilio-Comici-Hütte (2155 m). Weiter auf Steig Nr. 528 zunächst durch lichten Zirbenbestand, dann durch Wiesen (hier der Bergsturz von 1976) nahezu eben unter der grauen Langkofel-Ostwand durch zur Steinernen Stadt und zwischen den großen Blöcken hindurch zum Sellajochhaus.

Gehzeiten

Aufstieg (Sellajochhaus—Langkofelscharte): 1 Std. (auch Gondellift).
Höhenweg (Langkofelscharte—Comicihütte—Sellajochhaus): 3 Std.

Wanderkarten

Kompaß, Bl. 59 (Sellagruppe-Marmolata); Freytag-Berndt, Bl. 16 (Westliche Dolomiten; 1 : 100.000).

58. Plattkofel-Runde (2000—2700 m; Bild S. 105)

Ebenso wie der Weg rund um den Langkofel, führt auch die Runde um die westliche Gruppe, um Plattkofel, Zahnkofel, Grohmannspitze und Fünffingerspitze, zunächst, vom Sellajochhaus ausgehend, mitten durch die Langkofelgruppe, d. h. über die Langkofelscharte. Unter der Langkofelhütte wendet sich jedoch unser Weg westwärts, zieht unter den senkrechten Nordabstürzen des gewaltigen Plattkofels durch und steigt allmählich zur Seiser Alm an. Unter der breiten Westflanke des Plattkofels geht es weiter zur Plattkofelhütte im Fassajoch und auf dem östlichen Teil des berühmten Friedrich-August-Weges durch die Südseite der Langkofelgruppe zurück zum Sellajochhaus. Diese großartige, 11 km lange Rundtour, deren Reiz in der Abwechslung zwischen wilder Felsszenerie, weiter Almlandschaft und steil abbrechenden Flanken liegt, kann sich von jedem durchschnittlich gehgewohnten Bergwanderer zugetraut werden. Der ganze Weg ist gut markiert und völlig problemlos, nur der Abstieg durch das steile, oft schneeerfüllte Langkofelkar erheischt etwas Vorsicht.

Empfohlener Wegverlauf

Vom Sellajochhaus (2179 m; westlich unter dem Sellajoch; Bushaltestelle) mit dem Gondellift (oder auf Steig Nr. 525 in 1 Std.) hinauf zur Toni-Demetz-Hütte (2679 m; Sommerbewirtschaftung; herrliche Aussicht) in der schmalen Langkofelscharte.

Von hier nordseitig auf Steig Nr. 525 im Zickzack über Schutt und oft Schnee zwischen wilden Felswänden durch das Langkofelkar in ½ Std. hinab zur Langkofelhütte (2252 m; 50 Schlafplätze, Sommerbewirtsch.) am Nordfuß der Langkofelkarspitze. Von der Hütte auf dem Güterweg ein Stück gerade hinab und dann (auf 2025 m) links (westl.) ab. Auf dem guten Steig Nr. 527 zunächst über das Kar leicht abwärts, dann durch eine Wiesenmulde am Waldrand mäßig ansteigend, stets unter den mächtigen Nordabstürzen des Plattkofels durch, zum Wiesenrücken des Piz da Uridl (2109 m). Hier biegt der Weg scharf nach Süden (links) ab und zieht über teilweise von Zirben bestandene Hochweiden unter der 1½ km breiten, ungegliederten Südwest-Abdachung des Plattkofels, zuletzt mehrere Wasserläufe überquerend, zur Plattkofelhütte im Fassajoch (2256 m; 50

Schlafplätze, Sommerbewirtschaftung). Von der Hütte nun ostwärts auf dem Friedrich-August-Weg (Mark. 4/617) zu einer Alm und dann mit prächtiger Aussicht vor allem auf die Marmolata hoch über dem Durontal durch die steilen, von mehreren Gräben durchzogenen Grashänge (viele Murmeltiere) unter Platfkofel-Südflanke, Zahnkofel und Grohmannspitze durch zur neuen, privaten Friedrich-August-Hütte (2298 m; 30 Schlafplätze, Sommerbewirtschaftung) und zum breiten Wiesensattel der Forcella di Rodella (2308 m). Vom Sattel leicht absteigend auf breitem Wiesenweg zur Gastwirtschaft „Piz Grohmann" und auf Fahrweg, am Rifugio Valentini vorbei, zur Dolomitenstraße und in wenigen Minuten hinab zum Sellajochhaus, dem Ausgangs- und Endpunkt der Rundtour.

Gehzeiten
Aufstieg (Sellajochhaus—Langkofelscharte): 1 Std. (auch Gondellift).
Höhenweg (Langkofelscharte—Plattkofelhütte—Sellajoch): 4 Std.

Wanderkarten
Kompaß, Bl. 59 (Sellagruppe-Marmolata); Freytag-Berndt, Bl. 16 (Westliche Dolomiten; 1 : 100.000).

59. Friedrich-August-Weg (2100—2300 m; Bild S. 101)

Der 9 km lange ursprüngliche Hirtensteig, der auf Anregung des Königs Friedrich von Sachsen zunächst im Jahre 1906 vom Hüttenwirt des Seiser Alpenhauses, Franz Dialer, markiert und später von der damaligen DuÖAV-Sektion Seiser Alpe zu einem „Reit- und Fußweg" ausgebaut wurde, verbindet die Langkofel- und Sellagruppe mit der Schlern-Rosengarten-Gruppe. Der viel begangene, früher auch als *Sachsenweg* bekannte Höhenweg beginnt am Sellajoch und führt in prächtiger, sonniger Lage hoch über dem ins Fassatal mündenden Durontal zunächst durch die steilen Südhänge der Langkofelgruppe zum Fassajoch mit der Plattkofelhütte und dann über die sogenannte Schneid, einen langen, die südliche Abgrenzung der Seiser Alm bildenden, größtenteils begrasten Kammrücken, zum Mahlknechtjoch, in dessen Nähe das ehemalige Seiser Alpenhaus steht. Lohnendster Ausgangs- und Endpunkt für die Begehung des Höhenweges als Rundtour ist Campitello im Fassatal. Von dort ermöglicht ein Sessellift das mühelose Erreichen des Col Rodella am Beginn des Weges. Der Abstieg vom Mahlknechtjoch am Wegende führt als breiter Güterweg durch das schöne Durontal zum Ausgangspunkt zurück.

Empfohlener Wegverlauf
Von Campitello (1448 m) mit dem Sessellift nordseitig hinauf zur markanten, aussichtsreichen Erhebung des Col Rodella (2485 m; Hütten, Fernsehantenne, Hochspannungsleitung).
Vom Col Rodella zunächst nordseitig kurz hinab zum breiten Wiesensattel der Forcella di Rodella, wo man den Friedrich-August-Weg erreicht (hierher zu Fuß von Campitello auf gutem Weg Nr. 529 in 3 Std.). Nun auf dem schönen, mit Nr. 4/617 markierten Höhenweg in wenigen Minuten westwärts zur neuen privaten Friedrich-August-Hütte (2298 m; 30 Schlafplätze, Sommerbewirtschaftung), weiter durch einen tiefen Graben mit geologischen Aufschlüssen, dann in ebener Wanderung durch die teilweise sehr steilen Grashänge unter den senkrechten Felswänden der westlichen Langkofelgruppe durch zu einer Alm in einer weiten Mulde und bald darauf zur neuen, großen Plattkofelhütte im Fassajoch (2256 m; 50 Schlafplätze; Sommerbew.). Vom breiten Sattel zunächst nahezu eben über den Wiesenkamm gegen die Kuppe der Palaccia (2351 m), durch deren Südseite eben herum und teilweise leicht abwärts meist in der Nähe der Kammhöhe durch schöne Wiesenhänge zum Mahlknechtjoch (2187 m), an dessen Nordseite das heute für Touristen nicht mehr zugängliche, große und nicht schöne Seiser Alpenhaus (heute Casa del Touring des italienischen Touring Clubs; ehemals auch Dialerhaus genannt) steht. 10 Minuten unterhalb steht in einer Wiesenmulde die saubere, einladende Molignonhütte (Mahlknechtschwaige; 2053 m; 32 Betten, ganzjährig bewirtschaftet, Telefon).
Vom Mahlknechtjoch auf breitem Schotterweg Nr. 532 südseitig hinab zu den Hütten der Còcoldaura-Alm (2048 m) und durch das Durontal hinaus zur Duronalm (1860 m; Gastwirtschaft). Dem Talbach entlang weiter auf dem Fahrweg durch Wald leicht absteigend nach Campitello im Fassatal, dem Ausgangs- und Endpunkt der Rundtour.

Gehzeiten
Aufstieg (Campitello—Forcella Rodella): 2 Std. (oder Sessellift)
Höhenweg (Forcella Rodella—Mahlknechtjoch): 3½—4 Std.
Abstieg (Mahlknechtjoch—Campitello): 2½ Std.

Wanderkarten
Kompaß, Bl. 59 (Sellagruppe-Marmolata); Freytag-Berndt, Bl. 16 (Westliche Dolomiten; 1 : 100.000).

60. Tierser Alpl—Schlernhaus (2400 m; Bild S. 109)

Zwischen dem Tschamintal im Süden und der Seiser Alm im Norden erhebt sich die charakteristische Berggestalt des Schlerns mit seinem Hochplateau. Daran anschließend im Osten die Roterdspitze und die bizarren Türme der Roßzähne. Gewissermaßen als Fortsetzung des Friedrich-August-

Weges und als 5 km langer Höhenweg von großer landschaftlicher Schönheit durchquert der Weg die erwähnte Berggruppe und verbindet die neue Tierser-Alpl-Hütte am Südfuß der Roßzähne mit den Schlernhäusern auf der breiten Hochfläche des Schlerns. Der Weg ist gut markiert, völlig unschwierig und bis auf einen kurzen Aufstieg westlich der Roterdspitze größtenteils eben. Neben der weitreichenden Rundsicht beeindrucken vom Schlern aus besonders die Einblicke in die gewaltige Felsszenerie der nördlichen Rosengartengruppe mit ihrem höchsten Berg, dem mächtigen Kesselkogel. Daneben ist diese Höhenwanderung auch wegen der prächtigen Alpenflora und besonders wegen der in der Nähe der Roterdspitze und am Burgstall gemachten prähistorischen Funde (siehe einleitendes Kapitel im Bildteil auf S. 108) interessant. Da die An- und Abstiege der Südseite sehr lang und beschwerlich sind, wird hier als Ausgangs- und Endpunkt der Rundtour nicht das Tierser Tal, sondern die Hotelkolonie auf der Seiser Alm gewählt, so daß die Begehung des Höhenweges mit der Überschreitung der trotz einiger Übererschließung noch immer großartigen Seiser Alm verbunden wird.

Empfohlener Wegverlauf

Von der Hotelkolonie am Westrand der Seiser Alm (1870 m; große Parkplätze, Linienbus hierher auf der 10 km langen Asphaltstraße von Seis aus) mit dem Sessellift südlich hinauf zum Hotel „Panorama" (2014 m; zu Fuß ½ Std.). Weiter auf schlecht markiertem Steig, teilweise auch auf einer für Privatverkehr gesperrten Schotterstraße in ebener, schöner Wanderung über die blühenden Wiesen der Seiser Alm. Nach ½ Std. erreicht man unter dem großen Hotel „Goldknopf" einen links (östl.) abzweigenden Fahrweg (Wegzeiger „Zur Molignon-Mahlknecht-Hütte"), auf dem man über schöne Wiesen leicht auf und ab die schöne Molignonhütte (2053 m; ehem. Mahlknechtschwaige; 32 Betten; ganzjährig bew., Telefon; 1½ Std. ab Hotel „Panorama") erreicht. Nun in 15 Min. leicht ansteigend auf einem schmalen Steig zum hotelmäßigen Seiser Alpenhaus (2143 m; für Bergsteiger nicht zugänglich; heute sogenannte Casa del Touring des ital. Touring Clubs) und auf einem Güterweg durch ein Tälchen hinauf ins Tierser-Alpl-Joch am Südfuß der Roßzähne mit der hübschen privaten Tierser-Alpl-Hütte (2438 m; 76 Schlafplätze, Sommerbewirtschaftung, Telefon). Von hier die kurze Besteigung der Roßzähne auf dem neuen Klettersteig sehr lohnend.

Hier beginnt unser Höhenweg. Zunächst geht es über die weiten Kare unter den Roßzähnen auf gutem Weg Nr. 3/4A leicht abwärts zur Abzweigung des durch die wilde Schlucht des Bärenloches hinabführenden Steiges, dann unter den Südwänden der Roterdspitze eben weiter und in Serpentinen 15 Min. steil hinauf zum Ansatz des flachen Westgrates der Roterdspitze (in der Nähe die prähist. Fundstelle), womit das Schlernplateau erreicht ist. Herrlicher Blick nach Norden auf die gesamte riesige Seiser Alm. Auf dem Steig über die teils steinige, teils herrlich blühende Hochfläche in schöner Wanderung zu den aus mehreren Gebäuden zusammengesetzten, in prachtvoller Lage stehenden Schlernhäusern südlich des Petz (2457 m; 100 Schlafplätze, Sommerbew. und Telefon). Von hier ein kurzer Abstecher auf den Petz, den höchsten Punkt des Schlerns (2564 m; 20 Min.), und zum Burgstall etwas weiter nördlich (prähist. Fundstelle) äußerst lohnend.

Der Abstieg erfolgt auf dem sogenannten Touristensteig, der wenige Minuten östlich der Schlernhäuser vom Höhenweg abzweigt und zunächst mit Nr. 1 markiert ist. Der gute Steig führt kurz über die Hochfläche, dann durch die steile, latschenbewachsene NO-Flanke des Schlerns in Serpentinen hinab zu einer weiten Bergwiese (links führt die Nr. 1 zur Schlernbödelehütte weiter), auf Nr. 5 rechts hinab zum Frötschbach und zur einfach bewirtschafteten Saltnerschwaige. Weiter auf gutem Weg zu einer Weggabel (links zum Gasthaus Frommer), nordöstlich über die Wiesen der Seiser Alm, an der Laurin-Hütte vorbei, auf mit einem S bezeichneten Weg zum Hotel „Panorama" und hinab zur Hotelkolonie am Westrand der Seiser Alm.

Gehzeiten

Aufstieg (Hotelkolonie Seiser Alm—Tierser-Alpl-Hütte): 3 Std.
Höhenweg (Tierser-Alpl-Hütte—Schlernhäuser): 2 Std.
Abstieg (Schlernhäuser—Hotelkolonie): 2 Std.

Wanderkarten

Kompaß, Bl. 59 (Sellagruppe-Marmolata); Freytag-Berndt, Bl. 16 (Westliche Dolomiten; 1 : 100.000).

61. Hirzel-Weg (2200—2350 m; Bild S. 111)

Ein überaus schöner, wegen seiner Gefahrlosigkeit viel begangener Höhenweg, der, mit herrlichem Rundblick vom Adamello über Ortler bis zu den Stubaier Alpen, unter den Abstürzen der Tscheinerspitze (2791 m) und der 700 m hohen, mauerglatten Westwand der Rotwand (2806 m) von der Kölner Hütte, an der kleinen Paolinahütte vorbei, zur Ostertaghütte führt. Der 5 km lange Höhenweg wurde nach dem Leipziger Verleger und Herausgeber verschiedener alpiner Reisewerke, Georg Hirzel, benannt. Das Gebiet der in letzter Zeit stark vergrößerten Kölner Hütte und der Paolinahütte wie auch die Wiesen am Karerpaß wurden in den letzten Jahren für den Skisport erschlossen. Heute sind die beiden genannten Schutzhütten durch Liftanlagen mühelos erreichbar. Nur der Anstieg zur Ostertaghütte östlich der Rotwand muß noch zu Fuß bewältigt werden. So angenehm die Lifts auch sind, die landschaftliche Schönheit wurde dadurch leider stark beeinträchtigt. In dem Wegteil zwischen der Paolinahütte und der Ostertaghütte steht unter den Felswänden der Punta Masarè, dort wo der Blick zum Latemar am schönsten ist, das dem Südtiroler Fremdenverkehrspionier Theodor Christomannos (1854—1911) gewidmete Denkmal mit einem mächtigen, 2 m hohen Bronzeadler. Mit dem relativ kurzen Hirzelweg kann die Überschreitung Ostertaghütte—Cigoladepaß—Tschagerjoch—Kölner Hütte (siehe Nr. 62) verbunden und so die Tour auf die gesamte Umrundung des ganzen südlichen Rosengartenkammes ausgedehnt werden.

Empfohlener Wegverlauf

Von Welschnofen kurz auf der Straße nordöstlich zur Huenzensäge, wo sich die Talstation des zur Kölner Hütte führenden Gondelliftes befindet. Von hier mit dem sogenannten Laurinlift 1 hinauf zur Nigerstraße (Rosengartenstraße) und mit dem Lift 2 weiter zur weißen Kölner Hütte (auch Rosengartenhütte; 2337 m; 55 Schlafplätze, Sommerbewirtsch., Telefon), die in prächtiger Lage auf einem steilen Kammrücken steht (hier beginnt der zum Santnerpaß führende Klettersteig).

Unser Höhenweg geht mit Nr. 549 nach rechts über ein Schuttkar zunächst leicht abwärts, dann unter den Felsabstürzen der Tscheinerspitze eben durch zu einer Weggabel (rechts führt der heute viel begangene und oft auch als Hirzelweg angesehene Wanderweg Nr. 552 eben weiter zur Paolinahütte). Der richtige, ursprüngliche Hirzelweg, der, als Verbindungsweg zwischen Kölner und Ostertaghütte angelegt, die etwas tiefer liegende, erst in neuerer Zeit erbaute Paolinahütte nicht berührt, zweigt links ab, steigt in zwei Serpentinen (weiterhin Nr. 549) kurz an und führt dann knapp unter der gewaltigen gelbroten Felsmauer der Rotwand und unter den Felsen der Punta Masarè zuerst über Geröll, später über Grashänge eben durch und erreicht kurz vor dem Christomannos-Denkmal den in Stufen von der Paolinahütte heraufführenden Weg. Vom Denkmal (2349 m) geht es ostwärts eben weiter um den Südsporn des auslaufenden Rosengartenkammes herum, der Weg wendet sich nordwärts und erreicht dann bald die mit Unterstützung des Fabrikanten Karl Ostertag-Siegle aus Stuttgart erbaute und nach ihm benannte Schutzhütte (heute auch als Rotwandhütte in den Karten; 2282 m; 17 Schlafplätze, Sommerbewirtschaftung).

Vom Schutzhaus dann auf dem Höhenweg kurz zurück, dann links abzweigend auf gutem Weg Nr. 548 hinab und über Wiesen und kurz durch Wald, um den Bergrücken herum, in mäßigem Gefälle hinab zum Karerpaß (1758 m). Von hier mit dem Linienbus, am prächtigen Karersee vorbei (Haltestelle), zurück nach Welschnofen.

Gehzeiten

Höhenweg (Kölner Hütte—Ostertaghütte): 2 Std.
Abstieg (Ostertaghütte—Karerpaß): 1 Std.

Wanderkarten

Kompaß, Bl. 54 (Bozen); Freytag-Berndt, Bl. 16 (1 : 100.000) und S 1 (1 : 50.000).

62. Ostertaghütte—Cigoladepaß—Kölner Hütte (2200—2600 m; Bild S. 112)

Ein teilweise etwas mühsamer, landschaftlich aber sehr eindrucksvoller Höhenweg, der besonders schöne Einblicke in die östliche Rosengartengruppe vermittelt. Von der Ostertaghütte ausgehend, überschreitet der gute und gut markierte Steig nach kurzer ebener Wanderung den schmalen Cigoladepaß und später das Tschagerjoch, worauf er bei der Kölner Hütte endet. Der Weg über blühende Wiesen und steile Schuttkare steht als bedeutend längeres und alpineres Gegenstück zu dem durch die Westseite der südlichen Rosengartengruppe verlaufenden Hirzelweg da. Im Gegensatz zu diesem verlangt die Begehung des Ostweges Bergerfahrung und Trittsicherheit. Der Anstieg vom Karerpaß zur Ostertaghütte (heute oft auch Rotwandhütte genannt) ist jedoch unschwierig und relativ kurz, für den Abstieg von der Kölner Hütte nach Welschnofen kann der zweiteilige Gondellift „Laurin 1 und 2“ benützt werden. Obwohl sich dieser Höhenweg bereits knapp außerhalb der Südtiroler Landesgrenze befindet, rechtfertigt die urgewaltige Schönheit dieser verhältnismäßig weniger bekannten Gegend seine Einbeziehung in dieses Buch.

Empfohlener Wegverlauf

Ausgangs- und Endpunkt ist Welschnofen im Eggental (Bushaltestelle). Von hier Linienbusverkehr zum Karerpaß (1758 m). Am Paß beginnt nordseitig der Weg Nr. 548 und führt zunächst über Wiesen, dann rechtshaltend kurz durch Wald und wieder über Bergweiden in angenehmer Steigung zur Ostertaghütte (auch Rotwandhütte; 2282 m; 17 Schlafplätze, Sommerbewirtschaftung; hierher auch von der mit Sessellift erreichbaren Paolinahütte auf ebenem Weg in 35 Minuten).

Von der Ostertaghütte auf gutem Steig Nr. 541 nordwärts fast eben über Wiesen zu einem weiten, grünen Boden (links Abzweigung zum Vajolonpaß). Unser Höhenweg geht geradeaus weiter, beginnt langsam stärker anzusteigen und führt unter den Wänden der Mugonispitze über ein Schuttkar hinauf zu dem zwischen steilen Felsen eingeschnittenen, schmalen Cigoladepaß (2561 m). Jenseits (nördl.) auf dem Steig in Serpentinen steil hinab, unter den Mugonispitzen zu einer Weggabel (rechts hinab nach Gardeccia) und eben weiter bis zu dem links scharf abzweigenden Steig Nr. 550,

der zuerst über Grasböden, dann über ein schneebedecktes Kar steil zum Tschagerjoch (2630 m) emporführt. Vom Joch westseitig auf dem Steig (Nr. 550) über Geröll und Schutt hinab zum Hirzelweg und in wenigen Minuten nordwärts zur Kölner Hütte (auch Rosengartenhütte; 2337 m; 55 Schlafplätze, Telefon).
Von der Hütte kann mit den beiden Gondellifts nach Welschnofen (1182 m) abgefahren werden. Bei genügend Zeit und Kraft lohnt sich jedoch der durch blühende Bergwiesen und hochstämmige Wälder führende Fußweg Nr. 2c oder, an der gemütlichen Tscheinerhütte vorbei, Weg Nr. 2T.

Gehzeiten
Aufstieg (Karerpaß—Ostertaghütte): 1¾ Std.
Höhenweg (Ostertaghütte—Kölner Hütte): 2½ Std.
Abstieg (Kölner Hütte—Welschnofen): 2 Std. (oder Gondellift).

Kombination
Dieser Höhenweg läßt sich sehr gut mit der Begehung des relativ kurzen Hirzelweges (siehe dort) verbinden, womit die vollständige Umrundung des südlichsten Teiles der Rosengartengruppe gemacht wird. Als Ausgangs- und Endpunkt dieser großartigen Rundtour sind sowohl die Ostertaghütte, die Kölner wie auch die Paolinahütte gleichermaßen geeignet.

Wanderkarten
Kompaß, Bl. 54 (Bozen); Freytag-Berndt, Bl. 16 (Westliche Dolomiten; 1 : 100.000).

63. Leiferer Höhenweg (700—885 m)

Im Sommer 1975 legte die Ortsstelle Leifers des AVS diesen durch die Hänge an der Ostseite des Bozner Unterlandes führenden, den Weiler Seit mit dem schluchtartigen Brantental verbindenden, 8 km langen Höhenweg an (bereits in den Wanderkarten verzeichnet). Dabei konnte größtenteils schon vorhandenen alten Wegen gefolgt werden, die die Bauernhöfe miteinander verbanden; in der wilden Felsschlucht bei Steinmannwald und vor allem bei der langen Querung der sehr steilen Porphyrhänge hoch über dem Brantental mußte der Steig neu angelegt und in mühsamer Arbeit in den Fels gehauen werden. An diesen Stellen ist er durch Drahtseile gut versichert worden, so daß der abwechslungsreiche, bald durch Busch-, Kastanien- oder auch Nadelwald, bald über aussichtsreiche Lichtungen oder durch die erwähnten Felshänge führende Leiferer Höhenweg bei entsprechender Vorsicht als völlig gefahrlos und unschwierig bezeichnet werden kann. Obwohl es sich um keinen echt alpinen Höhenweg im üblichen Sinn des Wortes handelt, besitzt er doch dank der luftigen Felspassagen in seinem südlichen Teil ein recht alpines Gepräge.
Da sich der ganze Höhenweg als Rundtour wegen der ungünstig gelegenen Talorte nicht besonders gut eignet, wird im folgenden nur der Verlauf des südlichen Teiles beschrieben, wobei Leifers sowohl Ausgangs- wie Endpunkt ist. Besonders zu empfehlen ist die Begehung im Frühjahr beim ersten Grün oder im Herbst, wenn die artenreichen Laubwälder im herrlichen Farbenkleid stehen; der Hochsommer hingegen eignet sich weniger, da kann es an den kahlen Hängen unbarmherzig heiß sein.

Empfohlener Wegverlauf
In Leifers (258 m; Bushaltestelle) gegenüber dem Gasthaus „Zum Grünen Baum" beginnt der Aufstieg. Auf schönem, altem Pflasterweg (Markierung Nr. 11; leider stellenweise infolge eines rücksichtslos durchgeführten Straßenbaues vermurt; die Markierung führt über das Blockwerk) durch dichten Buschwald in stiller Wanderung mäßig steil, an einer Wiese und einem alten Bildstock vorbei, hinauf zu den Steinerhöfen (741 m; Gastbetrieb), die etwa auf Halbweg des gesamten Höhenweges liegen.
Vom schönen Doppelgehöft in einer großen, von Obstbäumen bestandenen Wiese geht nun der Höhenweg südwärts mit Nr. 12 nur leicht ansteigend (auch hier eine verschüttete Stelle) zum Brunnerhöfl (830 m) und weiter zu dem an prächtig freiem, aussichtsreichem Platz liegenden Hochegger-Hof (875 m). Bald darauf biegt der zum schmalen Steig werdende Weg ins Brantental hinein, wo die einleitend erwähnten Versicherungen an den heiklen Stellen Halt bieten. Teilweise recht ausgesetzt zieht der Steig 400 m über dem schluchtartigen Brantental durch die vom Breitenberg steil abfallenden Felshänge eben durch und erreicht dann den Schwabhof (795 m; Gastwirtschaft). Von hier in kurzem, steilem Abstieg hinab ins Brantental zum Gasthof Thaler (700 m). Vom Gasthof Thaler auf der Asphaltstraße (4 km) durch das wildromantische Brantental westlich hinaus nach Leifers.

Gehzeiten
Aufstieg (Leifers—Steinerhöfe): 1 Std.
Höhenweg (Steinerhöfe—Gasthof Thaler): 1½ Std.
Rückweg (Gasth. Thaler—Leifers): 1 Std.

Wanderkarten
Kompaß, Bl. 54 (Bozen); Freytag-Berndt, Bl. 45 (1 : 100.000) und S 1 (1 : 50.000).

J) BRENTAGRUPPE

64. Bocchette-Weg (2300—2700 m)

Kaum eine andere Weganlage in den ganzen Alpen hat bis heute solche Berühmtheit erlangt wie der Bocchette-Weg („Sentiero delle Bocchette“, ursprünglich „Via alta del Brenta“), der Höhen-Klettersteig, der von Scharte zu Scharte (ital. bocca oder bocchetta) in verschiedenen zusammenhängenden Abschnitten, wobei jeder seinen eigenen Namen hat, den gesamten Hauptkamm der einzigartigen Brentagruppe überschreitet. Allein die Tatsache, daß die knappe Wegbeschreibung der mehrtägigen Höhentour ein ganzes Büchlein füllt, läßt erkennen, um welche Größenordnung es sich bei diesem Weg handelt. Mit seiner Anlage wurde 1932 durch die S.A.T. (Società Alpinistica Trentina = Trentiner Alpenverein) begonnen, und noch immer wird von den Leuten der S.O.S.A.T (Sezione Operai Soc. Alp. Trent. = Arbeiter-Unterabteilung der S.A.T.) daran verbessert, erneuert, ergänzt. Daß der Bocchette-Weg (und viele andere Querverbindungen in der Brenta) in dieser Form überhaupt gebaut werden konnte, ist dem nur dort so ausgeprägten Bändersystem zu verdanken, das die gewaltigen Felswände horizontal durchzieht. So brauchten auf weite Strecken nur diese Bänder gesäubert und mit Halteseilen versehen werden.

Da einerseits der gesamte Bocchette-Weg weniger ein Höhenweg im Sinne dieses Buches, als vielmehr eine gewaltige, aus Höhenwegen, Auf- und Abstiegswegen und Klettersteigen zusammengesetzte Weganlage über ein ganzes Gebirge ist, wird hier von einer Beschreibung des ganzen Weges abgesehen. Andererseits aber darf in einem Buch über Höhenwege das Zauberwort Bocchette-Weg doch nicht fehlen (wenngleich sich die Brentagruppe auch außerhalb Südtirols befindet), weshalb hier der schönste, beliebteste und dem Begriff Höhenweg am nächsten kommende zentrale Abschnitt der Weganlage behandelt wird. Dieser Weg ist ab Madonna di Campiglio in eineinhalb Tagen gut zu bewältigen, und er genügt, um die Kühnheit des Bocchette-Weges und die Schönheit der Brentagruppe eingehend kennenzulernen. Dieser Abschnitt setzt sich aus dem sogenannten S.O.S.A.T.-Weg (Tucketthütte—Bocca d. Armi), dem Figari-Stanchina-Weg (B. d. Armi—Bocca Sfulmini), dem Castelli-Weg (B. Sfulmini—Bocchetta Campanile Basso) und dem Gottstein-Weg (B. Campanile Basso—Tosahütte) zusammen. Der Teil zwischen Bocca dei Armi und Tosahütte wird auch als zentraler Bocchette-Weg bezeichnet. Bei der nachfolgenden Wegbeschreibung wird aber auf diese Benennungen nicht mehr eingegangen, da sie für die Begehung bedeutungslos sind.

Wer den Bocchette-Weg begehen will, sollte sich vor Augen halten, daß dies sowohl einer der berühmtesten wie auch einer der schwierigsten Höhenwege der Alpen ist. Im Hochsommer ist der Weg stark überlaufen, leider auch von Leuten, die den Schwierigkeiten schlecht gewachsen sind. Deshalb gehe man ihn sehr früh am Tag und wenn möglich außerhalb der Hochsaison. Und man begehe ihn nur, wenn man bergerfahren, trittsicher und absolut schwindelfrei ist. Bei der Ausrüstung sollten ein kurzes Seil, ein paar Karabiner, ein Eispickel und evtl. Leichtsteigeisen nicht fehlen.

Empfohlener Wegverlauf

Da die Seilbahn nun einmal da ist, benützen wir sie. Die zweiteilige Schwebebahn hat ihre Talstation bei Madonna di Campiglio (1522 m; hierher entweder von Bozen über Mendel, Val di Sole und Campo-Carlo-Magno-Paß oder über Trient—Toblino—Tione) und führt mit herrlichem Blick in die vergletscherte Westseite der Brentagruppe ostseitig hinauf zum Grostè-Paß (2437 m; Restaurant). Von hier führt der Weg Nr. 316 südwestwärts in schöner Querung stets mehr oder weniger abwärts zur großen Tucketthütte (2271 m; daneben die Quintino-Sella-Hütte; zusammen 70 Betten, Sommerbewirtschaftung). Wer die Tour nicht in einem Tag macht, übernachtet hier (rechtzeitige Platzreservierung ratsam!).

Die Tucketthütten sind der Ausgangspunkt für die Nord-Süd-Begehung unseres Bocchette-Weges. Zunächst auf gutem Steig unter der Südwand des Castelletto Inferiore ostwärts kurz hinauf zur Gletschermoräne (Wegtafel). Der Weg geht nun südwärts eine Talmulde aus und in leichtem Aufstieg (mit Leitern, Seilen, Klammern versehen) über Bänder, über einen gewaltigen Bergsturz und einen anschließenden Schutthang zu einer 30 m tiefen Schlucht. Mittels Leitern in die Schlucht hinab und jenseits wieder hinauf. Bald darauf um die Westkante der Punta di Campiglio herum und auf einem langen Felsband quer durch die Südwand des Berges. Dann durch einen kurzen Kamin hinab (Blick und Abzweigung zur Brentei-Hütte) und auf dem Steig leicht ansteigend zur neuen Alimontahütte (2600 m; Sommerbew., 2½ Std.). Unter den Gemelli (Zwillinge) über Schutt und rechtshaltend über den Firn des winzigen Sfulmini-Gletschers hinauf zur schmalen Bocca dei Armi (2749 m). Aus der Scharte über Leitern hinauf und auf dem berühmten, mit Halteseilen versehenen Band waagrecht und sehr ausgesetzt durch die mächtige Ost- und Südwand der Torre di Brenta (3008 m). Weiter durch die Ostabstürze der gezackten Sfulmini in die Bocchetta Bassa dei Sfulmini und über das Felsband durch die Ostwand des Campanile Alto. Um die Sentinella, eine kleine Felsnadel, herum, kurz hinab, ostseitig Durchquerung einer Steilrinne und des Sockels der berühmten, schlanken Guglia (auch Campanile Basso genannt) bis zur Bocchetta del Campanile Basso (Guglia-Scharte, 2580 m). Hier wechselt der Weg wieder auf die Westseite und zieht auf einem Band (zwei Schluchten werden über Seilbrücken durchquert) durch die senkrechte Nordwestwand der Brenta Alta. Zuletzt über eine Eisenleiter hinab zur Bocca di Brenta (2552 m; südöstlich darunter die Hütten Pedrotti und Tosa, 2491 bzw. 2442 m; zusammen 100 Schlafplätze, Sommerbewirtsch.). Hier endet der zentrale Bocchette-Weg.

Von der Bocca di Brenta westseitig auf Nr. 318 durch das Val Brenta Alta über Felsen (versichert) und Schutt hinab zum modernen Brentei-Schutzhaus (2120 m; 100 Schlafplätze, Sommerbewirtsch.) unter dem mächtigen Crozzon di Brenta. Weiter auf gutem Weg (zuerst Nr. 318, später 317) über die Alm Casinei (Gastwirtschaft) hinab zur Unteren Alm Vallesinella (1513 m; Gasthaus, Parkplatz) und der Straße nach (oder besser etwas höher auf schönem Waldweg Nr. 376) hinaus nach Madonna di Campiglio.

Gehzeiten

Zugang (Grostè-Paß—Tucketthütten): 1 Std.
Höhenweg (Tucketthütten—Tosahütten): 5—6 Std.
Abstieg (Tosahütten—Madonna di Campiglio): 2½ Std.

Wanderkarten

Kompaß, Bl. 73 (Gruppo di Brenta); Freytag-Berndt, Bl. 50 (Brenta-Adamello- und Presanellagruppe; 1 : 100.000).

65. Osvaldo-Orsi-Weg (2300—2600 m)

Dieser ausschließlich an der Ostseite des Brenta-Kammes verlaufende, landschaftlich sehr schöne Höhenweg führt — im Gegensatz zum weit berühmteren, aber auch schwierigeren Bocchette-Weg — nicht hoch oben durch die senkrechten Felswände, sondern durch weite Karbecken, die sogenannten Buse (Mulden), aus denen die vielgestaltigen, teilweise über 3000 m hohen Brentagipfel aufragen (Brenta Alta, Guglia, Campanile Alto, Torre Brenta und Cima Brenta). Nur einmal, an der Ostwand des Spallone di Massòdi, berührt der Weg kurz die Felsen und führt gesichert über ein breites Band. Der Osvaldo-Orsi-Weg bildet eine gute Alternative für Leute, denen der Bocchette-Weg zu schwierig und zu ausgesetzt ist, die aber doch die Brenta aus nächster Nähe kennenlernen und sich einen Eindruck von den kühnen Weganlagen verschaffen wollen. Der Orsi-Weg durchmißt ungefähr denselben zentralen Teil der Brentagruppe, wie der in diesem Buch geschilderte Abschnitt des Bocchette-Weges, allerdings in Süd-Nord-Richtung, und wie erwähnt tiefer, weniger ausgesetzt und ausschließlich an der Ostseite. Da der Ausgangspunkt des Orsi-Weges (Tosahütten) mit dem Endpunkt des Bocchette-Weges identisch ist, können die beiden Wege gut miteinander kombiniert werden, zumal beide auch denselben Talort haben. Zwar ist der Orsi-Weg kein ausgesetzter Felsenweg, doch erfordert seine Begehung auch Trittsicherheit, Bergerfahrung und — wegen des langen Auf- und Abstieges — Ausdauer.

Empfohlener Wegverlauf

Von Madonna di Campiglio (1522 m) südöstlich auf der Staße (4 km; Nr. 375; zu Fuß 1 Std.) im Bogen hinein zum Gasthaus auf der Vallesinella-Alm (1513 m; Parkplatz). Nun südöstlich auf Weg 317 zur Casinei-Alm (Gastwirtschaft, 1825 m) und an der Westseite des Croz d. Casinei auf breitem Weg Nr. 318 hinauf zum stattlichen Brentei-Schutzhaus (2120 m; 100 Schlafplätze, Sommerbewirtschaftung). Weiter über Schutt und Felsen (teilweise versichert) hinauf in die Bocca di Brenta (2552 m) und jenseits kurz hinab zu den zwei Tosa-Hütten (2491 bzw. 2442 m; 100 Schlafplätze, Sommerbewirtsch.; Seilbahn von Molveno hierher geplant).

Hier beginnt unser Höhenweg. Hoch über dem Molvenosee zieht er, mit Nr. 303 gut markiert, zunächst leicht abwärts durch die Busa dei Armi und durch die Busa del Castellaz, steigt von dort zu den Felsen des Spallone dei Massòdi hinan, durchquert diese in 2600 m Höhe auf einem befestigten Terrassenband (Sega alta), geht, mehrere Bäche überschreitend, unter der gewaltigen Ostwand der Cima Brenta ein weiteres, ins Val Perse abfallendes Kar aus und steigt, zuletzt durch eine steile Schuttrinne, zur Bocca di Tuckett (2648 m; Tuckettpaß) an.

Jenseits geht es über den für Brenta-Verhältnisse recht stattlichen Gletscher Vedretta di Brenta Inferiore (Pickel!) und anschließend auf Steig Nr. 303 über Schutt und Schrofen hinab zu den Tucketthütten (2271 m; 70 Schlafplätze, Sommerbewirtsch.; 40 Min. ab Paß). Von hier auf gutem Weg Nr. 317 hinab zur Alm Casinei und zurück (vgl. Anstieg) nach Madonna di Campiglio.

Gehzeiten

Aufstieg (Madonna di Campiglio—Tosa-Hütten): 4 Std.
Höhenweg (Tosa-Hütten—Tuckettpaß): 3 Std.
Abstieg (Tuckettpaß—Madonna di Campiglio): 2½ Std.

Wanderkarten

Kompaß, Bl. 73 (Gruppo di Brenta); Freytag-Berndt, Bl. 50 (Brenta-Adamello- und Presanellagruppe; 1 : 100.000).

DAS LANDESGESETZ ZUM SCHUTZ DER ALPENFLORA

Um der Ausrottung des gesamten Florenbestandes in Südtirol einen Riegel vorzuschieben, hat die Landesregierung ein sehr strenges Schutzgesetz erlassen, dessen wichtigste Bestimmungen hier zusammengefaßt wiedergegeben werden:

1) Alle kraut- und staudenartigen Pflanzen, die in der Provinz Bozen von Natur aus verbreitet sind und wild wachsen, gelten als charakteristisch für den alpinen Raum und sind deswegen geschützt; in diesem Sinne gelten also auch einfache Wiesenblumen als Alpenblumen.

2) Von allen diesen einheimischen Arten dürfen in der Provinz Bozen nur insgesamt 10 Blütenstände (Blütenstengel) je Person und Tag gepflückt werden, gleichgültig, ob dies zehn Blütenstände verschiedener oder von ein und derselben Art sind.

3) Gänzlich geschützt sind die folgenden genannten Arten:
1. Kuhschelle und Windröschen, alle einheimischen Arten - *Anemone species* - 2. Orchidee, alle einheimischen Arten - *Orchidaceae species* - 3. Seidelbast und Steinrösl, alle einheimischen Arten - *Daphne species* - 4. Feuerlilie - *Lilium bulbiferum L.* - 5. Türkenbund - *Lilium martagon L.* - 6. Großes Schneeglöckchen (Frühlingsknotenblume) - *Leucojum vernum L.* - 7. Seerose - *Nymphaea alba L.* - 8. Gelbe Teichrose - *Nuphar luteum S. et S.* - 9. Rohrkolben, alle einheimischen Arten - *Typha L. species* - 10. Gemeine Spechtwurz - *Dictamnus albus L.* - 11. Primel, alle einheimischen Arten mit Ausnahme der Frühlingsschlüsselblume - *Primula species, praeter Primula veris* - 12. Schopf-Teufelskralle (Rapunzel) - *Phyteuma comosum L.* - 13. Edelweiß - *Leontopodium alpinum Cass.* - 14. Dolomiten-Akelei (Einseles Akelei) - *Aquilegia einseleana F. W. Schulz* - 15. Kartäuser Nelke - *Dianthus carthusianorum L.* - 16. Alpen-Grasnelke (Schlernhexe) - *Armeria alpina (DC.) Will.* - 17. Alpenveilchen (Erdscheibe) - *Cyclamen purpurascens Mill.* - 18. Enzian, alle einheimischen Arten - *Gentiana species* - 19. Dolomiten-Schafgarbe - *Achillea oxyloba F. W. Schultz* - 20. Echte Edelraute - *Artemisia mutellina Vill.* - 21. Gelbe Schwertlilie - *Iris pseudacorus L.* - 22. Himmelsherold - *Eritrichum nanum (Amann) Schrad.* - 23. Mäusedorn - *Ruscus aculeatus L.*

4) Für die Naturparks gilt die Vorschrift, daß überhaupt keine Blumen gepflückt werden dürfen. Als Naturparks ausgewiesen sind derzeit (Herbst 1978) drei größere Gebiete, und zwar der *Stilfser-Joch-Nationalpark* (seit 1935), der die gesamte Ortlergruppe umfaßt (in Südtirol gehören dazu das Suldental, das Münstertal mit seiner rechten Talflanke und das Martelltal), der *Schlern-Naturpark* (seit 1975), der den Südteil der Sei-

ser Alm mit Schlernmassiv und vorgelagertem Tschafatschzug (Hammerwand, Tschamintal) einschließt, und der *Naturpark Texelgruppe* (seit 1976), der diese Gruppe über der Linie der ganzjährig bewohnten Siedlungen umfaßt.

Diese Parks haben an ihren Zugängen die entsprechende Beschilderung, aus der die Schutzbestimmungen ersichtlich sind. Der Tourist kann sich frei bewegen (also auch die gebahnten Wege und Steige verlassen), darf aber keinen Lärm machen, keine Abfälle liegen lassen, nicht zelten oder Feuer machen. Das Sammeln von Mineralien und jegliche Veränderung des Geländes sind untersagt. — Für Verstöße gegen das Blumenschutzgesetz (dazu auch das Gesetz zum Schutz der Pilze, von denen pro Kopf und Tag nur 2 kg gesammelt werden dürfen, sowie die Gesetze zum Schutz der Fauna) und für Übertretungen der Naturpark-Ordnung sind hohe Geldstrafen vorgesehen; die Überwachung obliegt den Forst- und Jagdorganen sowie freiwilligen Naturschutzwächtern, die ein eigenes Abzeichen tragen. Sie alle können das Öffnen der Rucksäcke verlangen und jegliche Form von Kontrolle ausüben. — Die Unterschutzstellung von weiteren sechs Großgebieten *(Geisler-Puez-Gruppe, Sarntaler Alpen, Rieserfernergruppe, Sextener Dolomiten, Fanesgruppe und Olanger Dolomiten* und Truden-Altrei als Gebiet *»Hornspitze«)* ist für die nächsten Jahre vorgesehen.

LITERATURHINWEIS

Alpenverein Südtirol (Hg): Jahrbuch 1950, Bozen 1951

Alpinismus, Zeitschrift für Bergsteiger, Heering-Verlag, München (versch. Jahrgänge)

Bergsteiger, Der, Bruckmann-Verlag, München (versch. Jahrgänge)

Bergwelt, Bergverlag Rudolf Rother, München (versch. Jahrgänge)

Bozen, Alpenvereinssektion (Hg.): 100 Jahre Sektion Bozen im Alpenverein, Bozen 1969

Chicken, Lutz: Bergsteigen und Wandern um Brixen, Festschrift zur Hundertjahrfeier der Sektion Brixen des AVS, Brixen 1975

Delago, Hermann: Dolomiten-Wanderbuch, 12. Aufl., bearb. von Josef Rampold, Innsbruck 1974

Dolomiten, Tagblatt der Südtiroler, Athesia, Bozen (versch. Ausgaben der seit 1958 erscheinenden Bergsteiger-Beilage)

Dondio, Willy: Schutzhütten in Südtirol, 3. Aufl. Bozen 1976

Dumler, Helmut: Kleiner Führer durch die Sarntaler Alpen, München 1976

Dumler, Helmut: Rundwanderungen Dolomiten, Stuttgart 1972

Ellmenreich, Helmut: Die Meraner Bergwelt, Meran 1975

Fischer, Hans (Hg.): Die Dolomiten, München 1936

Frass, Hermann: Wunderwelt der Dolomiten, mit einer geolog. Einführung von Viktor Welponer, 5. Aufl., Bozen 1975

Frass, Hermann: Dolomiten — Berühmte Bergwelt, Bozen 1976

Frass, Hilde: Die schönsten Klettersteige der Dolomiten, 3. Aufl., München 1974

Guida dei monti, sentieri e segnavia dell'Alto Adige, herausgeg. vom Club Alpino Italiano, Bozen 1954

Hager, Hannsjörg: Bergwanderführer Dolomiten, 4. Aufl., München 1975

Hager, Hannsjörg: Vom Rosengarten zur Marmolata, 4. Auflage, München 1975

Haller, Sepp: Das Passeiertal, Bozen 1971

Hauleitner, Franz: Dolomiten-Höhenwege 1—3, München o. J. (1975)

Haydn, Alois: Kleiner Führer durch die Sextener Dolomiten, 3. Aufl., München 1974

Hochtourist in den Ostalpen, Der: Bd. IV—VII, herausgeg. von Hanns Barth, Leipzig 1926—1929

Höhne, Ernst: Vom Gaspedal zum Gipfelkreuz, Bd. 1 und 2, München

Höhne, Ernst: Oasen der Ruhe — Südtirol, München 1965

Heidrich, Hans Carl: Die Alpen, Stuttgart 1970

Innerebner, Georg: Die Wallburgen Südtirols, Bd. 1 und 2, Bozen 1975, Bd. 3, Bozen 1976

Jahrbuch des Österreichischen Touristenklubs, Wien (versch. Jahrgänge)

Kiene, Hans: Wanderführer für Seis am Schlern (und Umgebung), Bozen 1960

Klebelsberg, Raimund von: Südtiroler Landeskunde, Südtirols Berge und Täler, beide in der Reihe „An der Etsch und im Gebirge", Bd. V, 3. Aufl., bzw. Bd. VIII, Brixen 1965 bzw. 1948

Klebelsberg, Raimund von: Südtiroler geomorphologische Studien; Das Pustertal, Schlern-Schriften 151, Innsbruck 1956; derselbe: Eisacktal, Schlern-Schriften 113, Innsbruck 1953

Klier, Heinrich und Klier, Henriette: Zillertaler Alpen, AV-Führer, 7. Aufl., München 1974

Klier, Heinrich und Klier, Henriette: Ötztaler Alpen, AV-Führer, 6. Aufl., München 1971

Klier, Heinrich und Klier, Walter: Stubaier Alpen, AV-Führer, 7. Aufl., München 1971

Köll, Lois: Führer durch die Ortlergruppe, 4. Aufl., München 1974

Langes, Gunther: Autorama (Südtirol), 8. Aufl., Innsbruck 1974

Langes, Gunther: Die Front in Fels und Eis, 6. Aufl., Bozen 1977

Langes, Gunther: Ladinien, Burggrafenamt und Meran (Bd. 4 und 6 der Südtiroler Landeskunde in Einzelbänden), beide 3. Aufl., Bozen 1976

Lunz, Reimo: Ur- und Frühgeschichte Südtirols, Bozen 1973

Mardersteig-Weimar, August: Aus dem Bereiche des König-Friedrich-August-Höhenweges in den Zentraldolomiten, Weimar 1910

Mayr, Paul: Die Enteignung der Alpenvereinshütten 1923, Bozen 1966
Menara, Hanspaul: Südtiroler Schutzhütten, Bozen 1978
Menara, Hanspaul: Südtiroler Skitouren, Bozen 1978
Menara, Hanspaul und Rampold, Josef: Südtiroler Bergseen, 2. Aufl., Bozen 1976
Menara, Hanspaul und Rampold, Josef: Südtiroler Bergtouren, 2. Aufl., Bozen 1978
Messner, Reinhold: Klettersteige 1 - Dolomiten, 3. Aufl., Bozen 1977
Messner, Reinhold: Klettersteige 2 - Ostalpen, Bozen 1978
Mussner, Norbert: Wanderführer durch Gröden, 9. Aufl., St. Ulrich 1976
Mitteilungen des DuÖAV, versch. Jahrgänge
Moriggl, Josef: Von Hütte zu Hütte — Führer zu den Schutzhütten der Ostalpen, Bd. 2, 3 und 4, Leipzig 1922, 1912, 1913
Moroder, Edgar: Neuer Führer von Gröden, Gröden 1974
Obere Weg, Der: Jahrbuch des Südtiroler Kulturinstitutes, Bd. V—VII, Bozen 1965—67 (Arbeiten von Rampold, Stacul, Fischer)
Pause, Walter: Von Hütte zu Hütte, 19. Aufl., BLV Verlagsgesellschaft mbH, München 1974
Psaier, Johann: Villnöß, 3. Aufl., Bozen 1971
Räuber, Herbert: Kleiner Bergwanderführer für das Sarntal und das Penser Joch, Pforzheim 1975
Rampold, Josef: Südtiroler Wanderbuch, 5. Aufl., Innsbruck 1978
Rampold, Josef: Vinschgau, Pustertal, Eisacktal (Bd. 1, 2 und 5 der Südtiroler Landeskunde in Einzelbänden), alle 3. Aufl., Bozen 1977 sowie Bozen (Bd. 7 der Reihe), 2. Aufl., Bozen 1975
Rampold, Josef und Menara, Hanspaul: Südtiroler Bergseen, 2. Aufl., Bozen 1976
Rampold, Josef und Menara, Hanspaul: Südtiroler Bergtouren, 2. Aufl., Bozen 1978
Schaumann, Walther: Führer zu den Schauplätzen des Dolomitenkrieges, Cortina d'Ampezzo 1972
Schlern, Der: Zeitschrift für Südtiroler Landeskunde, Verlagsanstalt Athesia, Bozen, versch. Jahrgänge
Schwingshackl, Anton: Führer durch die Pragser Dolomiten, Brixen o. J. (1968)
Staindl, Alois: Kurze Geologie von Südtirol (Bd. XXII der Reihe »An der Etsch und im Gebirge«), 3. Aufl., Brixen 1972
Stefanelli, Fausto: Die Gletscher Südtirols, Borgogno - Bozen 1958
Strobele, Giovanni: Der Bocchette-Weg, Rovereto-Bozen, 1968
Südtiroler Gebietsführer, versch. Bände, Bozen ab 1972
Wanderkarte von Sterzing und Umgebung mit Hütten-, Touren- und Wegebeschreibung, hrsg. von der AVS-Sektion Sterzing, Sterzing 1971
Wolff, Karl Felix: Dolomitensagen, 13. Aufl., Innsbruck 1974
Zeitschrift des DuÖAV bzw. des DAV und ÖAV, versch. Jahrgänge
Ziak, Karl: Der Mensch und die Berge, Salzburg/Stuttgart 1965
Zingerle, Ignaz Vinzenz: Sagen aus Tirol, photomech. Nachdruck der 2. Aufl., Innsbruck 1891 durch Verlag für Sammler, Graz 1969

VERZEICHNIS DER SÜDTIROLER HÖHENWEGE

Die Seitenzahlen in Normalschrift beziehen sich auf das „Lexikon der Südtiroler Höhenwege“, ebenso die laufenden Nummern, die zudem auch mit jenen der Vorsatzkarte übereinstimmen. Die Seitenzahlen in Fettdruck beziehen sich auf den Abschnitt „Bilder und Landschaftsschilderungen“.

A) MÜNSTERTALER ALPEN

B) ORTLERGRUPPE UND DEREN AUSLÄUFER

C) ÖTZTALER ALPEN

D) STUBAIER ALPEN

E) SARNTALER ALPEN

ORTSREGISTER

Die Seitenzahlen in Normalschrift beziehen sich auf die Erwähnung im „Lexikon der Südtiroler Höhenwege“, jene in Fettdruck auf den Abschnitt „Bilder und Landschaftsschilderungen“.

INHALT

Seite

BERGKÄMME UND UNTERGRUPPEN

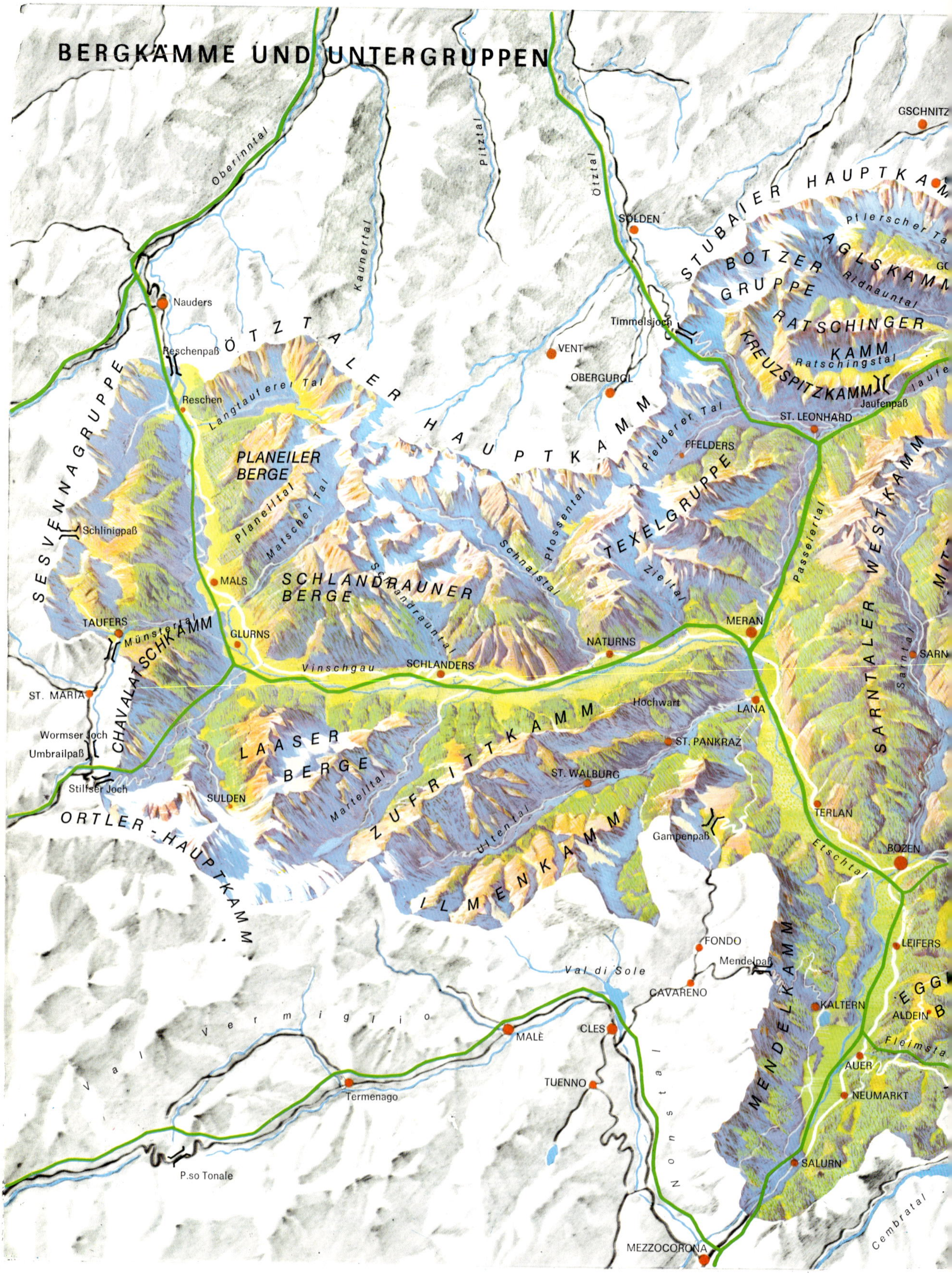